轨道交通运营企业培训丛书

城市轨道交通
综合联调组织与实践

主　编　沈卫平　崔学忠
副主编　章　扬　杨远舟
　　　　陈　辉　贾文峥

人民交通出版社股份有限公司
China Communications Press Co.,Ltd.

内 容 提 要

本书以城市轨道交通综合联调开展的理论与实践为主线，介绍了综合联调的定义、组织方式及国内外综合联调开展形式，系统阐述了城市轨道交通综合联调的筹划、实施与评估，并依托成都地铁综合联调的开展实践，提供了综合联调的组织及实施思路，总结了综合联调的经验，对其中存在的问题提出了解决方案。

本书旨在提供适合我国城市轨道交通系统综合联调的技术框架和联调项目集，从而为编制城市轨道交通系统综合联调技术标准提供参考，为新线开展系统综合联调工作提供技术支持。本书既可作为轨道交通相关单位的培训教材，也可作为相关从业人员及大中专院校师生的参考用书。

图书在版编目（CIP）数据

城市轨道交通综合联调组织与实践／沈卫平，崔学忠主编．— 北京：人民交通出版社股份有限公司，2016.6

ISBN 978-7-114-13043-4

Ⅰ．①城… Ⅱ．①沈… ②崔… Ⅲ．①城市铁路—轨道交通—运营管理—研究 Ⅳ．①U239.5

中国版本图书馆 CIP 数据核字（2016）第 114721 号

轨道交通运营企业培训丛书

书　　名：城市轨道交通综合联调组织与实践

著 作 者：沈卫平　崔学忠

责任编辑：张　鑫

出版发行：人民交通出版社股份有限公司

地　　址：（100011）北京市朝阳区安定门外外馆斜街 3 号

网　　址：http://www.ccpress.com.cn

销售电话：（010）59757973

总 经 销：人民交通出版社股份有限公司发行部

经　　销：各地新华书店

印　　刷：北京鑫正大印刷有限公司

开　　本：720 × 960　1/16

印　　张：15.25

字　　数：240 千

版　　次：2016 年 6 月　第 1 版

印　　次：2016 年10月　第 4 次印刷

书　　号：ISBN 978-7-114-13043-4

定　　价：56.00 元

《城市轨道交通综合联调组织与实践》

编　委　会

序

近年来,我国城市轨道交通取得长足发展,逐步成为大城市公共交通系统的骨干,在满足人民群众出行需求、缓解城市交通拥堵等方面正在发挥着不可替代的作用。截至目前,我国共有40个城市的城市轨道交通近期建设规划获得国家批复。根据规划,可以预见,未来一段时间内,我国城市轨道交通仍将保持高速发展态势,新开通城市数量不断增多,已开通运营城市线路规模持续扩大,新增线路迅速增加。在如此高的发展速度下,留给新城市、新线路摸索经验的时间不多,亟须已开通运营的城市提供自身经验指导新城市、新线路开展相关工作。

另一方面,我国城市轨道交通的高速发展期恰逢国家大部制改革期,2008年国务院正式批准设立交通运输部,2009年将原建设部指导城市客运的职责划入交通运输部,交通运输部负责指导全国城市轨道交通运营管理的工作。为应对城市轨道交通高速发展的态势,更好地履行指导职责,交通运输部即开始着手立项交通运输建设科技项目"城市轨道交通运营监测预警和应急处置关键技术研究"等一批城市轨道交通运营管理项目,旨在破解运营疑难问题。

交通运输建设科技项目"城市轨道交通运营监测预警和应急处置关键技术研究"主要是由交通运输部科学研究院联合成都地铁有限责任公司等运营单位完成的。其中内容之一就是通过梳理国内外轨道交通系统综合联调内容和经验,提出适合我国城市轨道交通系统综合联调的技术框架和联调项目集,为编制城市轨道交通系统综合联调技术标准提供参考,也为新线开展系统综合联调工作提供技术支持。

基于项目研究成果,交通运输部科学研究院和成都地铁有限责任公司联合分析系统问题,并针对城市轨道交通系统的综合联调工作进行了一系列的经验探索、方法创新和实践总结,两家单位共同编制完成了本书。本书对既有国内外综合联调成果进行了分析，书中提供了成都地铁有限责任公司开展系统综合联调工作的具体案例，能够满足高速发展态势下我国城市轨道交通系统综合联调工作的技术需求，在一定程度上填补了我国城市轨道交通系统综合联调技术的空白，对于新城市具有良好的指导作用，对于已开通运营的城市也具有良好的借鉴意义。

交通运输部科学研究院院长：

2016 年 5 月

前　言

我国大城市的交通拥挤状况日趋严重,地面交通已难以适应现有经济活动和人民生产生活日益增长的运量需求。交通问题日趋严重,如果得不到有效的解决,很有可能还会引发其他社会问题,因此发展以轨道交通为骨干,以常规公交为主体的公共交通体系,将成为解决城市交通紧张状况最理想的途径。在国家加快发展城市轨道交通这一大背景下,如何确保新线建设和筹备的质量,如何实现新线建设和运营的平稳过渡,实现又快又好的开通运营,是每一位城市轨道交通建设和运营管理者面临的现实问题,综合联调作为城市轨道交通发展中承接建设与运营的关键阶段,综合联调的质量不仅关系到建设质量卡控,也关系到运营的安全介入,对新线的按期高质量开通起着重要作用。

由于我国目前对于综合联调的组织与实施均没有相应的标准作为参考,综合联调的开展缺乏理论与实例指导,各个城市轨道交通企业综合联调开展的随意性较大,效果也参差不齐。因此,如何科学、合理地开展综合联调,确保各项系统功能及人员素质满足开通试运营基本要求,不仅成为首次筹划城市轨道交通综合联调单位面临的突出问题与重大课题,对于已有相关经验的城市轨道交通企业来讲,也需要总结与借鉴先进经验,吸取教训,进一步促进、优化综合联调工作,使其向标准化、规范化不断发展。为此,成都地铁有限责任公司在总结其多年自主实施综合联调的经验与教训的基础上,广泛吸收了国内外同行的联调管理经验,特别是对照新颁布的《城市轨道交通试运营基本条件》(GB/T 30013—2013),和交通运输部科学研究院一起编制完成了《城市轨道交通综合联调组织与实践》一书,填补了国内这项研究的空白,希望抛砖引玉,为国内同行提供借鉴与参考。

本书以综合联调开展的理论与实例为主线,共分八章。第一、二章为概述及国内外综合联调开展现状及启示，重点对综合联调的定义、组织及国内外综合联调开展形式等进行了介绍；第三章为《城市轨道交通试运营基本条件》（GB/T 30013—2013）与综合联调，对照国标要求，对综合联调需要开展的工作与达到的效果进行一一分析，为后续章节提供基础；第四至六章为综合联调的实施、内容与总结，按照综合联调实施的总体流线，对各阶段联调工作进行介绍；第七章为成都地铁综合联调实施情况介绍，以实例形式对成都地铁综合联调开展的经验教训与存在问题进行分析，并提出了合理化建议；第八章为结论与展望，主要对联调的发展方向进行了展望。

在本书编写过程中，我们力争在成都地铁综合联调经验的基础上提炼出一套广泛适合于国内各城市轨道交通企业的综合联调实施标准，同时本书也可作为城市轨道交通综合联调相关知识的学习资料，供有兴趣的相关人员参考。本书的相关研究得到了国家973计划课题（编号2012CB725406）的资助。

由于编者技术水平及实践经验有限，本书难免存在不足与错误，期待广大读者不吝赐教，提出宝贵意见。

编　者

2016年5月

专业术语缩略语

1. 行调:行车调度
2. 环调:环境调度
3. 电调:电力调度
4. 维调:维修调度
5. 三权:调度指挥权、属地管理权、设备使用权
6. ACS(Access Control System):门禁系统
7. AFC(Automatic Fare Collection):自动售检票系统
8. ALM(Centralized Alarm System):集中报警系统
9. ATC(Automatic Train Control):列车自动控制
10. ATP(Automatic Train Protection):列车自动防护
11. ATS(Automatic Train Supervision):列车自动监控
12. BAS(Building Automatic System):环境与设备监控系统
13. CBTC(Communication Based Train Control System):基于通信的列车控制系统
14. CCTV(Closed Circuit Television):闭路电视监控系统
15. CLK(Clock System):时钟系统
16. DMI(Driving Monitor Interface):驾驶室显示屏
17. EB(Emergency Brake):紧急制动
18. FAS(Fire Alarm System):火灾报警系统
19. IATP(Intermittent Automatic Train Protection Mode):点式 ATP 监控下的人工驾驶模式
20. IBP(Integrated Backup Panel):综合后备盘
21. ISCS(Integrated Supervisory and Control System):综合监控系统
22. OCC(Operation Control Center):运营控制中心
23. PA(Public Address):公共广播系统

24. PIS(Passenger Information System) :乘客信息系统

25. PSCADA(Power Supervisory Control and Data Acquisition) :电力监控系统

26. PSD(Platform Screen Door) :站台门

27. RM(Restricted Manual) :限制人工驾驶模式

28. SIG(Signal) :信号系统

29. TFDS(Tunnel Fire Detection System) :隧道火灾监控系统

30. UPS(Uninterruptible Power System) :不间断电源

目　　录

第一章 概 述

CHAPTER 1

第一节 城市轨道交通发展现状

截至 2014 年底，我国大陆已有 22 个城市开通了 2 816.1km 的城市轨道交通运营线路 92 条，其中地铁运营线路 76 条，长度为 2 418km，占全国城市轨道交通运营线路长度的 85.9%；轻轨运营线路 9 条，长度为 303.5km；有轨电车运营线路 6 条，长度为 65.5km；磁悬浮列车运营线路 1 条，长度为 29.1km。到 2020 年，我国大陆每年将有近 30 条线路、超过 500km 的新线投入运营，40 个城市开通运营线路超过 6 000km。2010～2014 年全国城市轨道交通运营线路条数情况如图 1-1 所示。

目前，北京、上海、广州等城市的轨道交通网络已形成，网络化效应显著，在居民出行服务上发挥了重要作用，例如，北京市轨道交通日均客运量已达到 927.9 万人次。全国开通城市轨道交通的城市中，城市轨道交通客运量占公共交通客运量的比例位列前 3 位的是上海、广州和北京，分别占公共交通客运量的 51.5%、46.2% 和 41.5%。2014 年全国城市轨道交通客运量占城市公共交通客运量比例情况如图 1-2 所示。2014 年全国城市轨道交通运营指标情况见表 1-1。

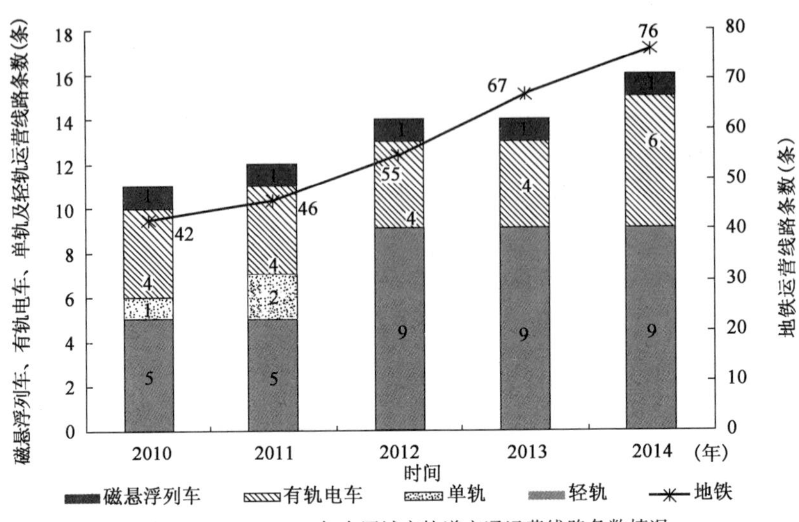

图 1-1　2010～2014 年全国城市轨道交通运营线路条数情况

注：数据来源于 2010～2014 年《城市（县城）客运统计》。

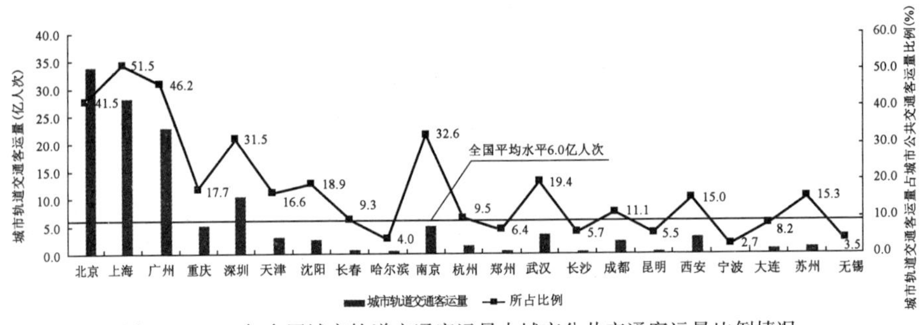

图 1-2　2014 年全国城市轨道交通客运量占城市公共交通客运量比例情况

注：数据来源于 2010～2014 年《城市（县城）客运统计》。

2014 年全国城市轨道交通运营指标情况　　表 1-1

城　　市	运营里程（万列公里）	客运量（万人次）	日均客运量（万人次）
全国	32 709.0	1 266 576.0	3 470.1
北京	7 225.0	338 668.0	927.9
上海	7 007.0	282 727.0	774.6
广州	4 646.0	227 790.0	624.1
重庆	1 865.0	51 710.0	141.7
深圳	2 508.0	103 675.0	284.0
天津	1 290.0	30 061.0	82.4
沈阳	541.0	25 775.0	70.6
长春	617.0	7 661.0	21.0

续上表

城 市	运营里程(万列公里)	客运量(万人次)	日均客运量(万人次)
哈尔滨	162.0	5 387.0	14.8
南京	1 434.0	50 317.0	137.9
杭州	752.0	14 515.0	39.8
郑州	230.0	6 786.0	18.6
武汉	1 090.0	35 624.0	97.6
长沙	147.0	4 580.0	12.5
成都	682.0	22 692.0	62.2
昆明	488.0	4 922.0	13.5
西安	574.0	29 953.0	82.1
宁波	112.0	1 388.0	3.8
大连	652.0	9 225.0	25.3
苏州	574.6	11 558.6	31.7
无锡	111.1	1 561.5	4.3

注:数据来源于2014年《城市(县城)客运统计》。

随着城市轨道交通快速发展,城市轨道在便利城市居民出行,缓解城市交通拥堵方面发挥了越来越重要作用,无论是政府管理者还是普通乘客都对城市轨道交通运营安全水平高度关注,越来越重视城市轨道交通工程建成后的设施施工质量及设备运行可靠性。从图1-3可以看出,综合联调是连接城市轨道交通工程建设阶段和运营阶段的关键环节,直接检验了工程建设的设施施工质量及设备运行可靠性,其成功与否直接决定了工程能否顺利按时按质完成开通运营的总目标。各城市都将新建线路综合联调工作作为一项重要的工作,主要在工程完工后,初步验收前组织相关技术力量实施综合联调,对于确保后期顺利载客运营发挥了重要作用。但是,由于城市轨道交通系统管理体制、技术标准缺乏等原因,我国城市轨道交通新建线路综合联调工作在具体实施中仍存在较大困难。城市轨道交通建设运营过程如图1-3所示。

一方面,国家尚未出台相关政策明确规定综合联调流程和工作内容。目前,国家层面尚未出台明确的文件规定城市轨道交通综合联调工作的实施流程和工作内容,只是在《城市轨道交通项目建设管理规范》(GB 50722—2011)中规定了城市轨道交通完工后,在载客运营前,建设单位应当组织综合联调工作,对于工作内容也只是规定需要对列车运行及防灾系统等进行调试工作。这些规定从总体上看较为粗略和零碎,对于综合联调的具体实施的指导性不强。

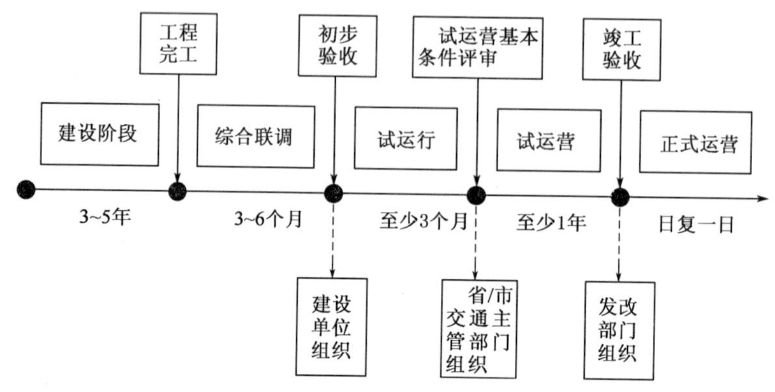

图 1-3　城市轨道交通建设运营过程

另一方面,城市轨道交通实施规划、建设、运营管理"三分开"管理体制,难以统一考量系统规划和建设对于运营的影响。目前,我国城市轨道交通规划、建设、运营分别由国家发展和改革委员会(简称国家发改委)、住房和城乡建设部(简称住建部)、交通运输部进行管理,各行业管理部门主要从自身职能出发提出所在监管阶段的管理内容和要求,管理内容接续性存在问题。例如,在工程建设环节,主要采用施工材料、施工质量、设备安装质量等检测评估技术手段检验工程施工、设备安装及设备运行是否达到设计要求,关注的是关键设施设备是否满足设计要求,较少考虑对运营的要求,较少关注设施设备完工后是否好用,在由建设单位主导的综合联调工作中,很难充分考核设施设备运行可靠性及载客运营后对各种运营组织活动的影响。

另外,城市轨道交通综合联调工作缺乏统一、专门的技术标准。城市轨道交通工程是一项涉及专业多、设备多,对运载旅客安全性要求高的系统工程(图 1-4),因此,在各条城市轨道交通线路开通运营前,都必须进行设备系统综合联调工作。目前,国家层面缺乏统一的技术标准,对综合联调工作调试项目、调试内容、调试步骤、合格标准等没有要求,直接影响了各地实施综合联调工作的质量。

针对上述问题,为确保载客运营安全,国家行业出台了相关政策和标准,提出了要采用技术手段和评估方法保障城市轨道交通设施设备运营安全。2012

年，国务院出台的《国务院关于城市优先发展公共交通的指导意见》（国发〔2012〕64 号）中明确指出，要高度重视轨道交通运营安全，完善轨道交通第三方安全评估制度，建立适应我国城市轨道交通安全发展的测试评估技术和方法体系。2011 年 5 月和 2014 年 10 月，交通运输部下发《关于加强城市轨道交通运营管理的通知》（交运发〔2011〕236 号）和《交通运输部关于加强城市轨道交通运营安全管理的意见》（交运发〔2014〕201 号）等文件明确要求城市轨道交通新建线路在投入运营前，要强化联调联试技术和检测手段，对城市轨道交通系统进行安全性、技术性的全面检验，确保运营安全。2013 年，交通运输部出台了《城市轨道交通运营管理规范》（GB/T 30012—2013）和《城市轨道交通试运营基本条件》（GB/T 30013—2013）等标准，对城市轨道交通新建线路载客运营系统运行及人员筹备提出了技术要求。

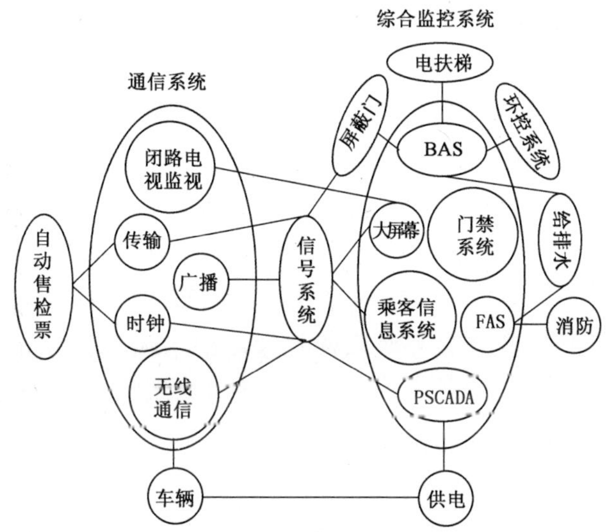

图 1-4 城市轨道交通主要系统间联动关系图

因此，为提升城市轨道交通系统综合联调水平，规范实施流程和内容，不仅需要清晰梳理当前城市轨道交通系统综合联调与《地铁设计规范》（GB 50157—2013）、《城市轨道交通试运营基本条件》（GB/T 30013—2013）等标准规范的关系，也有必要对综合联调的实施主体、调试内容、组织实施及工作策划等进行系统的探讨，以期形成共识，对今后各城市实施综合联调工作起到指导和帮助作用。

第二节　综合联调特征分析

综合联调是城市轨道交通工程建设阶段中的一个重要环节。合理组织城市轨道交通综合联调，在有限的时间和空间内综合利用线路条件、加强协调管理，完成全线（包括正线、辅助线、控制中心、车辆基地）各专业设备系统间的联合调试，以检验城市轨道交通系统达到的运行能力，是下一阶段开展试运行的基础，也是城市轨道交通工程项目能否获准载客试运营的关键。

一、综合联调定义

目前，关于轨道交通系统间功能和性能的联合调试工作，不同的轨道交通类型有不同的称呼。高速铁路称系统间功能性能调试为“系统联调联试”，主要是指采用试验列车、检测列车和相关检测设备，对高速铁路各系统的工作状态、性能、功能和系统间匹配关系进行综合测试、调整、优化和验证，使整体系统性能和功能达到设计要求，以设计速度开通运营。城市轨道交通称系统间功能性能调试为“系统联调”、“联合调试”、“综合调试”或者“综合联调”。

《城市轨道交通建设项目管理规范》（GB 50722—2011）是住建部2011年编制发布的建设管理规范，其对系统联调的定义为“在城市轨道交通工程单专业系统调试基础上，开展的两个及两个以上多专业系统联合调试工作”。该规范同时规定，城市轨道交通设备安装完成后，应进行单系统调试，单系统调试完成后方可进行系统联调。

简单地说，《城市轨道交通建设项目管理规范》用两个及两个以上的专业联合调试定义了综合联调，但没有明确综合联调的具体实施范围。城市轨道交通系统综合联调是建立在信号、车辆、供电、环控、车辆等设备系统已完成单系统及接口调试基础上，并达到合同技术规格书要求后而进行的系统全功能的测试及验证，是从满足运营开通使用角度对系统在正常、故障、应急及特殊工况下的工作状态、功能实现等开展的带负荷的、综合性的、动态的联合测试工作，其重点在于检验设备设施可靠性、行车组织的安全性、可靠性、运营指标设置的合理性以及人机操作的协调一致性等方面的综合测试和验证。以下主要对综合联调和设

备单体调试、单系统调试、接口调试等的区别进行阐述。

二、综合联调特点

城市轨道交通系统安装完成后,需要经过设备单体调试、单系统调试、接口调试及综合联调等阶段,以下主要分析各系统调试目标、内容及综合联调与其他调试的关系。

1. 设备单体调试

设备单体调试是指设备在未安装时或安装工作结束而未与系统连接时,为确认其是否符合产品出厂标准和满足实际使用条件而进行的单机试运或单体调试工作。单体调试,往往停留在设备本体层面,主要为测试单个设备是否合格,是否满足出厂的标准和条件而进行。

2. 单系统调试

单系统调试是指单系统设备安装完成后,为确认单个系统是否符合设计功能和满足实际使用条件而进行的单系统试运转或单系统调试工作。单系统调试可以理解为系统内部的调试,不与合同范围外的接口系统发生关联。

3. 接口调试

接口调试是指单系统调试完成后,为达到系统设计功能要求而开展的系统与系统间的测试工作。

4. 综合联调

城市轨道交通系统综合联调是从满足运营开通使用的角度,完整、细致地测试各系统在正常及故障等情况下,采用试验或者检测等方式对城市轨道交通两个及两个以上多专业系统间的工作状态、功能和系统间接口功能匹配关系进行综合测试,是开展试运行、运营综合演练的基础,也是城市轨道交通工程能否获准载客试运营的关键环节之一。

综合联调与单系统调试、接口调试的关系和区别,主要体现在:

(1)从建设时序上看,单系统、接口调试和综合联调是先后顺序关系,一环扣一环,前一个环节工作未完成直接制约到后一个环节工作的开展。单系统、接口调试质量,是综合联调开展的基础,单系统和接口调试不到位,在综合联调阶段就一定表现为测试不合格。综合联调实际是在单系统和接口调试的基础上完成的多系统联合验证测试，对单系统和接口调试具有查缺补漏的作用。

(2)从调试内容上看，单系统、接口调试和综合联调是一个由浅入深、由简到繁，直至最后到达合同全部功能要求的过程。越是往后，调试的难度和复杂度以及故障排除难度越大，到最后更是成倍增加，特别是在一项功能涉及三个及以上系统联调的时候更是如此。

(3)从调试人员上看，综合联调我们强调建设向运营的有序过渡，因此，综合联调的组织和实施人员建议以运营人员为主，这和单系统与接口调试主要由建设单位和承包商主导有所差异。

第三节　综合联调实施目的

综合联调是城市轨道交通工程建设向运营过渡的关键环节，具有承前启后的重要作用，开展城市轨道交通综合联调工作主要有以下目的：

1. 验证设备系统全功能目标的实现

城市轨道交通机电设备系统由多个分系统构成，各分系统间有很强的关联性。通过设备系统综合联调，验证各系统之间联动关系的实时性、完整性，实现系统全功能目标。按照渐进性要求，设备单体调试、单系统调试、接口调试主要体现设备零件、部件和子系统运行安全和安全功能目标的实现，而综合联调主要验证和实现系统安全功能目标的完善(图 1-5)。

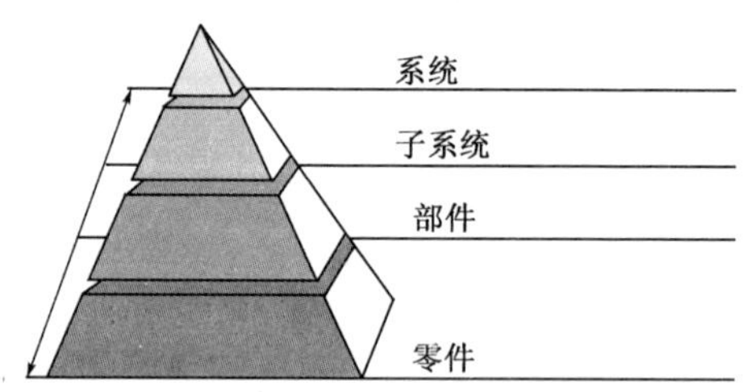

图 1-5　系统综合联调促进功能实现示意图

2. 验证设备系统接口参数最优

通过机电系统综合联调，确保硬件和软件接口功能及性能达到设计要求，各系统接口参数匹配优化，验证接口系统间通信规约的一致性，实现全系统整体性能最优化。

3. 验证设备系统在正常和非正常情况下的运行状态

验证系统功能是否达到设计要求,兼顾系统极端、降级及故障情况下的功能验证。在保证正常模式下系统各项功能实现的基础上,测试各种后备模式、非正常工况下的设备运行情况,并验证各系统之间非正常模式的联动。

4. 验证设备系统是否达到设计要求的各项性能指标

通过设备综合联调,验证机电设备是否达到设计要求的各项性能指标,检验设备系统功能、架构、操作方式(方法)等是否满足设计要求和运营管理模式要求,及时发现、排除在系统规划、设计、制造、安装等环节存在的隐患和不足。

5. 验证设备系统整体运行的稳定性和可靠度

单系统调试和接口调试无法暴露的设计和施工问题,可以在系统综合联调阶段检验出来。及时发现、排除和论证在系统规划、设计、制造、安装等环节存在的隐患和不足,确认系统是否具有高可靠性、安全性和可维修性,验证系统的技术成熟度和技术可靠度,是否满足国家标准中规定的要求。

通过综合联调,可以建立缺陷问题库并进行有效跟踪(图 1-6),一方面促进了相关问题整改,实现联调缺陷全过程闭环管理,避免将行车和安全类缺陷带入运营阶段;另一方面提前对设备故障进行跟踪,建立设备故障和隐患台账,有利于开通后加强对重点隐患设备的管理。

6. 培养运营人员技能

系统综合联调是以调度人员、维护人员及车站操作人员为主体进行现场指挥、设备操作、信息记录和状况反馈,以集成商、供货商配合协作进行保驾的调试验证手段,以最有效的方式检验运营人员的实际操作培训情况(图 1-7)。在系统综合联调前,相关人员已完成了相关的操作培训,通过对综合联调方案的熟悉和实际设备操作,更有利于管理及操作人员对设备系统的熟悉和了解,提高运营人员在实际运营中对可能出现的事故及突发情况下的应急处理和沟通协调的能力。

7. 检验规章制度体系的完整性和可操作性

系统综合联调前,运营单位编制完成了相关的规章制度和操作手册。通过系统综合联调,可以提前发现规章制度中的薄弱环节并继续进行深化和完善。

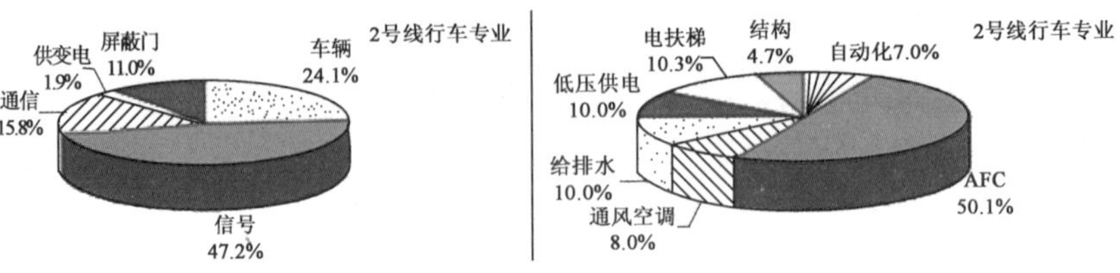

专业	故障现象、原因、处理结果及影响	故障分类
信号	13:48中央及车站ATS显示通惠门联锁区灰显。车站LCW正常；行调组织车站将联锁区内信号机开放Fleeting 功能，并在LCW上监控该区域列车运行；14:10 ATS上人民公园上行站线T1308计轴、人民公园至通惠门下行区间T1307计轴均显示红光带、LCW上无该信息，确认为ATS故障残留信息；15:15经通号人员现场处理后ATS仍不能恢复正常；次日01:22经通号人员处理。通惠门联锁区ATS恢复正常；故障造成列车晚点5列，最大晚点7min，备用车使用2次，调整列车运行5次	B
信号	7:44，11车在犀浦上行进站过程中EB；站台作业完毕后ATP不可用；7:51该车在天河上行以IATP模式出站再次EB；8:13通号人员重启CC后在羊犀立交上行恢复ATP；造成晚点1列，晚点9min，使用备用车1次，调整列车3次	B
信号	9:30犀浦至茶店子上下行正线进路触发后信号机无法及时开放；21车在犀浦折返线Ⅱ道停稳后，W0108/W0110道岔被进路锁闭在反位；故障原因：网络延时导致数据包丢失，重启网卡驱动程序后恢复；造成备用车使用2次，调整列车5次，晚点7列，最大晚点5min	B
信号	17:22ATS上羊犀立交至犀浦各站上下行屏蔽门均出现报警信息，导致4车次不同站EB；18:29多列车均在一品天下至蜀汉路上行区间FSB不缓；故障原因:ZC自锁导致联锁与ZC通信中断，次日重启ZC后恢复正常；ZC自锁主要原因是由于208车车—地通信中断时间超过系统允许时间；故障造成列车晚点20列，其中最大晚点9min50s，备用车使用1次，调整列车运行16次	B
车辆	17:08，21车在犀浦折返线开出后驾驶员报2车受电弓故障降下；故障原因:2车ADO保护软管断裂，剪断重新安装保护软管后升、降弓功能试验正常，车辆状态良好；造成列车晚点1列，晚点5min，备用车使用1次，调整列车1次	B

图 1-6　系统综合联调促进系统隐患整改示意图

图 1-7　系统综合联调促进人员培训示意图

成都地铁 2 号线一期及西延线联调过程中，都不同程度地暴露出一些使用和维修手册等文件存在差、错、漏等情况，主要原因是部分承包商的资料提交时间比较仓促，部分文件质量不高。结合联调阶段发现的问题整改，运营公司也组

织相关部门及时对相关规章制度进行了修订和完善，形成了可用于试运营基本条件评审的规章体系，如图 1-8 所示。

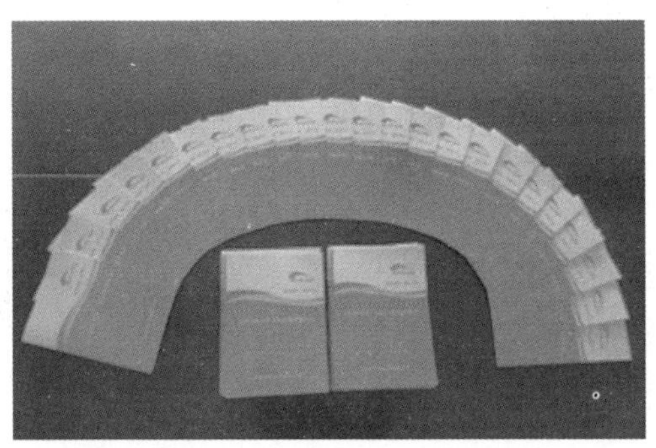

图 1-8 综合联调促进规章体系建立

第四节 实施综合联调标准化的必要性和紧迫性

科学系统地组织综合联调，不仅有利于设备功能的检验、线网情况下的系统功能匹配，更有利于人员、规章和设备的磨合。合理地安排综合联调科目和时间，是确保空载试运行质量和后续开通试运行的必要保证。

由于目前国内地铁综合联调尚无实施标准和具体评价规定，因此，综合联调在前期建设过程中难以得到重视，早期部分城市存在开通后半年甚至一年仍在进行设备调试的情况，对新线安全和平稳开通埋下了隐患。

一、轨道交通自身特点决定了运营管理的难度较大

1. 轨道交通自身特点决定的安全压力大

轨道交通线路封闭、空间狭小、客流量大、疏散困难、安全应急处置难度大（图 1-9）等，都对运营管理带来挑战。

2. 轨道交通面临的安保形势越来越严峻

社会维稳环境变化、车站客流急剧增加、安检设备设施及人员的水平参差不齐等都对地铁安保带来持续的压力。

特别是2014年3月昆明暴恐事件后，城市轨道交通面临的运营环境已经发生了明显的变化，各地城市轨道交通都加强了安全防范要求，图1-10为成都地铁1号线升仙湖站安检设备及安保人员。

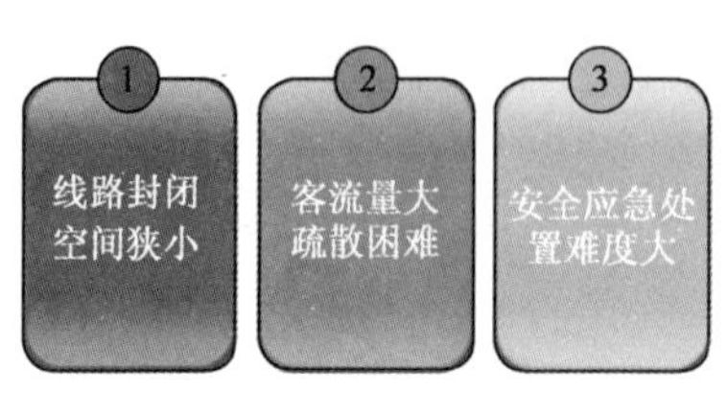

图1-9　轨道交通自身特点

图1-10　成都地铁1号线升仙湖站安检设备及安保人员

3. 不同的建设和运营管理部门，迫切需要解决建设和运营的有序衔接

由于我国城市轨道交通的发展经历了多次政府机构改革，造成了目前发改委管规划和批复，住建部管建设和验收，交通运营部管轨道交通运营的局面。运营管理企业在前期规划和建设过程中的话语权较低，容易造成建设和运营脱节。因此必须加强运营前置，反馈运营实际诉求，实现建设和运营的有序衔接。

4. 运营专业管理人才缺乏，运营经验不足

对城市轨道交通行业来说，尚缺乏专门的、高能力的运营研究机构，缺乏高层次、全方位的研究专家团队。从企业运营来看，人员易招，人才难得。随着行业的爆发式发展，专业的运营管理人才缺口仍将持续。

另外，由于我国轨道交通发展历史比较短，相应的管理经验积累不足，应急处置和救援等方面的研究还有待深入，也大大加剧了线网运营管理的难度。

二、跨越式发展面临的特殊环境变化

1. 线网快速形成，新线开通客流超预期

由于目前城市轨道交通处于爆发式发展的黄金时期，地铁线网快速形成，较多的地铁线路近远期客流提前到来，给新线开通运营组织带来了挑战。以成都地铁1号线为例，一期工程设计预测客流断面为近期(2019年)2.34万人次/h，到2015年末，实际客流断面常态下保持为3.4万人次/h，远远超出预测客流。

日均换乘客流约为 20 万人次，换乘站的运营管理将成为线网运营组织的重中之重。图 1-11 为成都地铁 1、2 号线换乘站——天府广场站早高峰时现场实景。

图 1-11 成都地铁 1、2 号线换乘站——天府广场站早高峰时现场实景图

由于前期客流预测偏差，导致车站规模、设备设施能力存在不足，其中配车能力的不足最为突出，这些都对日常运营管理造成持续压力。特别是部分新线按初期配车（开通第 3 年的客流预测量），造成开通后客流量超出预期导致车辆配备不足。另外，由于车辆选型等方面的原因，对线路远期的运力也造成了制约。

2. 工期较短，筹备磨合时间不足

由于线网快速建成，部分城市一年开通 2 ~ 3 条线路甚至更多，造成运营管理部门运营筹备时间紧，人员新老搭配困难，对前期设备熟悉不够，难以实现人员和设备的有效磨合，极易为应急情况下的处置埋下隐患。

3. 人员出现缺口，人员培训设备设施跟不上

根据 2014 年交通运输部的相关资料显示，到 2020 年底，保守估计运营管理人员将达到 30 万人以上，由于时间短、专业性强，虽然各地院校通过扩招等方式培养运营管理人员，但仍有较大的缺口。另外，大量新员工的进入，对整体人员水平和素质将很快起到“稀释”作用。

随着通过其他地铁公司招聘熟练员工越来越困难，通过订单招聘方式的学校毕业生将是未来运营企业员工的主流，这部分员工的培训和培养都需要一定

时间和过程。线网快速发展,员工队伍高速扩张,对于地铁运营单位而言,无法形成一个结构较为稳定、有序的人才梯队。线路差异带来设备新、技术新,专业门类多的特点,造成学习难度大、技术统筹难、设备管理复杂等问题,这对运营筹备来说是一个需要较长期时间来解决的难题。另外,由于培训设备设施跟不上,教学质量与实际操作存在较大脱节,使得运营管理人员的培训效果难以保障。

4. 可持续发展给地方政府带来的压力

随着政府部门加快推进城市轨道交通建设项目,对政府投资等方面的确起到了积极作用。但城市轨道交通工程的运营是一个民生工程、市政工程。从国内相关城市的经验来看,城市轨道交通运营基本是亏损的,即使不考虑资产折旧,受限于高额电力成本、人员成本,也难以盈利。国内城市轨道交通与香港等少数盈利的地铁企业面临的环境和经营机制有较大差异,香港模式在国内基本是不可复制的。因此,大量建成的线路运营需要政府不断补贴投入(根据有关人员测算,一条线路的运营成本是建设成本的 4 ~5 倍),政府部门需提前研究补贴政策或盈利机制的问题,才能确保建成后的城市轨道交通线路持续、安全、高效的运营。

三、线网运营情况下的不确定因素增多

1. 线网条件下客流巨大,影响面越来越广,公众关注度越来越高

随着线网的快速建成,地铁在公共交通中的客运量占比将迅速提高。地铁运营将面临内、外部环境的快速变化,实现城市轨道交通从量变到质变的巨大转变。地铁通达性大幅提高后,其整体优势将得到更充分体现,地铁从一种“可选项”逐步成为市民出行的“必选项”,市民对地铁服务的依赖性加强,对地铁服务的要求更会日益提高。

另外,由于通信工具的发展,传媒进入自媒体时代,地铁运营的影响力和影响面越来越大,社会监督压力越来越大。公众关注度、舆论监督的要求大大提升,在网络媒体影响下,一些原本微不足道的事件,很容易被放大为公众话题。例如:2012 年 10 月 8 日 16 时许,某城市地铁 5 号线站点内信息显示屏出现异常,均显示“王鹏你妹”四个字。对此事,地铁运营有限公司表示,5 号线 PIS 系统(乘客信息显示系统)正在进行调试和人员培训,出现异常是由于一名学员的

误操作，将聊天记录点击发布所致。由于这四个字出现在人流量大的地铁站，因此迅速被广大网友以各种方式传播、调侃。“王鹏你妹”虽是简单的四个字，却折射出地铁新线调试管理上存在漏洞，在社会上造成了不良影响。

2. 线网条件下的蝴蝶效应

在线网运营条件下，单线运营中断将对多线、多站带来冲击，这在北京地铁、上海地铁的干线或环线故障情况下尤为明显。北京地铁10号线2012年、2014年和2015年的故障，都引发了较大的线网运营组织调整，造成了较大的舆论影响。

3. 线网相互影响，运营组织调整难度越来越大

由于高峰期客流较大，已成线网的城市骨干线路行车间隔已达到系统设计极限。一旦一条线路运营晚点，都将引起换乘站的连锁反应，从而波及整个线网。即使早晚高峰时常见的车门夹人夹物现象，其影响也会被连锁放大。

4. 线网应急处置难度增加

对于地铁成网的城市，一天有几百万人甚至上千万人通过地铁出行，一旦出现设备故障，影响巨大，同时由于要考虑整体线网的运营情况，线网条件下的应急处置也变得越来越困难。

四、高质量开展综合联调的重要性和必要性

1. 新的标准和管理越来越规范，筹备工作要求越来越高

目前国家已发布了《城市轨道交通试运营基本条件》(GB/T 30013—2013)等标准规范，有利于规范和保证新线筹备和开通的质量，我们更多地应从对长远运营负责的态度，抓好各项工作落实，确保建设和筹备质量。

以前由于工期原因对新建线路要求较宽松，开通后1~2年都还在进行整改完善。但由于以前一个城市几年只开通一条线路，和现在一年开通几条线路已大不相同。高标准高质量开通新线，保证运营平稳和安全，已成为行业共识。

2. 综合联调质量是运营接管的必要保证

由于建设工期一般较为紧张，通过运营主导的综合联调，有利于提前暴露设备缺陷，让运营人员掌握设备性能指标，针对性地采取管控措施，也有利于运营

人员对设备质量的整体把控。

3. 综合联调是运营前置的体现,是建设顺利向运营过渡的关键

综合联调是运营单位大规模介入新线调试的关键阶段,也是建设工程向运营逐渐过渡的关键阶段,运营人员的提前介入,有利于加快整改消缺和移交进度。

综合联调不应该被视为建设单位的事情,即使目前综合联调作为建设工程验收的一个环节。综合联调至少应该是建设单位和运营单位共同验证的测试,既是对设备功能的全面调试,也是对人员、规章制度和培训效果的综合检验;既是对设备性能指标的全面调试,也是对运营组织和指挥水平的调试;既是单线系统功能的调试,也是线网条件下各项功能匹配的调试。

第二章 CHAPTER 2 国内外综合联调开展现状及启示

第一节 国内外轨道交通行业综合联调开展现状

一、高速铁路联调联试现状分析

1.日本

日本新干线的新线建设工程完工后，建设方（铁路公司）要进行竣工检查，该线铁路管理者（如 JR 东日本公司）要进行竣工验收。竣工验收与竣工检查同时进行，以便确认工程完工情况，同时国土交通省也需实施检查，为综合试验做准备。检查合格后，国土交通省将线路合格证书授予该线的管理者，而后可以实施综合试验了。综合试验期间建设方同时进行线路各系统的改进，以促使各线路在试验完成后得到优化。试验完成后，线路的管理权从建设方转交给运营商，运营商继而展开将近两个月的运行试验，运行试验中要求对司乘人员进行培训，例如让驾驶员熟悉运营线路，模拟各种情况下的应急处理措施，乘务员应该了解相关事宜等。通过上述试验后，国土交通省将进行 10 天左右的检查，检查合格通过后，运营商开展试乘会等活动迎接新线开通运行。

各系统设备（例如信号设备、通信设备、电力设备等）一般均需接受出厂试验、现场试验以及综合试验。

(1)出厂试验。出厂试验是指为了测试装置个体的功能和性能在生产商公司内部进行的试验。

(2)现场试验。现场试验是在现场组装后所进行的子系统调节运行试验,主要是地面设备试验。

(3)综合试验。综合试验是整体系统的检测,主要进行实车确认试验。在子系统设备经历了出厂试验、现场试验后,将进行整体系统的检测。

整体系统的检测主要通过综合试验来完成,综合试验是对各子系统(例如通信系统、信号系统、轨道系统、电力系统等)进行功能检测、制动试验、速度提升试验、列车运行管理试验等。日本一般都会采用称为"Easti"或采用称为"黄医生"的电气、轨道综合检测车进行综合试验,或者采用该线即将运营的车辆进行改造(车上配置各种实验设备)后作为移动试验车进行检测。测定的业务主要委托该线铁路管理者实施,而指导、计算分析、评价等业务委托铁道综合技术研究所实施。除了运行以上提及的列车之外,同时还会运用该线将运营车型进行走行试验、制动试验、舒适性试验等实车走行试验。

下面以日本九州新干线高速铁路综合试验为例进行介绍。

日本九州新干线新八代—鹿儿岛中央段于2004年3月13日开始运营,线路长约128km。综合检测使用的车辆需完成至少两个月行车,试验的内容主要包括:入线、架线试验,时长3天;ATC演示试验,时长15天;提速试验,时长20天,按照系统分类大致可分为信号系统、通信系统及供电系统等3类。试验列车6辆编组,1号车设置通信、线路及信号检测装置,6号车设置电力、线路及信号检测装置。

其中,信号系统检测项目主要有ATC信号接收、应答器接收及信号电流等。检测项目中,ATC信号接收和应答器接收的检测数据可以从ATC车载装置的LAN数据流中采集。信号电流、列车电流等数据采集是通过1号车设置的专用受电器获取,检测数据自动存储在移动闪存中,并可通过设备管理系统读取。

通信系统检测项目主要有列车无线通信、电磁场强度、信号错误率、帧同步等。数据获取与信号电流数据获取类似,通过专用设备将相关信息自动存储在移动闪存中,并进行设备数据读取。

供电系统主要进行入线架线试验和提速试验等。检测时,在检测车上安装检测用导电弓、激光测定仪等,进行供电检测,主要检测项目包含接触网高度、偏

位、接触网硬点、异物侵入报警、集电状态监视(录像检查项目)、受电弓状态监视等内容。入线、架线试验,检测车辆以低于45km/h速度运行。提速试验是入线架线试验结束后,采用的提高速度试验,从110~260km/h以10km/h的增长幅度提高,测定行程过程中根据接触网偏位、高度、加速度等,确认设备状况是否良好,根据离线测定判断集电效果。图2-1为日本九州新干线新800系列车。图2-2为日本九州新干线N700系列车进站停靠。

图2-1 日本九州新干线新800系列车

图2-2 日本九州新干线N700系列车进站停靠

2. 德国

在集成化管理的趋势下,德国趋向将高速铁路几个系统的装备安装管理和集成调试承包给某个集团完成。在2002年正式投入运营的德国科隆—莱茵/美因高速铁路新线的中段(从锡格堡到美因河桥),其所有的系统技术装备由西门子交通技术部(现西门子运输系统部)牵头的技术装备组(ANAT总体组)来负责。技术装备组的任务主要包括:协调和监督由ANAT总体组制定的质量管理标准的执行情况;将各公司的单项计划汇总成技术装备安装施工的总体计划,并为各技术装备公司做出框架期限计划、计划期限计划和施工期限总计划;进行工期协调和检查,对技术装备的改进和新发展进行协调,批准和处理与其他工程项目的衔接,参加局部和总验收,将施工资料交给各运营部门等。

大部分子系统的功能试验需在实际线路试验之前完成,即在系统应用到新线基础设施或该线运营列车之前完成,所进行的试验主要由实验室试验、既有线路/列车试验等组成。在实施审查鉴定程序时必须提供相关测试的数据。

验收过程要进行检测运行、各子系统的鉴定试验、提速运行试验、制动试验等实车试验,即进行运行试验。在试验过程中会利用各种试验车辆设备,如轨道结构试验车、ETCS 试验车、SPE 检测车以及其他各种试验车型，同时也会让运营车型进行试验，并对各重点进行试验（制动试验、交会试验、系统功能试验等）。系统试验结束后将进行两个月的运行试验。图 2-3 为德国高速铁路法兰克福中央车站。图 2-4 为德国高速铁路 ICE 列车在科隆至法兰克福站间运行。

图 2-3 德国高速铁路法兰克福中央车站

图 2-4 德国高速铁路 ICE 列车在科隆至法兰克福站间运行

3. 法国

法国高速铁路新线的管理主要由 SNCF（法国国营铁路公司）负责。为实现运营和基础设施两大部门的分离，1997 年基础设施部门从 SNCF 分离出来成立独立的公司称为 RFF（法国铁路网公司）。RFF 成为基础设施的产权所有者，正式负责国有铁路基础设施的建设和维修，以及线路的分配。根据商务代理合同，RFF 的大部分工作仍然委托 SNCF 完成。在 RFF 负责建设新线期间，SNCF 成立法国新线项目管理分局，该组织及其分支机构在土建和线路施工完成之后，要组织实车运行试验，即动态试验，委托专业的试验团队测试系统性能，并判定是否需要修改。在正式交付运营之前，要组织运行试验，办理设备移交，对未来的新线运营人员组织培训，以便这些人员熟悉新设备。

动态试验一般分为两阶段，第一阶段是预先试验，也称为首次试车，主要目的是检查该线路整个铁路系统是否处于正常工作的状态，第二阶段的试验是超高速试验。该阶段主要是在超高速度下对动车组、轨道、接触网等设备的材料、结构等性能及可靠性等指标进行评价，验证最新技术的可靠性。

在动态试验后，需要进行至少 2 ~ 3 个月的运行试验，内容与日本、德国基本类似，运行试验合格后该线就可以正式运营了。

下面以法国大西洋西南支线高速铁路联调联试为例，进行详细介绍。

从 1989 年末至 1990 年 5 月,法国国营铁路在大西洋西南支线进行了一些高速试验,为以后的高速铁路新线建设提供了有效的数据借鉴,使得高速铁路调试工作得以延续。试验区段的平面配置从 Courtalain 开始,曲线半径有规律地增加(6 000 ~ 15 000m),动车组速度提升曲线有规律地增长,可允许出现多个最高速度。在约 30km 的距离上可使试验速度达到时速 450km 以上。

该线路联调联试与日本的综合检测非常相似。在工作组织方面,由国铁部门牵头实施,项目组进行工作协调,运营部门参与,相关研究部门进行评估,承包商负责评估后的整改。在工作过程方面,主要包含试验车的检测运行、各子系统的鉴定试验、提速试验、制动试验、整体系统评估等内容。在工作重点方面,通过运用运营车型进行试验,注重进行制动试验、交会试验、系统功能试验等。图 2-5 为 2007 年 TGV 列车创造最快时速世界纪录。图 2-6 为法国高铁各型列车。

图 2-5 2007 年 TGV 列车创造最快时速世界纪录

图 2-6 法国高铁各型列车

4.中国

2010 年 9 月 17 日,铁道部下发《关于高速铁路联调联试及运行试验指导意见》,明确了我国高速铁路(时速 200km 以上)联调联试工作组织和管理责任,并对工作内容、联调联试程序和时间以及联调联试技术方法、评判标准进行了规定。但是,对时速 200km 以下的铁路联调联试技术及标准没有具体要求。图 2-7为中国 CRH2 型动车组停靠车站。

图 2-7　中国 CRH2 型动车组停靠车站

《关于高速铁路联调联试及运行试验指导意见》主要从测试目的、测试内容、测试方法、评判标准等方面规定了轨道、接触网、供电系统、通信系统、信号系统、运营调度系统、客运服务系统、防灾安全监控系统、综合视频监控系统、综合接地测试、电磁兼容测试、振动噪声测试、路基状况测试、桥梁动力性能测试、隧道内气动效应测试、列车空气动力学性能测试等。高速铁路轨道联调联试内容和技术框架如图 2-8 所示。

高速铁路系统测试与整体系统联调联试任务关系,如图 2-9 所示。

2013 年之前,全国高速铁路线路的联调联试工作主要由原铁道部委托中国铁道科学研究院(高速铁路系统试验国家工程实验室)牵头,高速铁路线路所辖的路局参加完成,完成的联调联试线路包括:京津城际铁路、京沪高铁、武广高铁、沪宁城际等 10 条线路。大部制改革后,主要由中国铁路总公司委托中国铁道科学研究院开展全国高速铁路联调联试工作。

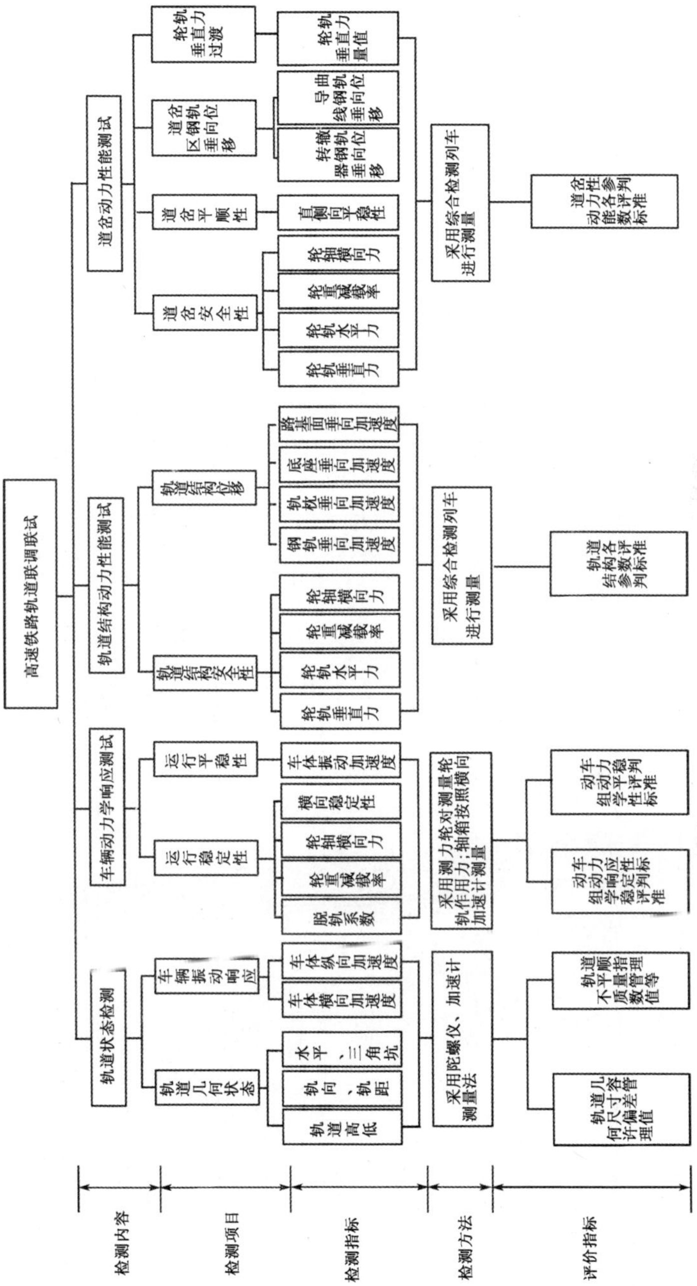

- 高速铁路轨道联调联试
  - 轨道状态检测
    - 轨道几何状态：轨道高低；轨向、轨距；水平、三角坑
    - 车辆振动响应：车体横向加速度；车体纵向加速度
    - 检测方法：采用陀螺仪、加速计测量法
    - 评价指标：轨道几何尺寸容许偏差管理值；轨道不平顺质量指数管理值等
  - 车辆动力学响应测试
    - 运行稳定性：脱轨系数；轮重减载率；轮轴横向力；横向稳定性
    - 运行平稳性：车体振动加速度
    - 检测方法：采用测力轮对测量轮轨作用力；轴箱按照横向加速计测量
    - 评价指标：动车组动力学响应稳定性评判标准；动车组动力学平稳性评判标准
  - 轨道结构动力性能测试
    - 轨道结构安全性：轮轨垂直力；轮轨水平力；轮重减载率；轮轴横向力
    - 轨道结构位移：钢轨垂向加速度；轨枕垂向加速度；底座垂向加速度；路基面垂向加速度
    - 检测方法：采用综合检测列车进行测量
    - 评价指标：轨道结构各参数评判标准
  - 道岔动力性能测试
    - 道岔安全性：轮轨垂直力；轮轨水平力；轮重减载率；轮轴横向力
    - 道岔平顺性：直侧向平稳性
    - 道岔区钢轨垂向位移：转辙器钢轨垂向位移；导曲线钢轨垂向位移
    - 轮轨垂直力过渡：轮轨垂直力量值
    - 检测方法：采用综合检测列车进行测量
    - 评价指标：道岔动力性能各参数评判标准

（层次：检测内容 → 检测项目 → 检测指标 → 检测方法 → 评价指标）

图2-8　高速铁路轨道联调联试内容和技术框架

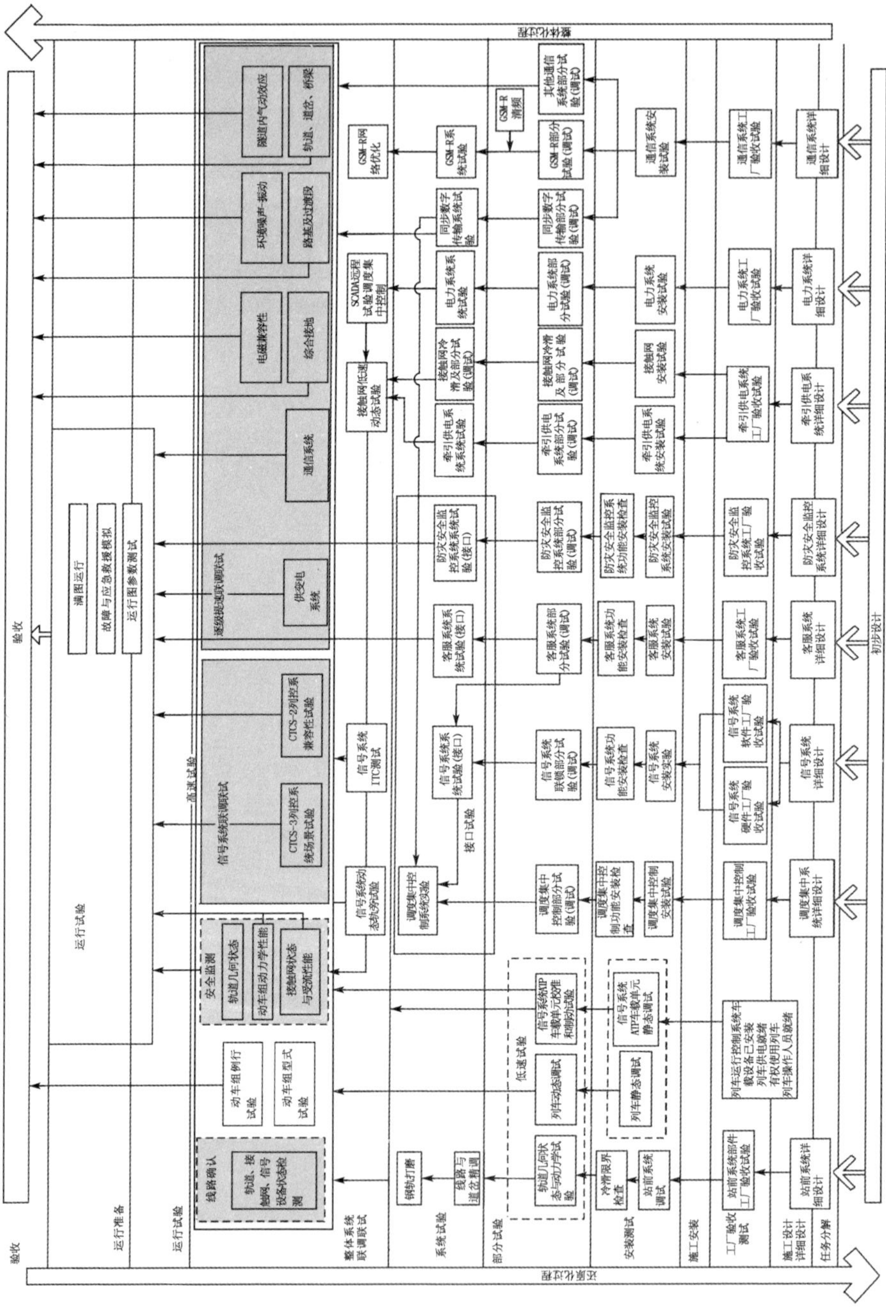

图2-9　高速铁路系统测试与整体系统联调联试任务关系

注:来源于《高速铁路联调联试方法论》。

中国高速铁路联调联试与开通运营一览，见表2-1。

中国高速铁路联调联试与开通运营一览表 表2-1

序号	线路名称	运营里程(km)	速度等级(km/h)	联调联试时间	开通时间	最高试验速度(km/h)
1	京津	120	350	2008-02-01~06-30	2008-08-01	单列 394.3
2	合宁	166	250	2008-01-01~04-10	2008-04-18	
3	合武	364	250	2008-11-30~2009-03-31	2009-04-01	
4	石太	231	250	2008-12-26~2009-03-31	2009-04-01	
5	胶济	362.5	200~250	东段:2008-09 西段:2009-09	2008-12-21 (部分区段开通)	
6	甬台温	293	250	2009-08-21~09-29	2009-09-28	
7	温福	294.6	250	2009-06-10~08-20	2009-09-28	
8	武广	1 069	350	2009-01-03~12-24	2009-12-26	重联 394.2
9	郑西	505	350	2009-09-01~2010-02-05	2010-02-06	单列 394.2
10	成灌	67	200	2010-03-03~05-11	2010-05-12	
11	福厦	274.9	250	2009-12-15~2010-04-25	2010-04-26	
12	昌九	135	250	2010-07-21~08-28	2010-08-27	
13	沪宁	301	350	2010-04-05~06-20	2010-07-01	
14	沪杭	202	350	2010-08-25~09-25	2010-10-26	单列 416.6
15	海南东环	308	250	2010-10-10~11-15	2010-12-30	
16	长吉	111	250	2010-12-05~12-22	2010-12-30	

注：来源于《中国高铁联调联试技术创新》(雷风行,《中国铁路》,2011)。

总的来看，高速铁路各系统间既自成体系又相互关联，既有硬件接口又有软件联系，对整体性和系统性的要求高。采取系统集成的模式，可确保技术体系的完整性和各系统之间紧密衔接，以利于建设统一、协调管理。系统联调联试，是从设计之初就开始涉及的，从设计、制造到调试，需要有具体完备的计划来实施。由于各国国情不同，设备不同，会有一些细节上的不同，但整体过程大同小异。这些过程大体如下：

(1)出厂试验。子系统的装备在现场装配之前，会由各装备厂家进行厂级测试，各装备会利用仿真模拟方式模拟现场或者在其他线路上来测试，合格后的装备方可出厂。此试验由各厂家负责，出厂后提供相应的合格证书，有时需提供相应的试验数据。

(2)现场试验。在出厂试验后，各装备将被运至现场(此处现场不仅是新线现场，它还包括各式实验室、试验线、既有线等)，先进行各系统实际或类似环境下的试验，然后才安装在新线上对整个子系统进行集成调试试验。

(3)联调联试阶段。该阶段等同于日本的综合试验以及法国的动态试验，由铁路部门组织实施，专门项目组进行工作协调，运营部门参与，相关研究部门进行评估，承包商负责评估后的整改。该过程主要是进行试验车的检测运行、各子系统的鉴定试验、提速运行试验、制动试验、整体系统评估等，在试验过程中会运用各种试验车辆设备，如轨道结构试验车、综合检测车等。并且，该阶段会运用运营车型进行试验，对各注重点进行测试（制动试验、交会试验、系统功能试验等），并进行综合性调试。试验期间会预留时间进行系统的改进。试验结束且合格后，管理权将从建设部门转交给运营部门。

高速铁路联调联试及运行试验步骤，如图 2-10 所示。

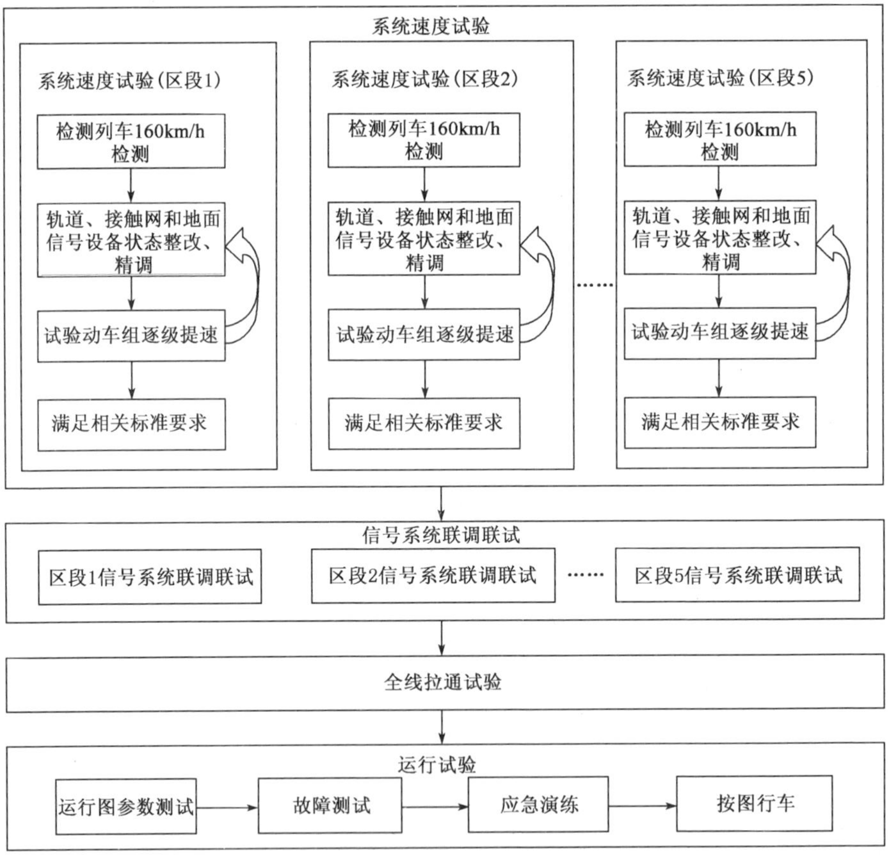

系统速度试验

系统速度试验（区段1）
检测列车160km/h检测 → 轨道、接触网和地面信号设备状态整改、精调 → 试验动车组逐级提速 → 满足相关标准要求

系统速度试验（区段2）
检测列车160km/h检测 → 轨道、接触网和地面信号设备状态整改、精调 → 试验动车组逐级提速 → 满足相关标准要求

……

系统速度试验（区段5）
检测列车160km/h检测 → 轨道、接触网和地面信号设备状态整改、精调 → 试验动车组逐级提速 → 满足相关标准要求

↓

信号系统联调联试
区段1信号系统联调联试 区段2信号系统联调联试 …… 区段5信号系统联调联试

↓

全线拉通试验

↓

运行试验
运行图参数测试 → 故障测试 → 应急演练 → 按图行车

图 2-10　高速铁路联调联试及运行试验步骤

注：来源于《武广高速铁路联调联试及试运行试验的创新与实践》。

二、国外系统综合联调现状分析

城市轨道交通完工后，国外各城市均需要对设备间接口功能进行调试，检验系统接口关系是否满足运营要求。以下主要选取新加坡、东京、首尔等城市对轨道交通综合联调组织主体及组织过程进行分析。

1. 新加坡

新加坡城市轨道交通系统总运营里程 175.3km，日均客运量 240 万人。新加坡陆路交通局负责城市轨道交通线路建设。系统设备安装完成后，由陆路交通局牵头组织综合联调工作。依照合同规定的技术要求，各供应商分别编制综合联调技术方案进行调试，完成接口调试、系统接收测试、功能测试。综合联调是否满足合格要求主要依照合同规定确定。综合联调整个过程，新加坡陆路交通局负责监督检查完成质量情况。综合联调后期，运营单位参与后期的综合联调工作，主要是熟悉设备操作，同时了解设备运行情况，也是对即将接手的运营设备功能的检查和确认。双方认为合格后，运营商接手系统设备开展按图运行工作调试工作，直到满足载客运营要求。新加坡地铁如图 2-11、图 2-12 所示。

图 2-11 新加坡地铁列车进站

图 2-12 新加坡地铁车站实景

2. 东京

东京城市轨道交通总运营里程 312km，13 条路线、230 座车站，日均客运量超过 800 万人。东京城市轨道交通线路完工后，建设方负责进行设备检查，线路建设管理单位负责组织验收，监理单位和设备供应商参与，综合联调方案由设备供应商制订。东京主要根据《铁道法》对系统综合联调过程进行监督检查，同时也依据线路建设管理单位报告的综合联调过程情况。合格后，将线路合格证书给予该线的管理者。运营单位根据线路合格许可证进行综合运行试验。综合运行试验期间，运营单位提出线路系统存在的问题，建设方则根据问题进行线路各系统的改进，以促使各线路在试验完成后得到优化。试验完成后，线路管理权从建设方转交给运营商。东京地铁车站如图2-13、图2-14所示。

图2-13　东京地铁车站实景

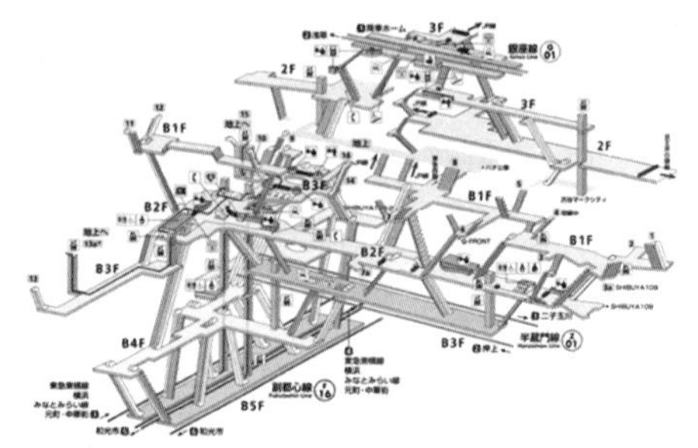

图2-14　东京地铁涉谷站地下结构图

3. 首尔

首尔城市轨道交通系统总运营里程334km，9条路线、316座车站，日均客量350万人。首尔城市轨道交通系统由首尔地下铁公社和首尔都市铁道公社运营。首尔城市轨道交通线路完工后，设施设备的综合联调工作（首尔称为设备“联合调试”）主要由监理单位组织供货商完成，监理单位负责审核供货商调试方案。地方政府建设交通局监督系统综合联调实施过程及评价实施质量。供货商将完成的试验段性能及设计证明试验交付运营单位，运营单位认为合格后，则接手运营设备。

首尔轨道交通进行综合联调之前，需要完成“个别系统试验”，确认各个子系统的设计功能。系统综合联调主要分为“设施综合验证”和“设施与车辆综合验证试验”两个阶段进行。首尔地铁车站如图2-15、图2-16所示。

（1）“设施综合验证”阶段。主要对已完成的个别系统试验的各个工种设施进行综合性安全检验、建筑限界测定、设施检测，提前确认是否能保证设施与车辆间的安全，然后进行分步提速试验。其中，“建筑限界测定”属于“设施综合验证”阶段重要检测内容，主要是采用在接触网工程车上安装建筑限界量规，测试隧道内电气设备、站台及信号设备等的限界，以确保行车安全。综合检测车主要检测轨道、接触网和信号的状态。

(2)“设施与车辆综合验证试验”阶段。主要采用综合检测车按照分步提速方式，确认轨道、接触网、信号与车辆间的接口在不同速度等级下是否正常，进行列控车载设备的功能、控制试验，变电所电压与电流测试，接触网供电试验等。

图2-15 首尔地铁车站进站口

图2-16 首尔地铁车站实景

三、国内城市轨道交通系统综合联调现状分析

1. 广州

广州地铁的新线系统综合联调方案主要包括BAS弱电抗干扰测试、BAS与气体灭火、FAS系统联调、BAS系统和环境及智能低压系统联调、BAS与自动扶梯和电梯的联调、BAS与事故照明系统联调、BAS与照明配电系统联调、BAS与给排水系统联调、BAS与PSCADA系统联调、PSCADA与信号ATS系统联调、供电系统电磁干扰测试、信号联锁功能联调及信号全线高密度运行测试等。广州地铁综合联调是由运营事业部牵头负责，建设单位、监理单位、供货商等部门参加。综合联调时间没有具体规定，一般在2~3个月完成。广州地铁黄阁站如图2-17所示。运行中的广州地铁4号线列车如图2-18所示。

图2-17 广州地铁黄阁站

图2-18 运行中的广州地铁4号线列车

广佛地铁西朗至燕岗段综合联调，见专栏 2-1。

专栏 2-1

广佛线西朗至燕岗段 7 月 1 日起进入运营调试阶段

来源：广州地铁　发布时间：2015－07－01

6 月 25 日凌晨 0:00 至 26 日凌晨 4:00，随着一列带电的电客车在广佛线西朗至燕岗区间进行多个往返测试，广佛线西朗至燕岗段热滑试验顺利完成。随后，经过几日的工作，从 7 月 1 日起，广佛线西朗至燕岗段移交运营部门，进入运营调试阶段，年底开通试运营的目标指日可待。

热滑圆满完成

广佛线西朗至燕岗段的热滑工作从 6 月 25 日凌晨 0:00 开始，至 26 日凌晨 4:00 结束。据了解，25 日 01:05，在各项准备工作就绪后，一列载着多名技术人员的地铁列车从西朗站开出，正式展开热滑试验。广州地铁公司介绍，热滑列车分低速、中速、高速三种速度在西朗至鹤洞、鹤洞至燕岗区间进行多个往返测试，检查列车受电时的运行状态。

广州地铁公司介绍，线路热滑是继“隧道通、轨道通、供电通”后又一重要节点，它是实现线路从工程建设阶段逐步转入运营调试阶段的必需条件。“简单来说，热滑就是对接触网、供电、轨道等工程是否达到设计标准的一次全面性的动车检查。”广州地铁技术人员介绍，通过热滑试验，有效地检验接触网受电状态，在接触网带电的情况下对接触网质量状况进行检测，保证正式开通列车的正常运行。

2. 北京

城市轨道交通新建线路完成土建(含装修)工程及设备安装、调试后，城市轨道交通综合联调主要是由运营单位组织，施工单位、设计单位、监理单位、供货商参加。综合联调方案主要包括：车站设备联调方案、区间设备联调方案、供电系统联调方案、行车系统联调方案以及新建线路与 OCC 调试等内容。联调时间一般在 3 个月左右。北京地铁 5 号线列车出库如图 2-19所示。城市轨道交通电力系统综合联调如图 2-20 所示。

图 2-19 北京地铁 5 号线列车出库

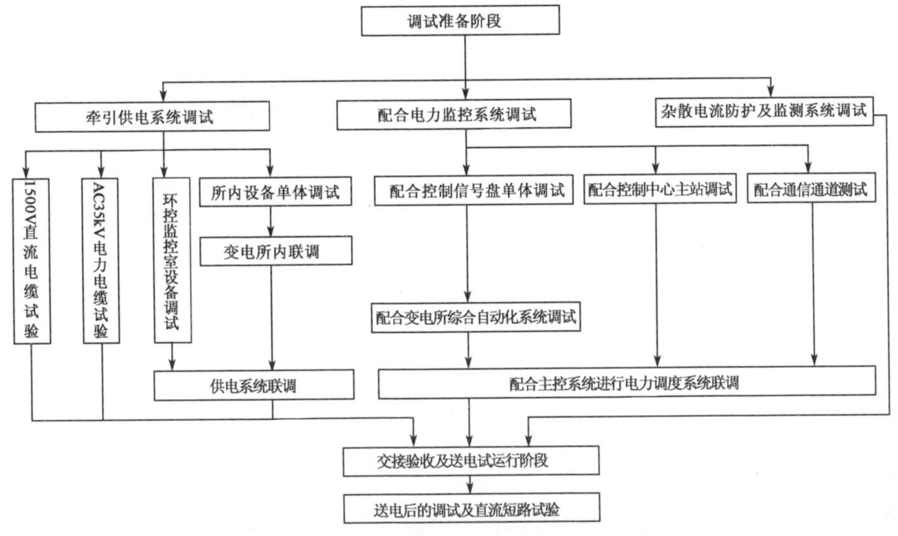

图 2-20 城市轨道交通电力系统综合联调

注:来源于《城市轨道交通工程系统联调联试技术浅谈》。

3. 重庆

重庆地铁新线系统联调方案主要包括:车辆与信号系统联调方案、车辆与供电系统联调方案、车辆与通信系统联调方案、车辆与屏蔽门的联调方案等,编制的方案相对简单。重庆地铁的联调由建设单位牵头,运营单位参加,在联调过程中,监理单位发挥了重要的作用。综合联调时间一般在 3 个月左右。图 2-21 为重庆轻轨列车穿楼而出。

图 2-21 重庆轻轨列车穿楼而出

城市轨道交通系统综合联调接口关系，见表 2-2。

城市轨道交通系统综合联调接口关系 表 2-2

主调专业	配合专业											
	车辆	信号	供电	通信（含大屏幕）	BAS	FAS	AFC	通风、采暖、空调	给排水	动力照明	安全门	电扶梯	轨道
信号											★		
供电	★	★								★			★
通信	★												
BAS								★	★	★	★	★	
FAS			★	★	★		★	★	★	★		★	

注：来源于《城市轨道交通工程系统联调联试技术浅谈》。

4. 南京

南京地铁的新线系统综合联调方案主要由南京地铁自行编制。在编制过程中，南京得到了香港地铁、广州地铁、深圳地铁、天津地铁等单位的指导，并对这些单位进行了多次实地调研，充分吸取了相关经验。综合联调联试的方案主要从车站设备系统功能验证、行车设备系统功能验证、调度系统人机演练等三个方面进行编制，涉及 101 项总联调子项目，重点对正常模式、降级模式、紧急模式、事故模式、抢修模式五个层次的演练制订了相应方案。南京地铁综合联调是由建设单位牵头，运营单位参加，人数在 100 人左右。综合联调时间一般在 3 个月左右。图 2-22 为南京地铁列车进站停靠。

图 2-22 南京地铁列车进站停靠

城市轨道交通系统综合联调工作组织架构，如图 2-23 所示。

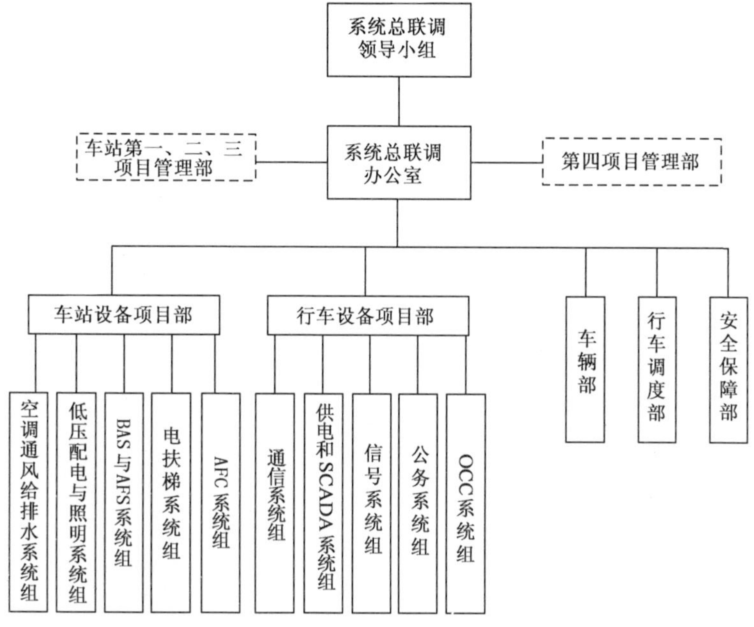

图 2-23 城市轨道交通系统综合联调工作组织架构

注：来源于《南京地铁 1 号线一期工程系统总联调的进度控制》。

5. 深圳

深圳地铁的新线系统综合联调方案采用聘请第三方的形式进行编制，由香港柏诚（亚洲）有限公司牵头完成。编制内容是以信号系统、综合监控系统为中心，主要包括车辆与信号系统联调、综合监控系统与车站机电系统联调、供电系统电磁干扰测试、信号联锁功能联调等。深圳地铁综合联调是由建设单位牵头负责，运营单位、监理单位、供货商等部门参加。综合联调时间一般在 3 个月完成，各条线路根据实际情况有所调整。图 2-24 为深圳地铁大学城站实景。

图 2-24 深圳地铁大学城站实景

深圳地铁一期工程联调系统可靠性分析关系结构，如图 2-25 所示。

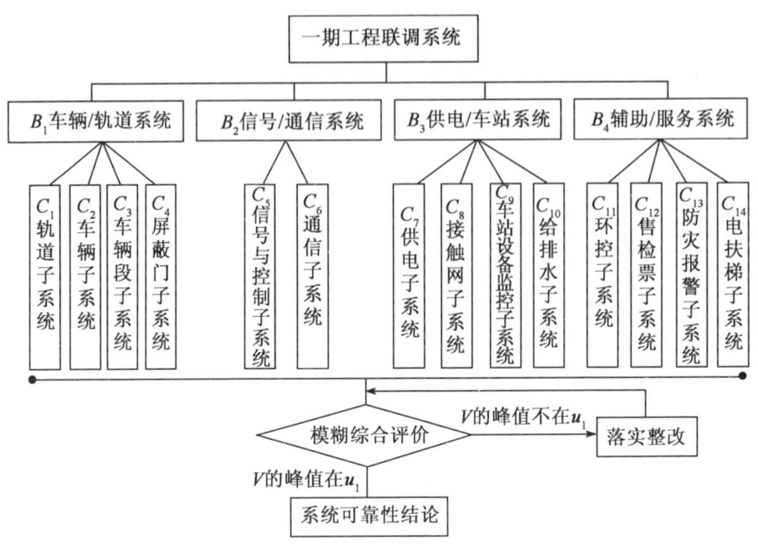

图 2-25　深圳地铁一期工程联调系统可靠性分析关系结构

注:来源于《模糊综合评价在深圳地铁一期工程联调系统可靠性研究中的应用》。

6. 天津

天津市城市轨道交通综合联调是由运营单位组织,设计建设、施工及设备供应商参加,对联调进度、接口条件及存在问题和解决方案进行集体协商解决。天津轨道交通运营公司组织各专业技术人员编制完成《地铁设备系统调试手册》及《系统总联调手册(行车组织篇)》,明确了综合联调计划和实施方案,技术方案分为工务、供电、通信、信号、车辆、安防、屏蔽门、AFC、环控、给排水、电梯、清分、票务、导向、卷帘门、人防门等 16 个专业,合计 55 项接口测试,测试时间约 2 ~ 3个月。图 2-26 为天津地铁复兴门站列车进站图。

图 2-26　天津地铁复兴门站列车进站

天津地铁3号线综合联调，见专栏2-2。

专栏2-2

天津地铁3号线进入设备联调联试阶段

发布时间：2012/5/10 新闻来源：新华社 新闻类别：综合资讯

将于今年下半年试运营的地铁3号线建设全面提速。记者昨日(9日)获悉，3号线建设目前已进入土建收尾阶段，车辆等设备的联调联试工作全面展开。3号线开通后，其车站设备设施将更具人性化，市民在站厅层购票、检票过程中即可通过电子屏幕随时了解站台层的列车到发信息。天津地铁3号线南起西青区高新区，北至北辰区小淀，沿线经过西青、南开、河西、和平、河东、河北、北辰7个行政区。线路全长29.655km，全线共设华苑、天塔、和平路、津湾广场、天津站、北站、宜兴等23座车站，其中地下站18座、高架站4座、地面站1座。目前，地铁3号线的建设收尾和运营筹备工作都在紧张有序地进行。记者了解到，地铁运营公司现已总体完成了3号线开通所需的培训工作，正在逐步接收和进驻新线车站，全面参与土建收尾。同时，施工工人已开始进行车辆等设备的联调联试。

四、综合联调的实施主体探讨

由于国家没有规定综合联调的具体标准和细则，对综合联调的实施主体也没有界定，所以各地城市轨道交通企业的做法也各不相同。目前，各城市轨道交通系统综合联调的实施主要有三种方式：

(1)聘请第三方咨询机构和兄弟城市地铁公司来组织综合联调工作。主要体现在第一次开通地铁线路的城市，借助第三方咨询机构力量来编制综合联调方案或直接将综合联调的组织工作委托第三方实施。

(2)自主实施。由建设单位作为实施主体，运营及相关承包商配合开展综合联调。主要体现在建设和运营分立的地铁公司，由于从建设程序上综合联调尚在建设末期，因此一般认为建设单位的职责和工作尚未完成，综合联调理应属于建设单位应该完成的工作。

(3)自主实施。由运营单位牵头，建设及相关承包商配合开展综合联调。这主要表现为运营公司从运营前置出发，提前介入设备调试，有助于运营人员的锻炼。

以上三种方式，在国内均有实际案例，综合联调实施的质量主要体现在联调过程中问题的处理和解决速度，主要体现在对运营人员的锻炼和对规章制度及运作体系的检验。我们认为，由运营公司为主体，来牵头组织综合联调工作，虽然从职责上增加了运营部门的工作量，但在以下几个方面可以取得很好的效果。

一是有利于综合联调的质量保证。由建设单位或承包商牵头，由于一般建设单位人员配置较为紧张，业主代表难以全程主持和跟踪综合联调，因此不利于对调试整体的把控。由承包商组织联调，很容易造成既当裁判员又当教练员的局面，使得综合联调的质量难以把控。相反，综合联调开始时，运营公司的绝大多数人员已到位，并基本完成相关培训。由运营公司作为主体开展联调，既有利于质量和进度的把控(特别是多个科目同时进行安排)，也有利于运营公司接管后的设备台账建立。

二是有利于加速运营人员和设备的磨合，检验人员培训效果和规章制度的完整性。完全按照运营公司编制的规章制度和操作流程组织联调，既比承包商组织联调更有利于安全保证，也更有利于检验运营公司对设备和流程的管控能力。在实际操作过程中暴露的问题，运营公司可通过突击培训和规章完善来弥补。

三是有利于加快建设向运营的过渡，节省总体工期。运营公司全程参与单系统调试和接口调试，并作为牵头主体负责综合联调工作，可以在较短时间内完成设备功能和性能的全面检验，有利于后期空载试运行的组织，加快建设工期。

综上所述，因不同城市地铁公司架构、职责划分不同，三种模式的综合联调方式均可选择。但是，我们仍然建议综合联调要突出运营单位的介入力度，

有条件的情况下建议运营公司作为综合联调的主体实施单位开展具体的调试工作。

第二节 国内外轨道交通综合联调开展经验与启示

一、国内外高速铁路

通过分析国内外高速铁路联调联试技术现状,可以得到以下借鉴经验启示:

(1)需要制订详细完善的技术调试方案。日本、德国、法国及我国高速铁路联调联试过程,均制订了详细的联调联试技术方案,主要包括联调联试内容、联调联试项目、各项目的评价指标和具体参数,同时明确了参数合格的评判标准。另外,技术方案中也规定了联调联试的方法和具体装备要求等。我国高速铁路联调联试公布了联调联试技术框架,对调试项目、内容、参数评价标准及具体调试方法均作了详细的规定,为开展联调联试工作奠定了良好的基础。

(2)综合联调过程需要有政府主管部门参与认可。日本新干线联调联试完成后,需要通过国土交通省检查;德国、法国高速铁路联调联试结束后,会得到铁路管理部门的临时运营许可,运营部门要在正常运营条件下进行为期2~3个月的运行试验。政府主管部门参与系统综合联调过程的工作,主要监督系统综合联调工作完成情况,对系统综合联调工作质量提升具有重要作用。目前,我国城市轨道交通系统综合联调整个过程,政府主管部门不参与,同时也缺乏合格评判的行业标准。各地轨道公司根据自身情况,自行制定相应标准进行综合联调,规范性有待进一步提高。

二、国外城市轨道交通

通过分析国外城市轨道交通综合联调现状,可以得到以下经验启示。

(1)综合联调过程需要由运营单位主导或者参与。城市轨道交通运营单位参与综合联调,熟悉系统设备功能,同时也能够对系统设备功能进行检查和确认。新加坡城市轨道交通运营单位参与综合联调后期工作,熟悉设备操作,了解和检查设备运行情况,为接手运营做准备。东京城市轨道交通综合联调和综合运行试验界限不进行明确划分，运营单位进行的综合运行试验也是作为系统综合联调的组成部分。运营单位组织综合运行试验合格后，线路管理权才从建设方转交给运营商。

(2)政府主管部门参与综合联调过程的监督检查。城市轨道交通系统完工后，系统综合联调可以由不同的主体牵头负责完成，但均有政府主管部门参与，一般为直接负责验收或者参与验收监督检查，需要得到政府主管部门的合格许可。首尔城市轨道交通系统综合联调工作由监理单位组织供货商完成，监理单位负责审核供货商的综合联调方案，而地方政府建设交通局监督实施质量。东京根据《铁道法》采用现场检查和报告检查方式进行系统综合联调过程的监督。

三、国内城市轨道交通

通过分析国内城市轨道交通综合联调现状，可以得到以下经验启示。

(1)国内系统综合联调工作积累了丰富的经验，给新迈入城市轨道交通线路运营行列的城市提供了良好借鉴。目前，我国北京、上海、广州、深圳等城市已多次组织系统综合联调工作，积累了丰富经验，为其他城市提供了良好借鉴。各新开通城市轨道交通的城市，可以充分借鉴兄弟城市的经验，以“师傅带徒弟”式的经验传递，获得系统综合联调技术，制订综合联调技术方案，同时也可以借鉴国内城市轨道交通专业机构力量，开展系统综合联调工作。

(2)国家应尽快出台系统综合联调技术规范标准，规范各接口调试技术。目前，国内尚未出台统一的城市轨道交通系统综合联调技术标准，各城市在综合联调内容及规范性方面尚待完善。为此，需要梳理和充分吸收国内既有城市所积累的综合联调技术经验，制定相应的系统综合联调技术标准，不仅可以进一步规范既有已开通城市轨道交通线路的城市综合联调工作，也可以为即将开通城市轨道交通的城市开展此工作提供依据，有利于提高系统综合联调的工作质量。

(3)国家应建立系统综合联调工作管理制度，规范工作组织流程。目前，国内尚未出台统一的城市轨道交通系统综合联调工作管理制度，各城市在综合联调工作主体、组织流程及管理要求等方面尚需进一步完善。为此，通过系统梳理各城市轨道交通系统综合联通工作情况，兼顾共性需求，融合个性差异，编制出台相关工作管理制度，可以有效保障综合联调工作的规范性和有效性。

第三章 CHAPTER 3 《城市轨道交通试运营基本条件》（GB/T 30013—2013）与综合联调

按照国务院优先发展公共交通指导意见和交通运输部对城市轨道交通运营管理的要求，为了确保城市轨道交通运营安全，新开通的城市轨道交通线路都应开展试运营基本条件评审，在通过评审后方可开通试运营。试运营基本条件评审的依据为2014年4月1日起开始实施的国家标准《城市轨道交通试运营基本条件》（GB/T 30013—2013）。试运营基本条件评审的重点内容之一是运营管理单位开展综合联调的情况，因此，运营管理单位必须高度重视综合联调工作，应将其作为开通试运营前运营筹备的重点。

本章将从国家标准《城市轨道交通试运营基本条件》（GB/T 30013—2013）（简称《基本条件》）的角度，围绕运营设备系统基本条件、关键岗位人员基本条件以及运营组织基本条件与综合联调的关系，指导运营管理单位更有效地开展综合联调工作，以满足试运营基本条件评审和高水平开通试运营的要求。

第一节 《城市轨道交通试运营基本条件》的说明

一、《城市轨道交通试运营基本条件》制定的背景

2008 年以后，随着国内城市轨道交通建设规模的扩大和建设进度的加快，城市轨道交通运营呈现出迅猛发展的态势，到 2014 年底，国内共有 22 个城市（不含香港、台北及高雄）开通了城市轨道交通运营线路，运营总里程已经超过了 2 800km。城市轨道交通运营规模的急剧扩张产生了两个方面的新问题。

（1）主要大都市网络化运营的问题。随着城市轨道交通开通里程数的不断增加，北京、上海、广州等国内地铁开通较早的城市陆续进入网络化运营阶段，在进入线网运营后各个城市都遇到很多全新的问题。一是乘客出行需求的大幅度提升给运营管理带来了巨大挑战。安全运行的影响由局部扩展到线网整体，安全保障的要求也更高。同时在网络新媒体影响下，公众关注度和舆论监督的要求也大大提升。二是运力不足给运营服务能力带来的巨大挑战。由于客流预测的不准确性及城市规划的调整，造成了目前各城市已开通线路普遍出现运力紧张的问题。如何未雨绸缪做好运输规划，创新运营组织，如何提前进行设备设施改造提升能力都成为运营管理单位不能回避的重大课题。三是高速扩张的员工队伍给运营管理体系带来巨大挑战。各运营管理单位的员工队伍随着线网运营高速扩张，员工的培训、知识技能的传承、人才梯队的建设变得越来越难。同时随着地理跨度和业务管理跨度的快速增大，对各级运营管理人员综合性的管理素质与能力都提出了新的要求。

（2）新开通地铁运营城市人才技术匮乏的问题。2010 年后，很多新的城市加入到已开通地铁城市的行列，而且这些城市一旦开通第一条线路，后续开通里程的增长速度远比“北上广”在其开通运营的初期要快得多，普遍呈现出快速成网的态势。在国内城市轨道交通行业爆发式增长的背景下，由于没有较为完善的轨道交通人才培育体系作支撑，人力资源成为整个行业发展的一个瓶颈问题。而新开通地铁运营的城市在人才竞争中和“北上广”相比客观上存在一定劣势，因此这些城市在实际运营管理过程中无论在人员素质还是具体行车组织和客运

组织等业务能力上都与“北上广”存在一定差距。

这两大问题背后都存在巨大的安全隐患,急需通过统一的国家标准和政府行政手段,来保障各地城市轨道交通运营安全,确保城市轨道交通行业的健康发展。

自2008年国务院大部制改革后,国家将监督指导城市轨道交通运营管理的职能划入交通运输部。交通运输部从行业管理的角度出发,采取了很多管理措施,其中最核心的一项就是抓标准建设。交通运输部建立了“全国城市客运标准化技术委员会”,并编制了《2013~2015年城市客运重点标准制修订计划》,计划用三年时间制定和修订急需的一批国家标准和行业技术标准。在经过大量的调研、征求意见后,交通运输部在2013年首先推出了两项重要的新国家标准,分别是《城市轨道交通试运营基本条件》(GB/T 30013—2013)和《城市轨道交通运营管理规范》(GB/T 30012—2013),旨在为城市轨道交通运营管理提供基本规范。

二、《城市轨道交通试运营基本条件》(GB/T 30013—2013)与《地铁设计规范》(GB 50157—2013)的关系

《城市轨道交通试运营基本条件》(GB/T 30013—2013)作为城市轨道交通运营管理的基本规范之一,规范中相关术语和系统分类大量引用了最新《地铁设计规范》(GB 50157)中的相关内容。

1.《地铁设计规范》(GB 50157)简介

国家标准《地铁设计规范》(GB 50157)是我国城市轨道交通领域颁布施行的第一本国家标准,在指导我国地铁设计和建设中发挥着重要作用。《地铁设计规范》从首次发布实施到现在,已有三个版本,分别是1992版《地下铁道设计规范》(GB 50157—92)、2003版《地铁设计规范》(GB 50157—2003)和自2014年3月1日起实施的最新2013版《地铁设计规范》(GB 50157—2013)。

(1)1992版《地下铁道设计规范》

92版《地铁设计规范》(GB 52157—92)的编制是当时形势发展的必然。进入20世纪80年代后,随着我国国民经济的迅速发展,城市客运交通运力与运量的矛盾日益尖锐突出,困难的城市交通局面又制约着经济的进一步发展,因此,在我国许多大城市陆续兴建地铁客观上已成为城市发展的必经之路。早在

1986 年,国家计委已预见这一发展趋势,由标准定额局会同北京市建委规范处就标准编制进行了多次研究,研究认为尽早抓紧制定地下铁道国家标准,指导全国地下铁道的工程建设已属十分必要。同时认为我国地下铁道建设和运营已有十多年历史,积累了许多经验,对国外地下铁道状况也有了基本的了解,并掌握了相当数量的技术资料,完全具备制定我国地下铁道规范的基础和条件,因此决定组织力量进行标准编制,该规范编制历时 6 年,直到 1992 年作为国家规范开始正式实施。《地下铁道设计规范》(GB 50157—92)是我国地下铁道第一本综合性工程建设国家标准,规范的出版发行填补了我国在这一技术领域的空白,为我国各大城市地铁工程设计提供了可靠的技术依据。

(2)2003 版《地铁设计规范》

2003 版规范是根据当时国家建设部的要求,由主编单位北京城建设计研究总院会同各参编单位,并在有关高等院校、各城市地铁公司等单位的协助下,对原《地下铁道设计规范》(GB 50157—92)进行全面修订而成。在修订过程中,广泛调查和分析总结了原规范执行情况,特别是 1992 年以来国内地铁工程建设和运营管理方面引入的诸多新的技术系统和积累的很多新经验,同时,认真分析借鉴了当时国外地铁有关成功经验和先进技术,在此基础上又以多种方式,广泛征求了全国城市轨道交通方面有关专家和单位的意见,经反复论证研究,最后经审查定稿。2003 版规范在 1992 版规范 13 章的基础上增订为 23 章。新增加的内容包括运营组织、A 型车辆限界、高架结构、环境与设备监控系统、自动售票系统、环境保护等内容,许多原有章节条文的内容也进行了与时俱进的扩充与深化。同时根据专家建议并取得广泛认同,2003 版规范的名称由 92 版的《地下铁道设计规范》简化为《地铁设计规范》。

(3)2013 版《地铁设计规范》

随着城市轨道交通在国内的快速发展,住房和城乡建设部(以下简称住建部)充分认识到《地铁设计规范》作为中国地铁建设最重要的“母规范”,必须与时俱进,起到引领国内轨道交通行业健康发展的重要作用。住建部于 2008 年启动了对 2003 版《地铁设计规范》的修订工作,并作为住建部标准化建设的重点项目。经过这次规范修订后的新版《地铁设计规范》(GB 50157—2013)由北京城建设计研究总院、中国地铁工程咨询公司作为主编单位,施仲衡院士领衔主编。2013 版规范广泛调查和分析总结了前一版规范执行情况,以及 2010 年以

后我国轨道交通工程建设和运营管理方面积累的经验,对2003版规范中原有章节的内容进行了扩充、深化和调整。同时新增了许多专业和系统的内容,新增加的篇章主要有:车辆、综合监控、乘客信息系统、门禁、站内客运设备和站台门。2013版《地铁设计规范》的颁布实施为进一步提高我国地铁设计和城市轨道交通工程设计质量,促进我国城市轨道交通快速安全发展提供了技术保障。

2. 制定《城市轨道交通试运营基本条件》面临的主要困难

由于国家标准《地铁设计规范》(GB 50517—92)早在20世纪90年代就已出台,因此国内各地在轨道交通项目的设计及建设过程中都参照了同样的标准。但在轨道交通运营管理方面的国家标准迟迟未能出台。在研究制定《城市轨道交通试运营基本条件》(GB/T 30013—2013)(简称《基本条件》)之初,全国已开通运营的城市轨道交通线路众多,几十年来各城市轨道交通运营单位运营管理的标准和水平不一、对开通试运营的要求缺乏权威技术依据,这些都给标准编制工作带来了巨大的困难。国家标准是为全国各城市运营管理单位、政府主管部门服务的,如何满足标准的普适性是标准编制的首要难题。同时,在《基本条件》编制之前从未有相类似的国际标准、国家标准和行业标准可以借鉴和参考,如何满足标准的全面性和科学性也是编制工作要解决的主要困难。

在诸多困难面前,由交通运输部科学研究院等单位组成的标准编制组仔细梳理城市轨道交通相关的法律、法规和技术标准等,广泛征集行业主管部门、城市轨道交通运营企业、行业协会等参编单位的意见,从而提高了标准的全面性和科学性。为提高标准的普适性,编制组在全国范围内进行了多轮意见征求,针对一些重点标准条目、指标,组织召开专题研讨会,在征求各方意见的基础上修改和完善标准正文。可以说这两项国家标准深度汲取了"北上广深"等多家轨道运营单位的先进经验,整合了各地行业管理部门的需求,考虑了新开线路的运营实际。标准提出的各项运营管理要求具有极强的针对性和可实施性。

3.《城市轨道交通试运营基本条件》制定过程

国家标准《城市轨道交通试运营基本条件》(GB/T 30013—2013)由交通运输部科学研究院、上海市交通运输行业协会、北京市交通委员会、北京市轨道交通指挥中心、上海申通地铁集团有限公司、广州市地下铁道总公司、深圳市地铁集团有限公司、南京地铁集团有限公司、郑州市轨道交通有限公司等单位联合起草。标准的编写工作历时3年，在前期充分调研的基础上，于2011年11月形成初稿，随后面向轨道交通运营管理企业、各地政府主管部门、行业专家共征集意见300余条，在多次召开专题研究专家咨询会和修改完善初稿的基础上形成报批稿上，报国家标准委员会审核通过，2013年10月作为新的国家标准正式发布，并于2014年4月1日起开始实施。

三、《城市轨道交通试运营基本条件》预期效果及主要内容

作为国内首部关于城市轨道交通试运营基本条件的国家标准，《城市轨道交通试运营基本条件》（GB/T 30013—2013）（简称《基本条件》）要求今后新开通的地铁线路必须符合运营基本条件，达不到《基本条件》要求的，不得开通运营。《城市轨道交通试运营基本条件》（GB/T 30013—2013）的实施，将从源头严把安全关口，保障乘客安全出行。它的发布实施有助于改变多年来城市轨道交通行业开通载客运营标准不一、没有技术标准的现状。

《城市轨道交通试运营基本条件》规定了城市轨道交通试运营的基础条件、限界、土建工程、车辆和车辆基地、运营设备系统、人员、运营组织、应急与演练和系统测试检验等方面应达到的基本要求。该标准适用于新建、改建、扩建等城市轨道交通线路投入试运营的基本条件的认定。《基本条件》通过是否载客，进一步明确了城市轨道交通试运行与试运营的区别，即试运行是指城市轨道交通工程冷、热滑试验成功，系统联调结束后，对运营组织管理和设施设备系统的可用性、安全性和可靠性进行检验的不载客列车的运行及系统验证。而试运营是指城市轨道交通工程所有设施设备验收合格，整体系统可用性、安全性和可靠性经过试运行检验合格后从事的载客运营活动。

《城市轨道交通试运营基本条件》明确规定，城市轨道交通载客运营前，必须取得设备质量、消防、安全、环保等14个关键环节的政府验收批复文件，缺一不可。同时，对城市轨道交通重要运行指标也提出量化要求，明确规定试运行期不得少于3个月，试运行最后20天列车正点率、可靠度、故障率等指标必须达标，保证新线符合载客运营要求。《城市轨道交通试运营基本条件》还对涉及安全的重点岗位人员提出了明确的具体要求，要求驾驶员、调度员、行车值班员等关键岗位人员必须经过系统培训，考核合格后持证上岗。

《城市轨道交通试运营基本条件》对城市轨道交通开通时的公交配套也提

出了明确要求,日常和应急状态下的公交配套都成为开通时的评审内容。需要考虑城市公共交通一体化运营管理,内容包括站点衔接、应急调度和出行信息服务。一条城市轨道交通线路的开通,要考虑地铁与地面公交、出租、自行车和步行系统的配套衔接和换乘,在大型综合枢纽站还要考虑与机场、火车站的衔接,方便人们出行。另外必须考虑在应急情况下,地铁和地面公交以及其他方式的协调指挥调度问题;另一方面,在向人们提供出行信息服务方面也需要综合考虑,例如在地铁里提供准确的地面公交站和线路信息。

四、《城市轨道交通试运营基本条件》与试运营基本条件评审

按照交通运输部的要求,国内新开通的城市轨道交通线路都应开展试运营基本条件评审,在通过评审后方可开通试运营。试运营基本条件评审的依据除了国家标准《城市轨道交通试运营基本条件》(GB/T 30013—2013)外,还包括现行国家标准《城市轨道交通运营管理规范》(GB/T 30012—2013)、《地铁设计规范》(GB 50157)、《地铁运营安全评价标准》(GB/T 50438)、《城市轨道交通技术规范》(GB 50490—2009)、《地下铁道工程施工及验收规范》(GB 50599)、《城市轨道交通工程项目建设标准》(建标 104)等以及国家有关法律、法规和技术标准。

试运营基本条件评审通常由地方城市轨道交通运营主管政府部门委托第三方评估单位进行。试运营基本条件评审会的专家通常由全国各地轨道交通建设及运营管理专业的专家组成,地方政府各相关部门及新建线路的建设管理和运营管理单位,设计、施工、设备、安装及监理等单位应参加会议。试运营基本条件评审的结论共分为"具备、基本具备、初步具备、不具备"4 个等级,其中具备试运营基本条件为最高等级,对于出具"不具备试运营基本条件"结论的新建线路,应在完成相关整改工作后重新召开评审会议。对于评审会出具的结论为"具备、基本具备、初步具备"3 个等级之时,在完成评审后,建设及运营管理单位也必须根据评审过程中评审专家所发现的问题及意见进行逐条整改完善,对于试运营前必须整改完成的项目需要得到第三方评估单位的确认后,新建城市轨道交通线路方可具备试运营开通的条件。

第二节　运营设备系统试运营基本条件对综合联调的要求

《城市轨道交通试运营基本条件》(GB/T 30013—2013)对主要运营设备系统提出了明确的功能和测试要求,并规定了试运行期间最后20天的故障率指标,同时要求开通前宜由开通试运营评审单位对车辆、供电、通信、信号、火灾自动报警以及环境与设备监控等系统进行抽查测试检验。因此,运营管理单位必须参照《基本条件》的要求认真开展综合联调工作,通过设计周全的综合联调科目来逐项验证系统功能是否满足国家标准的要求。

1. 车辆

车辆是地铁运营最基本也是最重要的系统。综合联调过程中必须对车辆是否满足试运营基本条件的相关要求进行全面的测试和检验。图3-1为成都地铁车辆。

图3-1　成都地铁车辆

《基本条件》中明确要求车辆应完成列车型式试验和例行试验,提交测试报告,满足合同要求。对于试验中发现的影响行车安全和客运服务的车辆故障应完成整改。试运行期间,各列车累计在线运行里程不应少于2 000列公里。车辆系统故障率应满足因车辆故障造成2min以上晚点事件次数低于5次/万列公里的要求。

新造地铁车辆运抵新建线路的车辆基地后,首先应开展常规的车辆静态测

试试验,然后在试车线或正线上进行动力学相关试验和动车调试。主要的测试项目应包括车辆运行安全和平稳性试验、曲线和坡度变化线路运行试验、受电装置试验等,这些测试项目通常需要在线路最不利的条件下,如在线路最大坡度、线路最小曲线半径等条件下进行反复测试。同时动车调试需要验证车辆的最大能力,如最高行驶速度、最大载重负荷、最高加速度及减速度等;验证车辆在极端情况下车辆自身的防护功能,如车辆超速防护、受电电压过高防护等;验证车辆在故障情况下的基本行车功能,如列车部分动力单元故障、列车电制动故障等是否满足设计要求。

在综合联调过程中,除了列车型式试验和例行试验外,运营管理单位应特别注重与乘客乘车体验,以及与运营安全管理及应急处置相关的测试。

(1)在乘客乘车体验方面,要对车门的防夹功能进行全面测试,确保乘客的上下车安全;要对车辆 PIS 系统进行全面测试,确保乘客在车内接收的信息准确、无误。

(2)在运营安全管理及应急处置方面,要对车辆广播进行全面测试,包括中央控制大厅对车辆的广播,确保应急情况下指挥的通畅;要对列车发生火灾的情况进行模拟测试,确保火灾报警信息及时传递至中央控制大厅,方便调度人员指挥列车驾驶员及时进行处置;要对车厢摄像视频上传至中央控制大厅的功能进行测试,以确保紧急情况下调度人员能即时直观了解车厢内实时情况;要对可能产生的电磁干扰的线路环境进行全面测试,确保行车安全和正常的列车服务。

2. 信号

信号系统直接关系到列车运行的安全和行车的效率,应具有高可靠性、高可用性和高安全性,因此在综合联调的过程中必须对信号系统进行充分验证,以确保系统的稳定运行。

《基本条件》中明确要求信号系统应确保控制中心与车站间、轨旁设备与车载设备间的安全控制信息传递无误,联动准确;完成车辆基地与正线信号系统的接口调试。信号系统应具备列车自动防护功能、控制中心和车站的列车自动监控功能,宜具备列车自动驾驶功能。设置屏蔽门的车站,信号系统宜具备列车车门与站台屏蔽门系统联动功能。信号系统应具有完整的测试报告,并有具备资质的安全认证机构出具的安全认证证书和安全评估报告;对证书的限制项,应制订安全防护措施。信号系统在试运行最后 20 个工作日,按照试运营开通时的列

图 3-2　上海地铁线路信号机

车运行图行车，故障率不应高于 1 次/万列公里。图 3-2 为上海地铁线路信号机。

在综合联调过程中，信号系统应围绕列车安全防护、系统设计最大能力和列车旅行速度三个方面进行充分的测试。

（1）在列车安全防护方面，应该按照第三方安全认证机构对信号系统可靠性、可用性、可维护性及安全性（RAMS）的要求逐一进行系统验证。

（2）在系统设计最大能力方面，最小行车间隔、最小折返时间和车辆段出入段线的出车能力等都必须通过多车联调进行测试，由于通常线路开通初期配置车辆数较少，应安排尽可能多的列车同时上线进行测试，以确保系统的能力得到充分验证，以便当后期列车配置数量和行车间隔达到设计值时，系统能够满足运营实际需求。

（3）由于旅行速度直接影响着乘客的出行效率以及列车运用的效率，因此运营管理单位应该将旅行速度的测试作为一项重要工作。旅行速度和列车的停站时间有着密切的关系，在保证充足的有效停站时间，即车门和站台门完全打开的时间的基础上，必须缩短无效的列车停站时间（包括缩短停车后的开门时间、关门后的动车时间，并通过调试达到车门与站台门开关门的一致性等），从而确保旅行速度处于一个合理的水平。列车进站速度和列车折返时通过道岔的速度也直接影响着行车效率，需要在综合联调过程中反复进行测试、优化，为后期的高效运营创造好的条件。

3. 通信

通信系统涉及传输系统、无线通信系统、乘客信息系统（PIS）、公务及专用电话系统、视频监视系统（CCTV）、广播系统（PA）、时钟系统、办公自动化系统（OA）、民用及公安通信系统等诸多子系统。通信系统与地铁其他机电系统接口众多，是综合联调工作的重点。图 3-3 为地铁驾驶员使用通信设备。

《基本条件》中明确要求公务电话应实现路网内各线路间互通，并与市话互联互通。在应急情况下，通信系统应保持正常的通信功能。时钟系统应实现母

钟、子钟各项功能和网络管理功能,并能够向相关设备系统发送时间信号。通信系统应按一级负荷供电;通信电源应具有集中监控管理功能,并应保证通信设备不间断、无瞬变地供电;通信电源的后备供电时间不应少于2h。换乘站应实现直通电话互联互通,宜实现闭路电视监控图像互联互通。

图3-3 地铁驾驶员使用通信设备

根据《基本条件》的要求,在综合联调的过程中应特别注意调度通信相关功能验证及线路间互联互通相关测试工作。

(1)无线通信系统和有线调度电话作为中央控制大厅值班员执行调度命令所必须依赖的通信手段,在地铁运营组织和应急组织中起到至关重要的作用。因此,无线通信系统和有线调度系统的各项功能以及其可靠性应作为综合联调测试的重点,尤其是专用无线通信系统作为调度人员与驾驶员车通信的唯一途径,应通过综合联调进一步验证中央控制大厅无线调度台和车场无线调度台的组呼、车次号呼叫列车、强插、强拆等功能是否达到功能要求,从而确保行车安全。

(2)在运营管理单位运营的线路不止一条时,综合联调还需要对通信系统涉及线间互联互通的相关系统予以测试,包括800MHz TETRA数字集群无线通信系统、公务电话的线间互通等,在线网具备规模后,还应对传输骨干网的保护倒换功能进行验证,对公务电话多点冗余出局的功能进行验证,必要时还需要和地方政府在地面设置的TETRA数字集群无线通信系统进行互联互通测试。

4. 供电

供电系统是保障轨道交通正常运营的基础，当前供电系统关键设备的技术及工艺已较为成熟，但是由于供电系统也属于轨通后的站后工程，施工工期紧张，在施工过程中的质量控制会直接影响系统的稳定性，必须通过综合联调和空载试运行的过程对供电系统进行全面的检验，确保系统稳定运行。

《基本条件》中明确要求供电系统在试运行最后20个工作日，按照试运营开通时的列车运行图行车，故障率不应高于0.2次/万列公里，并在开通试运营前应完成各类电气元件、开关的整定值调整。电力监控系统应功能完善，具备对设备遥控、遥信和遥测的功能。各变电所均应有两路独立可靠的电源供电，一级负荷应确保由双电源双回路供电，主变电所数量和牵引变电所数量应满足受载需要。当有外电源点退出、相邻外电源点跨区供电时仍能满足负载需要。

供电设备的联调，除了针对不同电压等级（35kV、1 500V、400V）的开关柜和不同类型的变电所（主所、牵混所、降压所）开展的远程三遥测试，实现常规的遥控、保护遥信、位置遥信、遥测、SOE上传、保护联跳、开关闭锁等功能外，还包括区间隔离开关和全线程控卡片的测试。另外，《基本条件》所要求的开通试运营评审阶段的系统测试检验环节，通常还将对400V“自投自复”功能进行抽查测试，因此，在联调过程中应一并注意并重点测试。图3-4为地下刚性接触网。

图3-4　地下刚性接触网

此外,供电系统在综合联调中还应结合相关应急演练科目做好极端情况下的供电系统能力验证工作。因此在完成常规监控功能的基础上,供电设备联调还应结合行车开展必要的降级功能验证,包括单边、大单边、大大单边、大双边、大大双边供电,正线支援车辆基地供电,主变电所退出运行环网联络供电的演练等。这些科目内容与供电设备局部故障下的行车组织直接关联,也可与运营演练结合起来实施。另外,由于供电系统从经济性角度考虑,部分变电所容量按初近期配置,时间允许情况下还应开展最大负荷行车演练,并通过实际数据检算,推算现有供电系统的最大行车能力、设备带负荷能力和相关保护定值的设置准确性等。

5. 综合监控

综合监控系统通常集成了火灾自动报警(FAS)、环境与设备监控(BAS)、门禁(ACS)等系统,并通过与信号、通信、自动售检票等地铁其他主要机电系统互联实现一体化的运营管理功能以及应急灾害模式下的各系统间的联动。综合监控系统作为运营管理单位信息化建设的基础平台,通常还为设备功能维修管理系统,企业资产管理系统等信息化系统提供数据支持。图 3-5 为车控室内 IBP 盘。

《基本条件》中明确要求火灾自动报警系统应设控制中心、车站两级调度管理,具备控制中心、车站和就地三级监控的功能。环境与设备监控系统具备对通风空调、给排水、照明、电梯、自动扶梯和应急后备电源系统设备的监控功能。综合监控系统应具备火灾情况下联动功能,并宜具备中心级、车站级区间阻塞模式联动功能。

图 3-5　车控室内 IBP 盘

综合监控系统由于集成和互联了地铁所有的主要机电系统,因此综合监控系统的综合联调必须确保在相关子系统完成单系统调试并确保系统间接口按照设计要求实施完成后进行。综合监控系统联调的难点在于换乘车站的调试,特别是火灾情况下的联动测试。对于换乘车站,由于建设时序有先有后,车站属于不同线路的公共区采用的火灾自动报警、环境与设备监控、自动售检票、乘客导向、门禁、广播等系统设备不尽相同，造成调试接口多、工作量大。而地铁换乘车站通常都是客流聚集的车站，车站客运组织的安全压力大，因此，运营管理单位一定要高度重视换乘站的综合监控系统联调工作，在测试过程中逐项确认相关设计功能是否落实，联动功能是否实现，以确保紧急情况发生时车站相关设备能够正确动作。在实施综合联调的过程中，通常车站设备的联调都是通过综合监控系统的操作界面来组织完成的，因此，系统界面中的控制对象和现场是否一致也需要在综合联调过程中进行逐一确认，避免给后期运营管理带来不必要的麻烦。

6. 自动售检票

自动售检票系统作为城市轨道交通对广大乘客提供服务的窗口，是体现运营单位运营服务管理水平的一个重要环节。自动售检票系统设置在车站的主要设备包括自动售票机、自动出入闸机、自动验票机等，这些设备的日常使用者是广大普通乘客，因此必须保证设备的高可靠性和高可用性。图 3-6 为闸机，图 3-7为自动售票机。

图 3-6　闸机

图 3-7　自动售票机

《基本条件》中明确要求自动售检票系统应实现网络的互联互通，并应完成对既有运营线路自动售检票系统终端设备、车站计算机、线路中心系统的乘客服务界面、参数和报表等的升级工作。

在自动售检票系统当前分线路、分期建设的模式下，面对多条线路不同承包商提供的系统软硬件，如何高效、有序地做好新老线路间的互联互通测试是自动售检票系统在综合联调中的重点工作。互联互通测试主要包括线网清分规程测试、新线开通后的新线网票价表验证测试以及各种票卡在线网下的通用性验证测试。在线网清分规程和新线网票价表验证测试中，测试站点数量及参测站点

的确定直接影响着测试的规模、测试风险的卡控。如果选择的参测站点过多,会使得测试现场参与人员增多、参测设备增多、测试时间加长,对已运营站点的影响加大。反之选择的参测站点过少又会直接影响到清分结果的准确性及票价表票价区间的漏测,增加后期运营管理的漏洞。因此,在参测站点的选择上,为确保线网清分规程和新线网票价表验证测试规模可控,应遵循由多条线路上的站点覆盖票价表中的所有票价,按线网所有换乘站点和新开通线路的首末站点必须加入测试站点的原则进行测试。

在自动售检票系统互联互通测试中运营管理单位应根据其实际的票种规划及执行的票务规则对参测票种和交易类型进行合理选取。票种的选择一般应包括城市通卡的各子卡类型、单程票、预制票、员工票、运营单位发行的重要储值票卡等,以保证对运营中合计使用比例95%以上的票种进行功能覆盖性测试。

对交易类型的选择,原则上应当覆盖主要的票卡交易类型。对主要交易类型如:售票、充值、进出站、超程、超时、无入站及无出站处理等都必须进行功能性验证,确保在线网运营条件下跨线环境中对主要交易类型进行功能验证。

7. 其他关键机电设备

《基本条件》还对站台门系统及电扶梯提出了试运营开通的基本条件,主要有:站台门系统在试运行最后20个工作日,按照试运营开通时列车运行图行车,故障率不应高于1次/万次;站台门系统接地绝缘应等电位连接,提供站台门本体绝缘检测报告;对于直线车站,站台门与车体间隙大于130mm时,应设有防夹装置和防踏空胶条;电梯、扶梯和自动人行道应通过调试和安全测试,获得安全检验合格证,具有明显的安全警示和使用标识。图3-8为站台门。

图3-8　站台门

站台门和电梯、扶梯,虽然系统构成较为简单,与之相关的综合联调的科目更多在于应急及灾害情况下的联动功能,但站台门和电扶梯直接和乘客的出行安全相关,因此在站台门、电梯和扶梯的单系统调试过程中就必须严格进行相关的绝缘测试、重载实验和疲劳实验,在确保设备安全、可靠的基础上开展后续的综合联调工作。

第三节　综合联调对运营人员满足《城市轨道交通试运营基本条件》要求的促进作用

根据《城市轨道交通试运营基本条件》中的要求,列车驾驶员、调度员、行车值班员、车站客运服务人员、设备维修人员以及其他人员应具备相关的知识、技能以及高度的岗位责任心。

《基本条件》要求运营人员应经过系统岗位培训,具备专业知识技能。尤其是关键岗位应具备较丰富的实操经验,熟悉工作内容和流程,以及故障或灾害情况下的应急处置流程。由此看出,单纯的理论培训不能满足《基本条件》提供的要求,也难以满足实际运营组织的要求,故须通过大量的实操和演练为员工提供培训平台,进一步加深培训效果,达到锻炼、培养以及检验、考核的作用。而让运营人员提前介入、全面参与综合联调工作正是有助于运营单位关键岗位人员满足《基本条件》要求的正确途径。综合联调的全过程由实际运营人员进行系统及设备操作,依据设计标准和合同约定对所有设备进行测试和验证,相当于是在空载试运行前对运营人员进行的一次阅兵。通过联调,一方面促进人员熟悉设备情况和掌握业务流程,另一方面也能检验人员培训效果和实际操作能力,以及运营人员与设备设施的熟悉度与适应性,提早暴露人员技能的短板,提前予以加强和完善。

一、列车驾驶员

列车驾驶员是保障行车正常运行和列车出现紧急情况下进行应急处置最为关键的岗位,列车驾驶员必须具有良好的心理素质,熟悉地铁车辆驾驶及地铁车辆上相关设备的操作。

按照《基本条件》的要求,列车驾驶员应经过系统岗位培训;在培训期间应进行车辆故障、火灾、停电和脱轨等险情的模拟操作,在经验丰富的驾驶员的指导和监督下驾驶,驾驶里程不少于5 000km。经培训考核合格后,方能持证上岗,同时应熟悉试运营线路。图3-9为列车驾驶员驾驶列车。

图3-9 列车驾驶员驾驶列车

对于新开通城市轨道交通运营线路的城市,大量驾驶员都是通过大专院校订单培养方式招聘入职的,在这种条件下,由于新入职驾驶员接受现场实际培训的条件非常有限,要达到《基本条件》中驾驶里程不少于5 000km的要求,必须通过系统性的培训策划与组织才能实现。除了将新入职的驾驶员安排到其他轨道交通运营企业进行必要的现场实习外,合理有效利用综合联调的环节,让驾驶员尽可能多地参与到综合联调的过程中,接受全方位的现场培训是非常重要的。

在综合联调过程中,列车驾驶员需要参加的综合联调科目主要与车辆和信号相关。相关测试科目主要为各种信号模式下的行车能力验证,如联锁动车、iATP、CBTC模式下的行车能力和追踪、折返能力测试,大小交路、跳停等临时行车组织方式变更相关测试科目,以及高密度行车能力验证和区间转线作业等内容。

列车驾驶员在参加综合联调前,一方面需要完成基本岗位培训,另一方面可以通过参与联调方案的编制进一步加深对车辆、信号及车载主要子系统的认识。同时,通过联调各项测试的准备,也能让列车驾驶员对线路情况和行车相关规章更为了解和熟悉。

在综合联调过程中,通过不同车辆及信号模式下的实际驾驶,特别是非正常情况下的列车驾驶能使列车驾驶员对车辆的特性有更直观和清楚的认识。同时通过超速防护、紧追踪、折返能力验证等对信号和车辆设计功能及最大能力的测试能使列车驾驶员加深对系统保障行车安全的认识,减轻列车驾驶员实际驾驶过程中的心理压力。

最后,通过综合联调后的问题整改及复测环节的再次强化,列车驾驶员能再次加深对列车性能的了解、更熟练地掌握各类驾驶技能,并更加理解列车性能、信号系统模式与行车组织之间的关系。

二、调度员

控制中心作为地铁运作的大脑，对地铁的运营组织和应急组织均起着至关重要的作用，因此，控制中心调度员需要具有熟练的业务技能、过硬的心理素质和应变能力，并须熟悉各类应急情况下的处置流程；而值班主任处于核心岗位，应能担负起日常及各类紧急情况下的调度指挥职责。

按《基本条件》要求，调度员应经过系统岗位培训，并持证上岗；值班主任应由经验丰富的调度员担任，具有行车调度岗位工作经验，熟悉电力调度、环控调度等工作内容和流程。

调度员和值班主任作为行车组织最关键岗位的从业人员，必须进行系统性的培训并具有丰富的岗位工作经验。对于从其他岗位调任到控制中心的调度员，综合联调是其进行系统性学习、积累岗位经验的最佳时机。对于已具有一定经验的调度人员，由于每条新建线路的信号系统、综合监控系统等主要系统的功能及实际操作不尽相同，也需要通过综合联调的过程加深对系统的熟悉和了解。

在综合联调过程中，几乎所有科目均需要控制中心调度员参与。车站及区间设备联调、行车设备联调、供电设备联调等联调项目均涉及行车调度、环控调度、电力调度等各个调度岗位，综合联调将从设备操作、应急处置等各个方面对调度员的业务水平予以检验。图3-10为控制中心调度人员。

在参加综合联调前，控制中心调度员可以参与联调方案的编制以加深对各系统构成及功能的认识，通过学习不同工况下各系统模式的作用和区别，从理解的角度消化各类调度流程，而不是单一地死记硬背相关规章制度和操作手册。同时，为顺利完成联调各项测试，调度员必须提前熟练掌握各类调度台的操作步骤，也促使其在前期的供货商培训和现场培训环节予以重视。

图3-10　调度员

在参加综合联调的过程中，控制中心调度员可以在专业技术和业务流程方面均得到充分的锻炼。首先，控制中心各类调度设备都是联调科目中央功能测试的重点,通过联调可以加强调度员的业务熟悉程度,尤其是对系统和设备的熟悉程度进行全面的检验;其次,联调测试将模拟多个车站或区间在多种工况下的设备处置流程,因此可以为调度员提供大量针对不同工况模式,尤其是灾害模式下的实际操作的机会,进而积累设备操作和应急处置的经验。比如:车站及区间设备联调可以检验环控调度员对调度台使用的熟练程度和对车站及区间设备功能的熟悉程度;行车设备联调可以对行车调度员在多种信号模式下的调度组织能力予以锻炼;而供电设备联调将更彻底地对电力调度员的业务熟悉情况进行检验,还将进一步促进其熟悉单边、大双边等不同供电模式下的供电系统的运行状况。

综合联调后的问题整改和复测环节,将为控制中心调度员提供再次锻炼并强化操作能力的机会,进一步促进其对信号系统、PSCADA 等涉及行车安全的关键系统的熟练掌握。

三、行车值班员

行车值班员作为地铁车站管理的中枢,不但负责日常地铁车站行车指挥,同时也负责地铁车站设备的控制和客运组织。当发生突发事件时,行车值班员还要负责现场指挥和信息汇报工作。因而,行车值班员必须熟悉行车组织相关专业知识,还要熟悉车站设备和应急处置流程。图 3-11 为行车值班员。

按照《基本条件》要求,行车值班员应经过系统的岗位培训,并持证上岗。

在综合联调中,与行车值班员相关的测试科目主要为信号相关测试和车站设备相关测试。其中与信号系统相关的联调需要行车值班员熟悉线路情况和信号工作站的操作并能独立完成进路办理;车站设备相关联调原则上要求车控室内所有的终端设备应由行车值班员操作。

图 3-11　行车值班员

在综合联调开始前,行车值班员可通过参与联调方案的编制,从而系统地对地铁机电系统和强弱电等各个专业的基本功能有基础性的了解，并在联调的准备阶段通过供货商培训及现场培训，在应用层面熟练掌握末端设备的使用方法。

在综合联调过程中，通过大量的实际测试，行车值班员将进一步熟悉车站范围内信号设备与行车组织间的关系，熟悉车控室的 IBP 盘和各类工作站与现场设备的对应关系，掌握不同工况不同模式下的设备运行情况，并能熟悉火灾工况下的设备联动模式并据此加深对应急处置流程的理解，为开通运营后的工作开展奠定基础。

综合联调问题整改后的复测环节着重测试的是前期故障率较高的项目或系统接口的薄弱环节，通过对相关环节的再次测试，将促使车站行车值班员更加了解车站范围内设备的总体情况，也将进一步对车站行车值班员的实际操作能力予以强化。

四、车站客运服务人员

车站客运服务人员的主要工作是车站的客运服务和客流引导，按照《基本条件》要求，应经过系统培训教育，掌握岗位技能。综合联调与之相关的测试主要为客服类设备的联调，如 AFC 设备、PIS、广播、电梯、导向的测试，以及火灾疏散的相关联调科目。

通过联调，可以加强车站客运服务人员对客服类设备功能和状态的了解，尤其是对换乘站设备归属及联动机制的了解，另一方面也可以促使其结合设备联动状态进一步熟悉火灾情况下的应急疏散流程。图 3-12 为车站客运服务人员。

图 3-12　车站客运服务人员

五、设备维修人员

不同于运输管理专业出身的调度人员和车站行车值班员，设备维护人员作为地铁设备保障和维护的专业人员，应对综合联调系统功能到接口关系等各方面都有着更深刻的认识。因而，为确保综合联调严格按照设计规范和合同要求达到对系统功能和设备状态全面检验目

的,一些城市新建轨道交通线路的综合联调方案编制和实施往往交由运营单位的设备维修部门负责牵头组织,这就对运营单位的设备维修人员提出了更高的要求。

按照《基本条件》要求,设备维修人员应经过系统岗位培训,具备设备维修技能,并持证上岗。而综合联调就将是对设备维修人员岗位培训效果的一次实际练兵。

通常新建线路采用的技术标准和设备系统和既有运营线路相比会发生一定变化,因此在联调方案编制阶段,设备维修人员须在熟悉设计规范、合同技术规格书和各系统接口文件的基础上根据新线的特点拟定详细的联调方案;在联调准备阶段,设备维修人员必须对系统前期的单体调试情况和接口调试情况予以核实,并实地查验设备状态。以上工作都促使设备维修人员必须充分了解系统,做到维保的“运营前置”。

在联调实施过程中,往往由设备维修人员担任联调现场负责人,一方面确保联调测试数据真实客观,另一方面也锻炼了设备维修人员的现场组织能力和协调能力,也为后期的维保组织储备技术骨干和管理骨干。同时,通过联调的大量数据测试和分析,可以对系统和设备的质量状况、运行状态进行全面的摸底排查,查准薄弱环节并据此拟订具体的整改措施和保障措施。针对联调发现的功能性缺陷和共性问题,设备维修人员通过分析总结不但能督促承包商查明症结整改到位,也能帮助设备维修人员根据设备情况对维修手册甚至备件配置予以调整完善。图 3-13 为设备维修人员。

图 3-13　设备维修人员

在完成整改后的复测阶段,设备维修人员经过再次对未通过项进行复测以及对通过率低的项目进行抽测,能更全面更深入地对设备设施状态有所了解,帮助其建立全面的设备信息台账便于后续维保工作的开展。

六、综合联调过程中对关键岗位人员的考核

运营管理单位为开通运营一条新线路通常会招聘很多新员工。对于新员工来说，培训与上岗考核是一件非常重要的工作。同时，即使是为新开通线路从已开通线路调配而来的具有一定经验的员工，由于新线所采用的系统设备可能不同，其具体操作和功能也可能不同，也需要重新考核才能取得上岗的资格。因此，在综合联调阶段，通过考核评定的方式对现场从事实际操作的运营一线人员技能掌握的情况及现场处置的综合能力进行检验，并进一步促进运营人员加强自主学习是非常必要的。

1. 建立综合联调运营人员考核标准

因参与综合联调的运营一线人员分属于不同的岗位，因而应针对不同岗位制定与其岗位职责相符合的考核标准。如列车驾驶员、调度员和车站值班员等应结合综合联调的具体科目着重考核其应用层面的业务水平，包括系统基本知识、操作熟练程度、专业技能水平、流程熟悉情况以及应急反应水平等方面的内容。

运营管理单位的设备维保人员通常作为综合联调的技术保障及故障处置方参与到联调的过程中，因此对设备维保人员的考核应侧重于其专业技术水平，包括对联调目的、联调预期效果的把握以及系统功能和接口方面的熟悉程度等。为统一联调项目的考核标准，考核应由实际现场指挥、熟悉人员现场表现的联调现场负责人予以测评打分。

2. 考核结果对人员培训的促进作用

阶段性的考核完成后，运营管理单位的人力资源部门和人员主管部门应对考核结果进行多个维度的分析，一方面考核结果有助于主管部门对人员基本情况进行了解，联调表现优秀拔尖的人员后续可重点培养，表现欠佳的人员也应重点关注专项培训；另一方面，考核结果所反映出的共同性问题也应引起重视，并针对相应短板拟订具体的强化培训措施。特别值得注意的是，针对新开通线路在系统设备方面和已开通线路可能存在的差异，运营管理单位可以依托系统供应商的力量进行强化培训，对新系统和既有系统进行全面的分析比较，避免有一

定经验的员工由于对新系统不熟悉产生经验主义的失误。

第四节 综合联调对运营组织满足《城市轨道交通试运营基本条件》要求的验证

从《基本条件》的要求来看,着重对运营管理单位的机构设置、规章制度、行车方案、客运组织、应急预案和应急演练提出了明确要求:

(1)运营组织机构:组织机构健全、岗位设置合理;

(2)规章制度:应建立安全管理类、行车制度类、客运服务类、设备维护类、操作办法类、应急处置类共六类规章制度;

(3)行车方案:根据线路实际情况以及车辆配属、信号调试、客流预测等情况制订行车方案;

(4)客运组织:根据列车运行图、车站设施设备及人员情况编制客运组织方案;

(5)应急预案:应包括运营突发事件、自然灾害、公共卫生、社会安全等四大类应急预案,且预案应科学合理,内容完备,针对性和操作性强;

(6)应急演练:试运营前应进行行车故障类(道岔故障、屏蔽门故障、列车故障救援、电话闭塞和大小交路列车折返)、突发停电事故、火灾/爆炸事故、突发客流、列车相撞/脱轨事故等五大类演练。

综合联调作为覆盖所有系统、涉及运营一线各个岗位的综合测试平台,可对上述所有要求的基本条件起到有效的促进和验证作用。

一、组织架构及规章制度

运营管理单位的组织架构直接影响着运营组织的效率。一个城市从开通第一条轨道交通运营线路到实现真正的网络化运营所经历的不同阶段,运营管理单位的组织架构必须进行动态的优化调整以适应管理幅度和管理重点的变化。对于新开通城市轨道交通运营线路的城市,应对单条线路进行运营管理,运营管理单位的组织架构相对简单,通常采用扁平化的组织方式,实现管理的快速有效传递。对于线网规模超过100km,网络化运营格局基本成型的城市,由于人员和管理范围的大幅度增加和网络化条件下运营管理重点的变化，需要更多地导入分层级管理和属地化管理，以实现运营管理的高效和顺畅。当一个城市轨道交通线网规模进一步扩大，轨道交通出行占城市公共交通出行的比例超过50%时，轨道交通的运营组织对整个城市的交通组织都将产生较大影响，在这种情况下，线网层面的运营管理，特别是应急处置，通过政府主管部门的直接管理和协调将变得更为有效，而日常的运营管理由于地理跨度、业务管理跨度过大，通常需要通过不同的运营管理主体单位对不同的线路进行管理。无论一个城市处于轨道交通运营的什么阶段，对于新开通一条线路，都需要在正式开通前对当前的组织架构进行充分的验证和检验。综合联调作为开通运营前的一个重要阶段，综合联调的组织及实施又涉及运营一线各个生产岗位，因而可以通过综合联调在空载前就对运营单位组织机构设置的合理性予以初步的验证，同时通过联调过程中各生产单位在工作上的配合和协作，对运营单位各部门之间的工作机制和业务交流予以充分磨合。

另一方面，尽管目前各城市地铁运营单位所承担的职责是基本一致的，但由于所处的运营管理阶段和组织架构的不同，因此，各个运营单位根据其组织架构所制定的规章制度也有所差别。健全的规章制度是保证地铁运营安全、有序的基础，按照《基本条件》要求，运营规章制度体系主要包括以下六个方面。图3-14为成都地铁运营公司组织架构。图3-15为成都地铁运营公司规章制度汇本。

(1)安全管理类:应建立以安全生产责任制为核心的安全管理制度。

(2)行车制度类:应制定行车管理办法、车辆段及车站行车工作细则、调度工作规程和检修施工管理办法。

(3)客运服务类:应制定客运服务质量标准、客运服务工作规范和票务管理办法等。

(4)设备维护类:应制定各专业系统设备的运行规程、检修规程和检修管理制度等。

(5)操作办法类:应制定各专业系统设备的操作手册、列车驾驶员操作手册和故障处理指南等。

(6)应急处置类:应制订火灾、爆炸和列车脱轨等突发事件的应急预案;应制订事故处理流程、乘客服务信息应急发布、乘客伤亡事故处置和运营事故调查处理等。

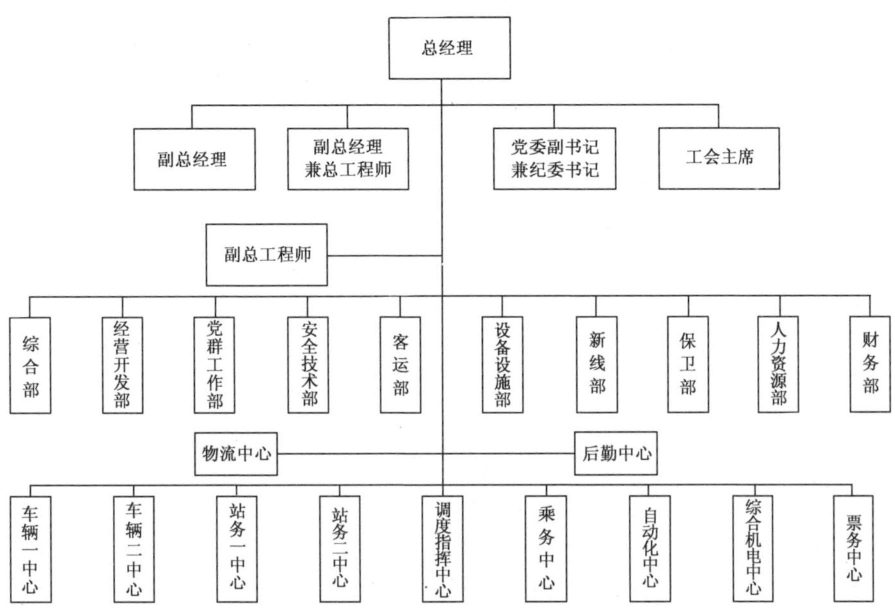

图 3-14　成都地铁运营公司组织架构

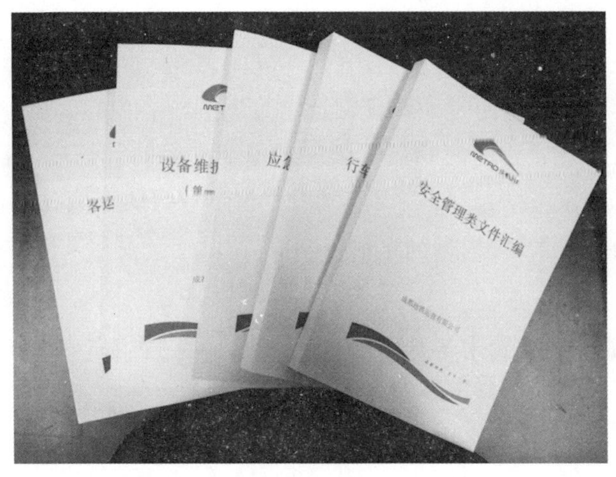

图 3-15　成都地铁运营公司规章制度汇本

对于新开通的轨道交通线路，运营管理单位在规章制度制定方面需要做好两方面的工作。一是根据新线开通对线网可能产生的影响，修订完善行车制度、应急处置等线网层面的管理制度，二是根据新线所使用的具体系统设备的功能和特点，细化线路层级的设备维护类及操作办法类规章。

由于综合联调涉及车站设备、行车设备、线间联动及线网互联互通的大量测试，因而可以在综合联调的实施过程中对《基本条件》所要求的行车制度、设备维护、操作办法和应急处置四大类规章予以检验。综合联调方案的编制必须以切实可行的规章制度为基础，尤其是行车制度和应急处置类的规章更是必须与联调方案环环相扣，在联调方案编制阶段，需要对规章制度的合理性和可操作性进行反复的推演，以实现联调方案与规章制度的匹配。已制定的规章是否全面完备、流程是否合理顺畅，也必须经过实际运作来检验。因此，在综合联调过程中，通过对不同系统、不同工况的大量测试，规章制度的实用性在一次次的联调实际操作过程中将得到反复的验证。参与调试的运营一线人员也可以通过实际操作，加深对相关规章制定的学习和理解。

通过联调的验证，一方面可以对规章制度进行查漏补缺、完善修订，另一方面也能暴露设备常见故障，从而引导设备检修人员对故障处理指南、设备检修规程予以调整，最终达到规章制度既能结合新线的设备实际情况，也能满足运营生产实际需要的目标。

二、行车方案及客运组织

行车方案和客运组织是地铁日常运营管理的核心内容，其组织水平的高低直接决定了新线开通后地铁的运营服务水平和乘客的满意度。《基本条件》明确要求了运营单位应结合列车采购、列车车载信号调试等情况以及客流预测情况制订行车组织方案，并根据列车运行图、车站设施设备和人员情况等编制客运组织方案。

行车组织方案、客运组织方案都需要与系统能力相匹配，而联调测试正是检验和验证二者匹配性最直接的途径：行车组织方案与线路条件、列车性能、信号系统能力密切相关，行车设备联调的测试结果可以为编制行车组织方案所需的理论参数提供数据支撑；同样，客运组织方案与车站客服设备能力也密切相关，所以也需要借鉴联调的测试结果为客运组织方案的编制提供参考。

因此，行车组织方案和客运组织方案只有在综合联调测试结果的基础上进行编制才具备合理性和可行性。运营管理单位因充分重视综合联调过程中行车

设备联调的结果,特别是旅行速度、折返时间等和行车组织密切相关的指标。在联调测试结果与行车组织方案不匹配的情况下,运营管理单位要与设备系统提供单位进行充分沟通,尽可能要求系统承包商提供更好的系统条件来实现灵活高效的行车组织方案,为开通后的运营管理创造好的条件。

三、应急预案及演练

地铁作为运行在地下空间的大容量公共交通工具,其运行的安全性必须得到切实保障,由于不能避免系统设备故障和各种突发事件的发生,因此运营管理单位必须制订科学详尽的应急预案体系及具体的分项应急预案并按照相关规定定期进行演练,以确保应急情况下能够组织有序,保障广大乘客的生命安全。图 3-16为接触网故障应急演练。图 3-17 为成都地铁 2 号线列车脱轨应急演练。

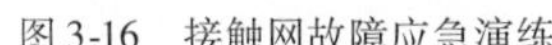
图 3-16　接触网故障应急演练

图 3-17　成都地铁 2 号线列车脱轨应急演练

《基本条件》在应急与演练方面明确要求运营管理单位编制的应急预案应满足各级政府应急预案的协同要求,同时预案的制订应满足科学合理、内容完备、针对性和操作性强的总体要求。应急预案应主要包括:运营突发事件应急预案,即设施设备故障、火灾、列车脱轨、列车相撞、突发大客流等应急预案;自然灾害应急预案,即地震、台风、雨涝、冰雪灾、地质灾害等应急预案;公共卫生事件应急预案,即流行性传染病等应急预案;社会安全事件应急预案,即人为纵火、蓄意爆炸、投毒、核生化袭击等恐怖袭击事件应急预案。

应急预案作为紧急情况下运营单位处置的准则,最重要的是要具备可操作性。因此,预案流程的制订必须结合新开通线路及车站设备的实际情况并与系统能力和设备联动流程相一致。由于综合联调的测试科目涵盖了信号系统不同模式下的行车能力的验证,以及火灾工况和区间阻塞工况等极端情况下的设备联动,因而联调方案和测试结果可作为相关应急预案编制的依据,用于指导应急预案的编制。对于客流密集的换乘车站,由于车站规模大、设备联动关系复杂,以及换乘线路建设时序的不同,属于不同线路的车站公共区及设备区所采用的系统设备可能不一致,其通常是编制应急预案的重难点,因此,在综合联调过程中,要特别重视换乘站的综合联调并进行反复测试,为换乘车站各项应急预案的制订提供可靠支撑。

在应急演练方面,《基本条件》明确要求运营单位在试运营前应根据制订的应急预案进行道岔故障处理、手动操作道岔办理进路、屏蔽门故障、列车故障救援、电话闭塞和大小交路列车折返演练、供电系统突发停电事故、火灾及爆炸、突发大客流、列车相撞、脱轨事故等常见应急突发事件的演练。

应急演练是在完成综合联调对系统设备进行充分验证的基础上,对运营管理单位所制订的应急预案进行实际验证,因而综合联调是否达到预期的效果以及综合联调过程中的不合格项及发现的问题是否得到即时整改是影响各项应急演练能否成功的保障。应急演练作为新线开通前对运营管理的安全及应急管理措施的全面检验,是确保开通后运营安全的重要保障环节,因此运营管理单位必须高度重视应急演练工作,特别是演练前相关前置条件的检查,对相关设备是否运行正常、联动功能是否调试到位,运营一线人员是否熟悉设备操作进行逐一确认,确保应急演练达到预期效果。

四、试运营基本条件评审的相关要求

《基本条件》在运营组织及应急方面对规章制度、行车组织、客运组织、应急组织与装备等方面都提出了具体要求。同时,在《基本条件》最后章节“系统测试检验”中明确要求:“试运营前,试运营基本条件评估单位宜对车辆、供电、通信、信号、火灾自动报警和管径与设备监控等系统进行抽查测试检验”。

系统测试检验是试运营基本条件评审过程中非常重要的一个环节,将通过现场测试的方式对运营管理单位的规章制度、人员培训、设备运行及应急处置进行全面检验。试运营评审过程中系统测试检验,按照要求应以地铁运营管理单位的一线人员进行操作、评审专家见证的方式进行,测试检验的重点通常为行车安全和防灾联动功能的验证。主要科目通常为车辆安全防护、列车运行安全防护、区间阻塞/火灾模式、车站站台火灾联动、气体灭火联动、车站水消防系统和

低压供电自投自复等综合联调的重点测试项目。在系统测试检验的过程中,除了对系统功能进行验证外,运营人员培训是否到位,设备使用和操作是否熟练,是否严格执行应急预案的相关要求也是评审所关注的重点环节。

因此,结合试运营基本条件评审的要求,在新建线路综合联调的具体科目设置上应尽可能涵盖行车安全防护功能验证、行车及供电能力检验、消防联动及应急疏散等方面的内容。针对试运营基本条件评审过程中可能进行的测试检验科目,运营管理单位要进行充分准备,从系统保障、人员培训、前期模拟测试等环节予以落实,确保试运营基本条件评审的顺利通过。

第四章 综合联调的组织策划与实施流程

CHAPTER 4

第一节 综合联调的组织策划

综合联调的筹划和组织，应根据各地城市综合联调实施的经验，结合工程建设进度和运营筹备进度来考虑，尽量做到准备充分，组织顺畅。

轨道交通建设阶段流程示意图如图 4-1 所示。

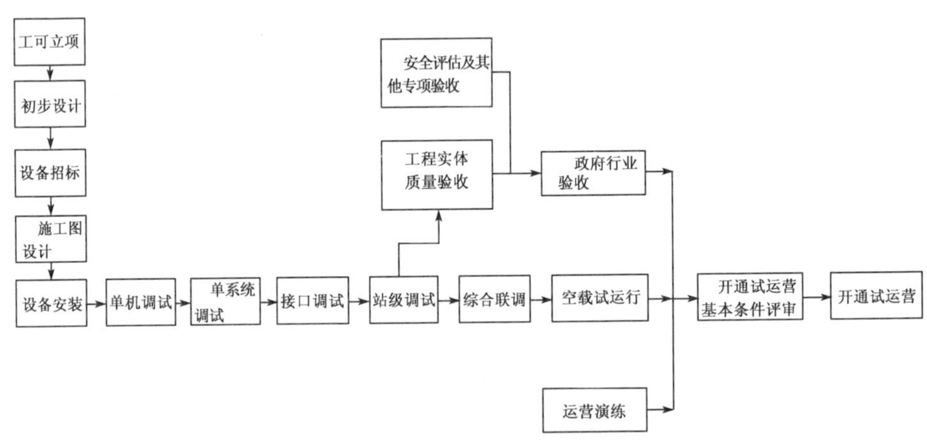

图 4-1 轨道交通建设阶段流程示意图

由于综合联调的特殊性，决定了其是以单系统和接口调试为基础，是衔接建设和运营的关键阶段，具有建设向运营平稳过渡的作用。

一、综合联调的筹划

1. 综合联调的启动时机

综合联调作为新线筹备开通中重要的阶段，既面临建设收尾阶段的调试工期压力，又面临运营全面介入，人员、规章、设备磨合不熟的压力，是工程建设收尾向运营使用部门全面过渡的关键时期。做好了综合联调，不仅可以检验机电设备的状态，还能有效地暴露运营筹备过程中存在的问题，具有积极意义。

开展综合联调的准备工作，宜在综合联调开始前 5 个月启动，具体时间计划安排可参考图 4-2 所示。

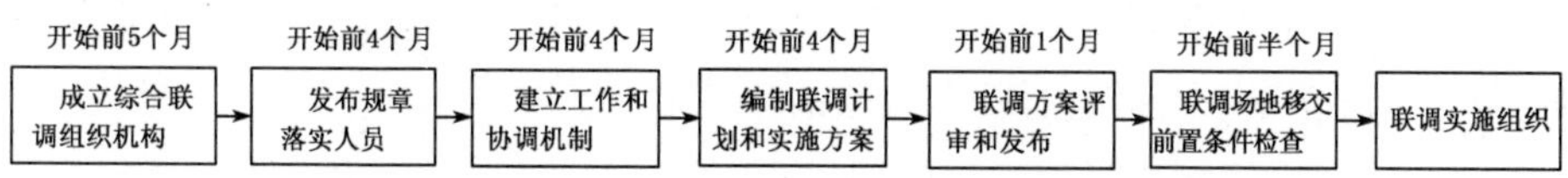

图 4-2 综合联调准备工作开展示意图

综合联调在不同阶段还应有不同的人员调配安排，确保各项工作得到及时落实。对于已有成熟实施经验、联调方案和细则已有模版的城市，启动时机可以适当延后，对于开通第一条线路的城市，则需要更靠前安排计划。

2. 综合联调的开展原则

结合建设工程实际进度及存在的困难，考虑到整体工期安排的紧凑性及新开线路的联调工作量，首先要明确综合联调开展的主要原则，在此基础上结合线路特点，开展针对性的完善。一般来说，一条新线的综合联调可以参考以下原则：

（1）有明确的牵头单位。综合联调参与单位众多，包括建设、运营、设计及各系统承包商、监理等，需要有明确的牵头组织部门，避免联调组织工作无序。

（2）有合理的科目设置及详细的方案文件。综合联调科目设置应完整、合理，应涵盖车辆、信号、综合监控、通信、供电、AFC 及车站风水电、站台门、电扶梯等常规机电设备，同时针对线路特点及新增系统功能，还应有专项测试方案。

（3）有高效可行的计划安排。综合联调一般时间在 3 个月以上，长大线路联调时间可能在 6 个月以上，同时受建设进度影响，可能与单系统及接口调试、空载试运行等交叉进行，因此联调计划需有可执行性，同时尽量优化调试组织安排,提高效率。

(4)有严格的整改闭环机制。综合联调甩项及未通过项要有明确的整改安排及报告。

二、新线综合联调特点分析

1. 总体原则

在编制新建线路联调计划时应结合线路实际特点,梳理出相关重点和难点,对影响既有线路运营的相关要点要留出时间安排。在制订联调方案时应结合新开线路的特点进行考虑:

(1)是否会对既有线路(或一期工程)的正常运营带来影响,或者因联调措施落实不到位等原因可能对既有线路的运营造成影响。

(2)新线在线网中的地位和作用,换乘站的数量情况,相关系统调试与既有运营线路的匹配情况,如长大线路一般有多种运行交路、多场段收发列车、多主所供电设计,需要针对性地开展行车功能验证测试。

(3)围绕信号动车调试,穿插安排施工整改和联调计划,提高轨行区利用率。隧道清洗、后续尾工及消缺的工作量,特别是可能危及行车安全的工作要在综合联调前完成。

(4)结合线路的具体特点,进行相关的能力测试和演练。

2. 首条线路综合联调特点

对于第一次开通地铁线路的城市,由于新组建的运营队伍经验磨合不够,往往在实施组织上由较大难度,因此国内许多城市采取了外包或者聘请咨询的方式来开展相应的综合联调。对于第一次开通地铁的城市,有以下几个方面的联调困难需要克服。

一是方案编制和实施细则问题。由于没有相关标准和规范,相应的联调方案和细则缺乏有经验的人员来牵头编制,组织实施也缺乏有效的组织机构来确保实施。

二是人员培训和经验不足,介入深度需引起重视。一般来说,由于人员刚刚招聘、培训和经验等方面的不足,第一条线路的运营部门的运营人员介入综合联调的深度不够,容易造成联调效果打折。

三是工期较为紧张，建设向运营过渡时间较短。一般第一条线路都是全市人民期盼的重点，在工期安排上十分紧张，中间留给运营部门的时间有限，容易导致运营部门对设备熟悉和磨合不够。

3. 延伸线路综合联调特点

延伸线的联调与普通新线有所不同。延伸线与既有线路需进行贯通调试，又需要对既有运营线路的设备进行软硬件升级，调试时间非常紧张。

另一方面，延伸线的驳接和联调不能影响既有线的运营，又要确保延伸线设备与既有线设备的兼容。因此，延伸线的调试具有很高的时间风险和安全风险，尤其应加以重视。延伸线综合联调具有以下特点：

一是关键系统接入难度大。信号系统、综合监控系统、通信系统等关键系统需要无扰接入既有运营线路，稍有不慎将引起既有线路的运营中断。

二是调试条件受限。白天既有线路需要保持正常运营，部分动车调试和联调只能安排在夜间运营线路停运后进行。另外，延伸线还需考虑与既有线路的调度、维保等工作的无缝衔接。

三是需更新的标志标识多。延伸线需要同步考虑既有线路设备设施、导向标志的更新，需要与既有线路行车交路实现有序对接，而不能给既有线的正常运营带来影响。

4. 线网过渡期综合联调特点

对于线网过渡期的地铁城市，在综合联调时既需要考虑新线与既有运营线路的关系，又需要考虑下一步线网形成后的运营组织和管理需要。对于向线网过渡期的新线联调，应考虑以下方面。

一是处理好新线与既有线的关系。特别是换乘站的联调和运营组织、延伸线与既有线的驳接实施、设备设施资源共享与互联互通（前期已运营线路预留的接口条件和本线为后续新线预留的接口条件等）等问题。

二是理清下一步线网运营管理的基本思路。包括线网清分中心、线网应急指挥中心、线网门禁授权中心实施时机和相关的接口功能，线网管理下的规章制度体系调整，线网情况下的组织架构调整以及线网情况下的换乘站组织和线间行车能力匹配与衔接等。

5. 线网阶段综合联调特点

线网情况下的综合联调涉及的内容较多，要考虑的因素也较多，必须在综合

联调和运营筹备阶段统筹考虑。对于线网已建成的地铁城市,综合联调需要考虑以下方面。

一是线网运营管理的问题。是否涉及不同运营主体、不同运营分公司、不同维保子公司的管理,以及不同的规章制度体系和管理细节差异等问题。包括管理模式下的新开通线路与既有线路换乘站的无缝衔接,包括客流组织、车站运作衔接等。

二是线网情况下不同控制中心(或区域控制中心)的运作管理问题。已设置线网应急中心和清分中心的,还需要考虑新开线路与上层监控的接口匹配和应急管理问题。新开通线路应兼容线网的接口标准并完成接入测试(ACC/COCC/编播中心接入,换乘站间信息的互联互通,人机界面标准化等)。

三是大量换乘站的功能测试和客流组织问题。应重点考虑新开通线路与线网的运能匹配,包括运营交路与高峰期运能的匹配、线网运营组织的衔接(开通水平及早晚服务时间)等。

四是大量资源共享的主变电所,共用频点的800M及电话网络、线路间合用的冷站、换乘站的管理界面和功能划分差异问题。新开通线路接入线网后,还应综合考虑在设备、人员、应急和后勤等方面资源共享。

五是线网条件下的应急处置和救援问题,包括线网应急点的设置和应急设备配置问题,以及紧急情况下的应急客运组织和应急处置方案等问题。

第二节　综合联调的实施流程

一、成立综合联调组织机构

系统综合联调的开展应建立专门的组织机构,以便于统筹建设、运营、安装调试、设计等方面的工作,确保综合联调各项工作的顺利落实,实现建设到运营的有效衔接和过渡。

综合联调组织机构是综合联调的最高协调指挥机构,宜由运营、建设、设计、关键系统承包商等单位或部门人员组成。综合联调组织机构负责综合联调过程

中各项重大问题(包括综合联调过程中涉及的缺陷整改、功能补强的相关变更)的协调和决策;审定和批准综合联调大纲、实施方案、计划及总结报告;检查和指导综合联调实施工作,定期听取综合联调工作情况的汇报;对参与综合联调的单位、部门或人员进行考核奖惩等。

二、编制和发布规章制度

新线综合联调时间紧、任务重,要按计划高质量完成预定的各项工作,必须有强有力的制度保障,特别是运营介入前期,相关的运营规章制度尚在陆续发布过程中,为确保联调安全,建议至少编制和发布包括安全、各类管理制度在内的一系列完整规章制度。其中,安全制度主要用于轨行区接管后的临时调度和施工管理保证,同时为保障调试期间的安全,对相关违章承包商进行通报和处罚,避免调试期间出现安全事故。

除安全管理办法外,针对联调期间可能的安全隐患还应制订相应的安全管控措施,并传达到参加联调的每一个人,安全管控措施应针对不同类型的联调进行专门制订,确保针对性强、可实施性强,具体的安全管控规定可详细参见本书第七章第二节“二、建立综合联调管理制度及安全要求”。

管理类制度包括联调期间的会议制度、人员管理办法、联调物资领用及发放管理办法、整改消缺专项管理办法等,用以对联调期间的人、事、物等进行全方位的管控。

三、制订总体工作计划和任务分工

综合联调科目和计划的制订,需要考虑的因素包括以下方面。

1. 评估建设工程进度,做好工期把控

综合联调以实现各系统间的功能最佳匹配,实现人员、设备和设备的有机融合为目标。但由于建设工程的特殊性,各机电系统容易受供货、承包商经验和其他专业进度滞后等因素的影响,最终往往局限于各自系统目标的满足,导致接口系统进度和功能被忽视,以及调试过程中的多次修改与调整。

地铁建设过程中,由于各机电系统受制因素的差异和各自工作量的不同,往往在进度上有所区别。综合联调是建立在各系统单系统调试和接口调试基础上的。因此,在开展综合联调之前,了解和掌握各机电设备系统的实际进度和计划,对于综合联调的工作计划安排是非常重要的。

一般来说,各地的工期计划基本是确定的,也就是说开通时间基本是确定的。但在建设过程中由于各种原因会导致部分工作滞后,如轨行区移交滞后、车站装修收口滞后等。这些工作的滞后会造成相关调试计划的滞后,也将引起综合联调计划的改变。在整体工期范围内,合理穿插和安排综合联调是确保联调计划顺利完成和综合联调质量的必要手段。

2. 加强建设运营衔接,做好接管过渡

联调完成后的目的是运营单位尽快熟悉和使用系统,综合联调不仅完成了建设合同的相关内容测试,也标志着运营人员全面介入,全面操作使用的新开始。

因此,综合联调的另一个目的是促进运营单位的全面介入,也就是通常说的“三权移交”,即新线设备设施的使用权、属地管理权、调度指挥权。所谓“移交”是建设单位对新线设备设施的“三权”,向运营单位的全面移交,从而实现建设向运营过渡的目的。“三权”移交后运营单位也就进入了开通试运营准备的实质性阶段。

在编制系统综合联调计划时,应根据新线总体工期计划,制定建设和运营都接受的“三权”移交的时间节点,确保联调后第一时间的运营介入。如果整体时间紧张,为保证综合联调质量,还需要研究分段移交和分段联调的方案。

3. 完成技术资料收集和接口摸底

地铁系统是由多个相互作用及匹配的机电设备系统构成,是一个有机的集合体,具有很强的关联性,其特征是各系统设备间相互联系、相互作用或彼此制约。因此,在地铁机电系统中存在着多方位的接口关系,借助接口来实现各系统的动态调整和匹配。综合联调是对各机电系统接口功能的动态联调,也是对各种接口关系和集成关系的最终验证。

不同的线路,系统接口设计有所差别,系统功能也有所不同。在开展综合联调之前,掌握和摸清各机电设备系统合同内的功能情况和设计接口情况,有利于综合联调细化方案的编制,也有利于有针对性地编制测试科目和测试功能项。

4. 分析重点难点，针对性安排联调科目

在有效的时间内高质量地检验出设备功能匹配情况，找出人员和设备的薄弱环节并加以改进是综合联调的主要目的。综合联调不应仅仅追求通过率、追求最终的完成报告，而是应该真正围绕设备的可靠性指标、接口匹配性、人员培训效果和规章制度的检验，找出隐患点，才能真正地发挥联调的作用，为后续运营指明方向。例如，联调过程中或者后续运营使用过程中，若某一设备重复出现同一故障，那么就需要分析是否存在设计或制造的批量缺陷，通过平推检查进行切实整改，并将相关分析纳入故障数据统计，作为今后维修策略制订考虑的重点。同样，如果联调中发现系统设计的某一功能，甚至是文字描述与规章制度的规范用语不一致，对导致歧义等，都可以通过联调加以修改和完善。

在联调科目的设置上也同样如此，除了常规的联调测试内容外，不同的线路有不同的线路特点（如高架线路、延伸线等），采用不同的设备也有不同的设备薄弱点（如线网第一次采用的新设备和新技术等），那么在综合联调的科目设置上就应针对性地设置或加强相关功能的测试验证内容。例如，与国铁同站台换乘的地铁站，因为其27.5kV接触网的电磁干扰与其他地铁站不同，相关的抗干扰测试内容也就不同。

四、其他准备工作

1. 运营前置，做好单系统和接口调试衔接

从工作范围来看，虽然由建设单位牵头负责单系统和接口调试，但其却是综合联调成败的关键。如果单系统和接口调试测试不全面或者数据存在弄虚作假，那综合联调的质量就得不到保证，特别是在部分联调科目采用联合抽测模式的情况下。因此，为保障综合联调的整体质量，可从以下方面入手。

一是建议运营单位人员提前介入，如提前介入建设单位组织的单系统和接口调试，对内容进行确认。从而减少了运营公司接管后自己逐一进行设备测试的工作量。通过参与见证测试，对单系统和接口测试的数据可以直接进行采信，加快建设和运营的衔接。

二是对单系统和接口测试报告进行把控，严禁弄虚作假。建设进度再紧张，宁可不能按期完成甩项，也不允许承包商和监理单位提前出具测试报告，造成信

息失准。一旦出现单系统和接口测试数据作假，就意味着整个单系统和接口调试不充分、不全面，可能存在“地雷”，让综合联调组织起来难度加大。

三是对重要的功能，在联调测试中全覆盖。例如供电设备的遥控和遥测，要求所有信息点一一测试；对行车设备的相关功能和指标，要求一一测试，避免测试不充分对实际运营造成较大影响。

四是对抽测的内容，运营单位建立台账，后续接管后结合日常检修，对未测试部分进行平推检查，确保无遗漏、隐患。

2. 加强运营人员培训

综合联调的另一个目的是检验人员操作水平，因此，综合联调不应由承包商或建设单位代劳。坚持由运营公司一线人员操作，并安排人员对操作情况进行评估，有利于检验一线实际操作人员的水平。

为确保综合联调的顺利进行，一线人员的操作培训最好在综合联调开始前结束。对联调人员的培训的要求比以往更高，这需要运营单位提前引起足够重视。否则，一线人员在联调过程中就起不到应有的作用，将沦为“记录员”或“观察员”。

第五章 综合联调的科目与内容

CHAPTER 5

第一节 单系统及接口调试内容

在综合联调开展前，应先由建设单位组织进行各机电系统的单系统及接口调试工作，使相关设备系统可以进行正常运转并达到合同所约定的功能要求，避免对综合联调的具体实施造成较大干扰，影响综合联调的整体进度。

一、单系统调试内容

1. 通风与防排烟空调系统

(1)风机：风机风向、启动电流、运行电流、轴承温升、风量、风压、启动时间、可逆转风机正反转切换时间、运行噪声、环控柜控制测试、BAS 系统控制测试。

(2)风阀：阀门开闭测试、校对开度指示、校对限位、与风机联动的风阀联锁功能测试、BAS 系统控制测试。

(3)系统模式：大系统通风工况、站厅火灾工况、站台火灾工况、小系统通风工况、小系统火灾工况、隧道风系统早晚通风工况、隧道风系统正常工况、隧道风系统区间左线阻塞工况、隧道风系统区间右线阻塞工况、隧道风系统区间左线火灾工况。

(4)风量平衡：大系统送风管路、大系统排风/排烟管路、小系统送风管路、小系统排风/排烟管路。

(5)站台楼扶梯口风速:站台A端楼/扶梯口、站台B端楼/扶梯口。

(6)系统噪声:站台公共区、站厅公共区、设备管理用房、A端通风空调机房、B端通风空调机房、新风亭、排风亭、活塞风亭。

(7)空调机组:空调机组检修灯是否能正常启闭、风机风向、电动二通阀调试、启动电流、运行电流、风量、风压、运行噪声、冷冻水进口温度、冷冻水出口温度、供水压力、出风温度、出风湿度、环控柜控制测试、BAS系统控制测试。

(8)冷水机组:参数设置检查、无负荷运转,监测噪声/振动和运行参数、带负荷运行稳定性测试,监测噪声/振动和运行参数、与相关设备联动控制和联锁保护功能测试、排气压力、吸气压力、压缩机排气温度、压缩机油压差、压缩机电流、冷机总电流。

(9)水泵:水泵转动方向检查、无负荷水泵运行状况测试、水泵故障保护功能测试、噪声、振动、温度、电流、电压。

(10)冷却塔:散水系统散水均匀性和部件牢固度、填料试水状态下外观及散水状况、挡水器收水效果、风机转动方向、风机故障保护、风机的稳定性、冷却塔噪声、湿球温度、运行电流、运行电压。

(11)电动蝶阀:手动操作和阀门指示、电动操作和信号反馈。

(12)配电柜、集中控制柜:配电柜电压绝缘测试、配电和信号显示测试、电控柜就地操作测试、DP通信和MODBUS通信测试、集控柜远程点动测试、远程一键启动系统操作测试、测试自动控温和调压功能、故障保护和故障记录测试、与BAS系统信号监控和联动保护测试。

(13)传感器:仪表参数设置检查、测量和显示准确性测试、输出信号测试。

(14)冷源系统:通信测试、DI信号检验、远程操作设备、AI信号检验、启动和运行模式检验、备用自投功能检验、系统自动控制和调温调压功能检验、系统自动启停机功能检验、与BAS系统联动功能检验、冷冻水压力、冷却水压力。

(15)室外机:压缩机运行状态、风扇运转状态、风速、噪声、运转电压、运转电流、四通阀动作情况、高压开关工作情况、高低压压力、气管温度、液管温度、排气温度。

(16)室内机:风速、运转电压、运转电流、噪声、温度、湿度。

(17)空调系统试运转及综合效能:吸气压力、吸气温度、排气压力、排气温度、载冷剂的温度、各运动部件有无异常响动,各连接和密封部位有无松动/漏气/漏油等现象、电机电流、电机电压、电机温升、能量调节装置的动作是否灵敏准确、各安全保护继电器的动作是否灵敏准确、噪声、振动、送风温度/湿度/风量、回风温度/湿度/风量、室内空气温度/湿度、室外空气温度/湿度、新风系统新风量、新风系统排风量、各设备耗电功率。

(18)机房专用空调:压缩机电流、风机电机电流、加湿器加湿电流、电加热器电流、冷凝器风扇电流、吸气压力、排气压力、风量、风压、风速、送风温度、送风湿度、噪声、设备运转电压、设备运行制冷系统压力。

(19)全热交换器:风向、运转电压、运转电流、风量、风压、风速、噪声。

2. 给水排水与气体灭火

(1)生活消防给水泵:盘车、水泵叶轮转向、水泵运行状态信号、故障模拟、报警信号、轴封检查、运行电流、振动、噪声、进/出口压力、流量、功率、控制柜电器元器件状态、倒流防止器工作。

(2)生活给水系统:最不利用水点水量/水压、最不利点水样余氯检测、不同用水工况下的系统自动运行状态。

(3)消防给水稳压系统:稳压泵自动运行状态、稳压泵主备互投、稳压泵故障提示/反馈。

(4)消火栓给水系统:安全泄压阀泄压压力设置、自动关闭功能、试验消火栓压力、充实水柱长度、水泵故障报警/反馈、减压阀组设置、压力信号自动启泵、流量信号自动启泵、消火栓启泵按钮启动、水泵启动信号反馈、水泵主备互投。

(5)车站消火栓系统电动蝶阀:手动操作阀门启闭、就地操作阀门启闭阀门启闭信号反馈。

(6)自动喷水系统:分区水流指示器信号输出、分区末端试水装置压力、减压阀组设置、安全泄压阀泄压压力设置、自动关闭功能、压力开关信号自动启泵、水力警铃、自动延时器工作、水泵主备互投、水泵故障提示/反馈。

(7)自动排水系统:超声波液位设置/浮球阀控制水位高度、水泵转向、自动运行控制、水泵故障提示/反馈、水位信号输出、运行电流、振动、噪声、进/出口压力、流量、功率、控制柜电器元器件状态、倒流防止器工作。

(8)气体灭火系统:车控室220V电源、气瓶间220V电源、气瓶间24V电源、火灾预警信号、火灾确认信号、防烟防火阀动作、电磁阀动作电压、系统状态、气体释放信号动作输出、手自动转换信号、手动启动信号及相关动作、手动停止信号及相关动作、远程启动信号及相关动作、远程停止信号及相关动作、声光发生器动作、压力开关测试电压、气体释放指示灯。

3. 供电系统

(1)主变压器:绝缘油试验、测量绕组连同套管的直流电阻、检查所有分接头的电压比、检查变压器的三相接线组别、有载调压装置的检查和试验、测量绕组连同套管的绝缘电阻和吸收比、绕组连同套管的交流耐压试验、额定电压下冲击合闸试验、检查相位。

(2)110kV GIS 组合开关:测量主回路的导电电阻、主回路的交流耐压试验、密闭性试验、六氟化硫气体含水率测试、电流互感器试验、断路器操作机构试验、联锁试验、封闭式组合开关内其他元件的试验(如有)、气体密度继电器、压力表和压力动作阀的检查。

(3)继保及综合自动化:保护装置逻辑试验、开关传动试验、二次回路检查、CT 准确级检查、闭锁回路检查、回路绝缘测试、后台监控测试、一次设备在线监测系统调试、电能量信息管理系统调试、不间断电源系统调试、调度数据网系统调试。

(4)动态无功补偿设备:隔离变压器、电抗器测试、隔离开关柜测试、电抗器测试、启动柜/控制柜/保护柜和功率柜等测试、系统调试。

(5)110kV 外电输入线路:110kV 电缆测试、光缆数据通道测试。

(6)中压 35kV 或 10kV 电缆:电缆绝缘电阻、交流耐压试验、检查电缆线路两端的相位。

(7)光缆通道:光线路测试、光中继器测试、光数字段全程测试。

(8)35kV GIS 开关柜:电流互感器试验、电压/电流传感器和带电显示装置试验、主回路工频耐压、辅助与控制回路绝缘电阻、工频耐压试验、主回路电阻测试、六氟化硫气体含水率测试(三相分箱式)、密封性试验、断路器机械分、合闸操作及机械联锁试验、断路器电气分、合闸操作及电气联锁试验、断路器的分/合闸时间/同期性测定、继电保护装置试验及继电器界面测试、开关柜单体整组联动试验、保护动作试验。

(9)真空断路器:测量绝缘电阻、测量每相导电回路的电阻、交流耐压试验、断路器主触头的分合闸时间、分/合闸的同期性、合闸时触头的弹跳时间、断路器

主触头的分合闸时间、分/合闸的同期性、合闸时触头的弹跳时间、断路器操动机构试验。

（10）整流变压器：绝缘电阻及吸收比测试、绕组直流电阻测试、绕组接线组别检查、变比误差测量、工频耐压试验、额定电压下冲击合闸试验、检查相位、检查所有分接头的变压比、温控器调试、变压器保护功能调试。

（11）直流开关柜：主回路绝缘电阻和工频耐压、辅助与控制回路绝缘电阻、工频耐压试验、断路器接触电阻测量、断路器机械分合闸操作及机械联锁试验、断路器电气分合闸操作及电气联锁试验、断路器合分闸时间测定、继电保护装置调试、断路器操动机构的试验、开关柜单体整组联动试验、柜体绝缘电阻测试、分合闸线圈及合闸接触器线圈的绝缘电阻和直流电阻、直流开关的大电流脱扣保护定值调整试验、直流开关柜的各种保护调试。

（12）直流开关柜：主回路及辅助与控制回路绝缘电阻测试和工频交流耐压试验、隔离开关接触电阻测量、机械/电气操作和联锁试验、综合保护测控单元调试、柜体绝缘电阻测试。

（13）交流电源柜：各种指示仪表、电度表校验、电流互感器试验、各种保护装置校验及整定、各回路绝缘电阻和交流耐压试验、母联自投功能和进线来电自复功能检查。

（14）直流电源柜：指示仪表校准、保护装置调试与整定、各回路绝路电阻测试和交流耐压试验、充电机组功能检查、绝缘监测检查、直流电源自投功能试验、蓄电池初次充/放电试验、直流母线电压调节。

（15）整流器：主回路及辅助回路绝缘电阻和工频耐压试验、保护装置检查、测量装置、指示仪表误差校验、轻载试验、柜体绝缘电阻测试、柜门闭锁关系检查。

（16）上网隔离开关柜：测试绝缘电阻、交流耐压试验、导电回路直流电阻测试、检查操作机构线圈的最低动作电压、操作机构的试验。

（17）钢轨电位限制装置：保护继电器调试及整定、测试电压整定、各回路绝缘电阻和交流耐压试验、二次回路及功能检查。

（18）交流和直流电缆：所内中压交流电缆、直流电缆。

（19）系统调试：综合自动化、备自投、所内设备闭锁与联跳功能、所间系统联调、与其他相关系统接口调试。

(20)悬挂装置:最小空气绝缘距离、设备限界、拉出值、接触导线高度。

(21)支撑装置:最小空气绝缘距离、设备限界、接触轨面高度、与轨道中心线距离。

(22)隔离开关:耐受电压试验、主回路电阻测量、检查隔离开关是否分合到位、隔离开关电动机构与开关分合同步性检查、隔离开关分合闸试验。

(23)分段绝缘器:以安装高度为基准调整滑道与轨道的平行,分段绝缘器滑道下缘、接触线下缘构成平面应与轨道面平行。

(24)排流柜:主回路绝缘及工频耐压试验、辅助装置检验、排流柜动作和单向导通测试、故障指示和信号指示功能检查。

(25)单向导通装置:电气性能试验、隔离开关试验和调试、保护功能调试。

(26)监测系统:通信功能的调试、测量功能的调试、显示功能的调试、数据处理功能的调试。

(27)限界检查和冷滑:限界检查、冷滑。

(28)热滑:牵引网绝缘电阻测试、牵引网导通检测、热滑试验。

4. 动力照明

(1)低压开关柜:通电试验、机械和电气联锁试验、进线断路器就地电动合闸、相序一致性确认、三级负荷总开关就地合闸、所有开关回路电、仪表通信、就地/远方权限测试、备自投逻辑功能测试、故障逻辑动作测试、上传上位机遥测数据测试(后台电脑模拟)、上位机遥控数据、测试(后台电脑模拟)、触摸屏显示画面、事件记录功能测试。

(2)环控柜:设备检查、柜间接线、对地测试检查、相间测试检查、通电测试检查、双电源切换测试检查、事件记录功能测试、大系统模式、小系统模式、隧道通风系统模式。

(3)EPS应急电源装置:主电输入电压、充电模块电压、直流母线电压、逆变模块电压、电池组电压、电池组温度、主电中断试验、充放电试验、系统运行状态、模拟充电模块故障、模拟逆变模块故障、模拟电池组电压欠压、模拟单只电池电压欠压、模拟电池熔断器熔断、模拟馈线开关故障、上位机通信测试。

5. 通信系统

(1)传输:传输网元性能、传输网元的各端口、光通道保护、主控板保护、交叉/时钟板保护、电源板保护、测试光接口板实际接收光功率、创建和配置网络功能、测试时钟保护倒换、测试网络保护倒换、测试以太网业务通道、测试全程误码。

(2)无线:基站发射频率 MHz、载波频率误差、RMS 矢量误差、峰值矢量误差、前向功率、反射功率、驻波比 VSWR、载波输出功率、基站接收频率 MHz、Rx1BER、Rx2BER、Rx3BER、单站集群站集群模式下的组呼、单站集群模式下的紧急呼叫、单站集群模式下的迟后加入。

(3)无线车站/区间信号覆盖:站台层上行首信号、站台层上行尾信号、站台层下行首信号、站台层下行尾信号、站台中央、站厅中央、车站控制室外、通信设备室外、出入口、区间信号。

(4)TETRA 系统网管:移动终端控制功能测试、基站及系统管理功能测试、用户管理、移动台遥毙/复活、配置和管理系统数据、配置和管理用户数据、话务历史报告、故障管理。

(5)二次开发系统网管:无线系统告警接入功能、二次开发设备告警接入、网络连接状况显示、设备告警数据库管理、数据查询及报告能、系统日志功能、直放站告警接入。

(6)二次开发系统时间同步:固定台时钟同步、车载台寻位、车载台时钟同步、调度台服务器时钟接收状态。

(7)公务电话:操作员权限/口令、查询系统软件版本信息、用户数据的查看、用户数据增加/删除/修改、用户数据的备份、拨号音、音频拨号、回铃音、通话、话终挂机互不控制、呼出发送主叫、呼入接受主叫、市话通话、长途通话、正常情况无告警、正常告警、通过维护软件集中维护交换机、话务台功能测试、查询终端功能测试。

(8)专用电话:操作员权限/口令、查询系统软件版本信息、用户数据的查看、用户数据增加/删除/修改、用户数据的备份、拨号音、音频拨号、回铃音、通话、话终挂机互不控制、呼出发送主叫、呼入接受主叫、市话通话、长途通话、正常情况无告警、正常告警、通过维护软件集中维护交换机、开机启动录音程序、通道状态查看、录音查询、录音播放、录音文件导出。

(9)视频监视系统:车站多功能控制器视频输入阻抗、视频分配、字符叠加显示及修改、视频检测功能、时钟叠加功能;车站网管主机分时启动功能、自动开关机功能、电源管理输出、显示屏内容、采集视频幅度功能、时钟同步功能；车站电源控制器输入电压、输出电流、输出电压、电源受控工作功能；车站视频服务器图像压缩质量设置、查询、回放、视频参数设置；车站视频编码器工作状态、编码性能检测、视频参数设置、视频输入阻抗；固定摄像机图像质量、自动光圈功能；快球摄像机水平转动、垂直转动、变倍检验；半球摄像机图像质量、自动光圈功能。

(10)广播系统：功放状态检测功能测试、车站/车辆基地/OCC 功放切换、应急广播功能、车站广播状态查看、扬声器检测区域设置、扬声器检测区域故障测试、中心对单一车站单播语音、中心对单一车站任意广播区语音、中心对单一车站全开语音、中心对全部车站全开语音、中心对单一车站单播话筒、中心对单一车站任意广播区话筒广播、中心对单一车站全开话筒广播、中心对全部车站全开话筒、中心对单一车站单播线路、中心对单一车站任意线路、中心对单一车站全开线路、中心音源全关、中心广播控制盒音量、中心广播控制盒监听、中心对车站平行广播、中心对车站优先级广播。

(11)时钟系统：主备母钟切换、校时检测、母钟显示功能、子钟显示功能、母钟自身校时精度性能测试、子钟自身校时精度性能测试、GPS/北斗标准时间校时功能。

(12)办公自动化：上电初始化测试、风扇状态测试、设备配置、端口性能测试、光路连通性测试、数据连通性测试。

(13)电源及接地系统：UPS 及配电柜外外观检查、UPS 显示功能、UPS 输入电压显示误差率(A 相、B 相、C 相)(5%)、UPS 输入电流显示误差率(A 相、B 相、C 相)(5%)、UPS 输出电压显示误差率(A 相、B 相、C 相)(5%)、UPS 输出电流显示误差率(A 相、B 相、C 相)(5%)、UPS 充电电压显示误差率(5%)、UPS 转旁路功能功能测试、UPS 市电转电池供电测试、配电屏电源指示、配单屏显示功能、配电屏报警输出试验、空开脱扣试验、配电屏三相总电压显示误差率(5%)、配电屏三相总电流显示误差率(5%)、配电屏功能测试；电池组正/负极性、标志/标签、污渍、变形、裂纹、漏液、尺寸、浮充电压、开路电压、放电时间测试；电源监控系统系统硬件、前端设备、传输接口、配置要求、遥控、遥测、遥信；电源网管系统告警功能、告警优先级、告警显示、告警确认、告警屏蔽功能、正常倒换记录、设备故障监控功能。

(14)集中告警系统:人机界面、拓扑管理功能、告警管理功能、报表管理功能。

(15)公安通信无线系统:设备启动、网络参数设置、设备参数设置、设备率配置、用户数据设置、载波输出功率、频率误差、参考灵敏度、静噪开启、锁闭电平、调制接收带宽。

6. 信号系统

(1)工厂测试:外观及标识标志检查、板卡及组件安装检查、设备配线检查、软件测试、工程现场环境模拟条件下设备硬/软件测试、工程现场电源波动条件下设备硬/软件测试、工程现场电磁干扰及电磁兼容条件下设备硬/软件测试、设备性能指标测试。

(2)电源设备:设备安装检查、两路电源切换功能试验、UPS 输出特性试验、交直流模块的输出品质试验、对地漏泄监测、电池放电试验、报警及输出试验。

(3)联锁设备:设备安装检查、联锁逻辑及功能试验、联锁人机接口试验、室内外设备状态一致性测试、故障报警记录诊断试验、与其他子系统接口试验、冗余设备切换实验。

(4)ATP 设备:设备安装检查、连续式 ATP 功能及点式 ATP 功能试验、命令执行和紧急关闭试验、与其他子系统的接口试验、保护区段试验、临时限速试验、停车精度和门控试验、冗余设备切换实验。

(5)ATO 设备:设备安装检查、连续式 ATO 功能及点式 ATO(如果有)功能试验、列车速度保护试验、停车精度与车门控制试验、各种驾驶模式及模式转换试验、列车节能运行模式试验、列车制动距离及安全保护距离试验、冗余设备切换及旅客舒适度试验。

(6)ATS 设备:设备安装检查、车次号生成及跟踪试验、自动进路排列试验、列车运行自动调整/人工调整试验、时刻表和运行图功能试验、授权职责功能试验、现场与中央控制切换试验、冗余设备切换实验。

(7)试车线设备:设备安装检查、试车线与车辆基地接口试验、连续式 ATP 功能及点式 ATP 功能试验、连续式 ATO 功能及点式 ATO(如果有)功能试验、列车折返试验、紧急关闭试验、列车制动性能测试、跳停及越行试验。

(8)培训设备:设备安装检查、轨旁设备操作培训、联锁设备操作培训、ATP 设备操作培训、ATO 设备操作培训、列车检测设备操作培训、列车运行仿真、维护操作培训。

(9)维护监测设备:设备安装检查、电源设备报警及监测功能试验、轨旁设备报警及监测功能试验、联锁设备报警及监测功能试验、ATP 设备报警及监测功能试验、ATO 设备报警及监测功能试验、行车显示信息画面调用功能试验、诊断功能试验。

(10)试运行测试:系统间接口功能试验、运行时间测试、运行间隔测试、折返间隔测试、降级模式运行测试、可靠性指标测试、144h 试验。

7. 自动售检票系统

参数管理、设备功能、设备控制功能、数据核对、设备之间网络、设备与车站服务器网络、设备与监控工作站网络、设备与票务工作站网络、车站服务器与中心设备网络、监控工作站与中心设备网络、票务工作站与中心设备网络。

8. 火灾自动报警系统

(1)火灾自动报警控制器:自检功能测试、打印机测试、主备电源切换测试、与 ISCS 通信功能测试、与 BAS 通信功能测试、接口组件、接地装置、火灾灾情监视功能、设备状态监视功能、火灾信息采集存储功能、历史记录查询功能、火灾联动控制指令发布功能。

(2)图形显示装置:用户管理功能、火灾报警点显示功能、设备运行状态显示功能、软件维护功能测试。

(3)现场设备:感烟探测器报警测试、感温探测器报警测试、手动报警按钮报警测试、感温电缆火警测试、感温电缆故障测试、隔离模块功能测试、输入模块反馈测试、输出模块控制测试。

(4)消防设备电源:主备用电切换、电源故障告警、DC24V 输出。

(5)消防电话:分机呼入测试、电话插孔呼入测试、主机呼出测试、故障告警、录音/回放、记录查询。

(6)感温电缆:火警测试、故障测试。

(7)感温光纤:与 ISCS 通信功能测试、实时在线测温、实时温度显示、火灾报警、断纤报警、参数控制、报警记录、历史数据查询。

9. 综合监控系统

(1)硬件运行状态:服务器运行状态检查、工作站运行状态检查、网络运行状态检查、FEP 运行状态检查。

(2)软件功能:操作系统软件授权检查、数据库软件授权及配置检查、防病毒软件授权检查、综合监控系统软件授权检查、系统启动/登录/注销/退出、权限管理、用户管理、密码管理、系统组态、多屏幕显示功能、实时数据、设备状态监视、历史数据存储查询、事件档案管理与查询、报警管理与查询、数据统计与趋势分析、报表生成与查询、设备点动控制与单控功能、模式控制功能、程序控制、时间表控制、正常工况联动控制功能、火灾工况联动控制功能、阻塞工况联动控制功能、紧急工况联动控制功能、决策支持与在线帮助功能、屏幕拷贝与打印功能、系统时间同步功能、服务器数据同步与冗余切换、网络数据同步与冗余切换、FEP 数据同步与冗余切换、培训管理系统、仿真测试系统、网络管理系统、系统性能。

(3)IBP 盘:IBP 盘面试灯测试、信号系统站台紧急停车、扣车与放行功能、通风排烟系统的紧急模式控制功能、自动检票机释放功能、门禁释放功能、电扶梯停止控制功能、站台开关门控制功能、防淹门报警监视与关门控制功能、消防专用设备控制功能。

(4)大屏幕系统:大屏系统运行状态检查、大屏幕信号系统信息显示功能检查、大屏幕供电系统信息显示功能检查、大屏幕通风系统信息显示功能检查、大屏幕视频监视图像显示功能检查、大屏幕消防系统显示功能检查、大屏幕显示模式切换功能检查。

10. 环境与设备监控系统

(1)控制器及局域网:CPU 运行状态检查、网络模块运行状态检查、I/O 模块运行状态检查、设备监视功能测试、设备单控功能测试、模式控制功能测试、焓值控制功能测试、故障自诊断及自恢复功能测试、冗余切换功能测试、局域网运行调试。

(2)远程 I/O 及现场网络:网络模块运行状态检查、I/O 模块运行状态检查、设备监视功能测试、设备单控功能测试、现场网络运行调试。

(3)操作站及软件功能:操作站软件授权检查、设备监视功能测试、设备单控功能测试、模式控制功能测试、焓值控制功能测试、软件维护功能测试。

(4)传感器:环境温度显示测试、环境湿度显示测试、环境 CO_2 浓度显示测试。

11. 乘客信息系统

紧急疏散功能、区域屏幕分割功能、播出版式定时切换功能、实时信息的显示功能、时钟同步显示功能、定时自动播出功能、多语言支持功能、显示列车服务信息功能、设备监控功能、系统管理功能、日志管理功能、数据库管理功能、中心服务器主备切换功能、播放模版的定义和审核功能、播放列表编辑管理功能、播放列表的审核和管理功能、播放列表及内容的发布功能、播放信息预览功能、在播画面监播功能、车站接收播放信息功能、车站播放控制功能、车站电源控制功能、多模式播放功能、LCD 屏显示功能、车载子系统主备切换功能、车载子系统播放控制功能。

12. 门禁系统

(1)车站控制器:控制器网络通信测试、控制器通信地址配置、双回路通信测试。

(2)本地控制器:回路通信测试、监测门动作、监测读卡器事件、监测出门按钮事件、监测紧急出门按钮事件、在线离线模式运行功能、本地数据存储功能、接受并执行上级命令功能。

(3)读卡器:指示灯状态测试、合法卡刷卡测试、非法刷卡测试。

(4)电子锁:指示灯状态测试、门磁状态测试、读卡器控制锁开门、出门按钮控制锁开门、紧急开门按钮控制锁开门。

(5)紧急开门按钮:玻璃击碎电锁释放、恢复玻璃电锁吸合。

(6)出门按钮:按下按钮电锁释放、松开按钮电锁吸合。

(7)门禁卡:合法卡测试、非法卡测试。

(8)网络设备:交换机通信测试、回路通信测试。

(9)授权工作站:网络通信测试、站级门禁权限管理。

(10)系统软件:设备查询管理、设备控制、设备运行状态监视、设备报警状态监视、打印功能、与 IBP 盘联动、与 FAS 联动、历史信息查询。

13. 站内客运设备

(1)自动扶梯和自动人行道:检查桁架水平偏差、桁架连接、中间支撑;检查控制柜、主机铭牌及主电源开关、扶梯入口、急停开关等警示标志;检查梳齿板、前沿板;检查、调整扶手带导轨;调整扶手带张力,检查扶手带表面及内衬情况;

检查调整扶手带各驱动轮、导向轮;检查梯级固定情况、检查梯级轨道固定及轨道接头、回转部位连接;调整主机驱动链、扶手带驱动链、梯级驱动链张力,检查各链条连接可靠;检查、调整主制动器及附加制动器、防逆转保护开关;调整梯级与裙板的间隙、调整裙板、内壁板固定及连接;检查齿轮箱油位,电动油泵加注适当润滑油,对轨道、链条进行适当润滑;检查动力回路、控制回路、照明回路、信号回路、电机绝缘电阻;检查桁架及控制柜接地电阻;检查主电源电压,主电源开关;检查短路、过载保护,检查钥匙开关、检修盒、各部位急停开关,及检修盒运行指示方向;调整主机抱闸动作检测开关、辅助制动器动作检测开关、主机驱动链开关、主机位移开关、梳齿板开关、扶手带入口开关、裙板开关、梯级链张紧开关、扶手带断带检测开关、梯级缺失开关、梯级下陷开关、梯级防跳开关、扶梯机舱盖板开关动作位置或动作距离;检查梯级、扶手带防静电装置;检查调整主机测速开关、梯级测速开关、扶手带测速开关;调整扶手带与梯级同步、检查防粘连功能、检查调整扶梯制动距离。

(2)电梯:检查、调整曳引轮(或主机)、导向轮、绳轮水平度、垂直度;检查限速器、检查电机绝缘电阻、检查控制柜接地电阻、检查清理曳引钢绳(或钢带)及限速器钢绳、检查调整安全钳、检查曳引机润滑油、检查校核电梯内外配线,检查主电源开关、设置电梯运行参数;检查钥匙开关、检修盒、各部位急停开关及检修盒运行指示方向;检查抱闸间隙、调整门机、门刀,检查门刀与各层门地坎间隙;调整平层感应装置、调整强迫换速开关、上下限位开关、极限开关,调整缓冲器开关;调整轿厢门与轿厢、层门与门套间隙,调整层门门头背轮与滑轨间隙;调整轿厢门、层门各保护开关位置及动作距离;调整安全触板(或光幕)、调整平层精度,调整越层距离;检查轿厢及各楼层按钮、楼层显示,检查轿厢通风、应急照明、警铃及三方通话;测定电梯平衡系数、电梯静载、超载试验;限速器、安全钳试验。

14.站台门

(1)通电前调试:滑动门开门尺寸、应急门开门角度尺寸、端门开门角度尺寸、滑动门手动解锁力、应急门手动解锁力、端门手动解锁力、皮带张紧力/滚珠丝杠副/齿轮齿条的测试、绝缘电阻、接地电阻的测试、线缆的绝缘和导通性检测测试。

(2)通电调试:电源系统的调试,手动解锁功能的调试、就地控制盒(LCB)功能调试,站台门状态指示灯调试,障碍物探测功能调试,滑动门开关门时间调试，站台门安全回路状态调试，就地控制盘（PSL）功能调试，综合后备控制盘（IBP）紧急操作调试，模拟信号系统接口操作调试，报警和监控测试，等电位测试，后备电源的容量测试，站台门系统5 000次，144h连续不间断运行测试，噪声测试。

15. 防淹门

电源系统的调试、电动葫芦钢绳上极限位置功能信号调试、门扇上极限位置功能信号调试、门扇正常位置功能信号调试、挡板小车解锁位功能信号调试、挡板小车锁定位功能信号调试、挡板小车推出位功能信号调试、门扇下极限位置功能信号调试、电动葫芦钢绳下极限位置功能信号调试、挡板小车下压位功能信号调试、下压机构下压到位功能信号调试、下压机构上拔到位功能信号调试、电动葫芦起重限制器功能信号调试、水位信号、区间水位预报警信号测试、区间水位危险报警信号测试、区间水位上涨过快报警信号测试、防淹门系统故障报警测试、防淹门手动请求关门信号测试、防淹门允许关门信号测试、车控（集控）控制状态测试、就地控制状态测试、自动运行模式状态测试、检修运行模式状态测试、模拟运行模式状态测试、车站IPB盘开关门操作测试、等电位测试、后备UPS电源的容量测试、防淹门系统全功能手动操作控制系统运行测试、防淹门系统24h全功能自动模式连续不间断运行测试。

16. 人防区间隔断门

控制线通断测试、区间隔断门开门到位测试，检查开门到位行程开关是否动作；区间隔断门关门到位测试、检查关门到位行程开关是否动作。

17. 车辆

（1）曲线通过试验：车辆的运行不受限制和束缚、车辆间跨接电缆线长度适当、连接风管有足够长度、牵引电动机连接电缆线有足够长度但不能磨碰车轴、接地回流连接线有足够的长度、轴头上测速装置的引出线有足够的长度但又不能刮碰任何地面设备、防滑器信号线有足够的长度、设备性能指标测试；车辆联挂通过包含反向曲线的道岔进行试验，在试验时，车钩应完全拉紧，观察车钩缓冲装置，车辆的踏板连接处，车辆的电气连接线应工作良好，不受束缚或挤压；目视检查贯通道连接处和贯通道两侧护板，都应不受束缚或破坏。

（2）坡道救援试验：车轮实际直径、轨道坡度、舒适度、未后退、列车向斜坡推进。

(3)停放制动试验:制动系统停放功能检查、制动系统软件试验;将超员载荷(AW3)的列车停于0.35%的坡道上,切除保持制动,施加紧急制动,按下停放制动施加按钮。实施停放制动60s后,将紧急制动缓解。

(4)故障运行能力试验:运行速度、列车完成一个旅程、轮径值、初始加速度。

二、系统接口调试内容

1.综合监控与电力监控系统接口

(1)通信协议测试:ISCS与PSCADA接口协议测试包含所有命令和数据的格式、收发的机制和例外处理。

(2)操作权限测试:设备就地/远方操作权限切换测试。

(3)遥测测试:包含变电所进线的电压、电流、功率、电能,变电所中压母线电压,牵引直流母线电压,牵引整流机组电流与电能、牵引直流进线及馈线电流,配电变压器电流与电能,所用直流操作电源的母线电压,各种保护动作的幅值,排流时极化电位及最大排流电流,钢轨电位限制装置动作电压及通过的最大电流的测试。

(4)遥控测试:包括单控、程控、紧急状态控制、定时控制、自动控制、遥控试验等控制,控制对象包含变电所中压及以上电压等级的断路器、电动负荷开关及系统用电动隔离开关,牵引供电系统直流快速断路器、电动隔离开关,低压配电系统需要远方控制的断路器,跳闸等动作的远动复归、保护及自动装置的投/退的测试。

(5)遥调测试:包含有载调压变压器的调压开关,中压和牵引直流继电保护整定值组的测试。

(6)遥信测试:包含遥控对象的位置信号,故障报警及断路器跳闸信号,变电所中压进线电源带电显示信号,所用交、直流设备的电源故障信号,钢轨电位限制装置的动作及自动恢复信号,断路器手车信号,控制转换开关位置信号的测试。

(7)对时功能测试:ISCS向PSCADA提供标准时间信息的测试。

(8)接口冗余测试:ISCS 与 PSCADA 主备接口冗余切换测试。

(9)接口性能测试:ISCS 与 PSCADA 接口数据传输性能的测试。

(10)网络故障恢复测试:ISCS 与 PSCADA 接口故障诊断与恢复功能测试。

2. 综合监控与无线通信系统接口

(1)通信协议测试:ISCS 与 RAD 接口协议测试包含所有命令和数据的格式、收发的机制和例外处理等。

(2)监视功能测试:包含列车信息、车体信息、通信失效故障信息的测试。

(3)接口冗余测试:ISCS 与 RAD 主备接口冗余切换测试。

(4)接口性能测试:ISCS 与 RAD 接口数据传输性能的测试。

(5)网络故障恢复测试:ISCS 与 RAD 接口故障诊断与恢复功能测试。

3. 综合监控与电视监控系统接口

(1)通信协议测试:ISCS 与 CCTV 接口协议测试包含所有命令和数据的格式、收发的机制和例外处理等。

(2)监控功能测试:包含视频图像监视功能、连续 PTZ 指令功能、操作优先级功能、多画面显示功能(1x1、2x2、3x3)、摄像机预设位置功能、自动循环监察模式功能的测试。

(3)接口性能测试:ISCS 与 CCTV 接口数据传输性能的测试。

(4)网络故障恢复测试:ISCS 与 CCTV 接口故障诊断与恢复功能测试。

4. 综合监控与广播系统接口

(1)通信协议测试:ISCS 与 PA 接口协议测试包含所有命令和数据的格式、收发的机制和例外处理等。

(2)监控功能测试:包含设备及音区状态监视功能、实况广播功能、语音广播功能、线路广播功能、广播优先级功能、列车到站广播功能、防灾广播功能、取消广播功能、时间表发布功能的测试。

(3)接口冗余测试:ISCS 与 PA 主备接口冗余切换测试。

(4)接口性能测试:ISCS 与 PA 接口数据传输性能的测试。

(5)网络故障恢复测试:ISCS 与 PA 接口故障诊断与恢复功能测试。

5. 综合监控与乘客信息系统接口

(1)通信协议测试:ISCS 与 PIS 接口协议测试包含所有命令和数据的格式、

收发的机制和例外处理等。

(2)监控功能测试:包含设备运行状态监视功能、操作优先级、信息显示功能、信息发布功能、取消信息发布功能、车载 PIS 信息发布功能、列车到站乘客信息功能、时间表发布功能的测试。

(3)接口冗余测试:ISCS 与 PIS 主备接口冗余切换测试。

(4)接口性能测试:ISCS 与 PIS 接口数据传输性能的测试。

(5)网络故障恢复测试:ISCS 与 PIS 接口故障诊断与恢复功能测试。

6. 综合监控与时钟系统接口

(1)通信协议测试:ISCS 与 CLK 接口协议测试包含所有命令和数据的格式、收发的机制和例外处理等。协议的测试应通过实际设备进行。

(2)监视功能测试:包含 CLK 提供标准时间信息功能、自动校准时间功能的测试。

(3)接口性能测试:ISCS 与 CLK 接口数据传输性能的测试。

(4)网络故障恢复测试:ISCS 与 CLK 接口故障诊断与恢复功能测试。

7. 综合监控与集中网络管理系统接口

(1)通信协议测试:ISCS 与 ALM 接口协议测试包含所有命令和数据的格式、收发的机制和例外处理等。协议的测试应通过实际设备进行。

(2)监视功能测试:包含传输系统故障监视功能、公务电话系统故障监视功能、专用电话系统故障监视功能、综合 UPS 系统故障监视功能、CCTV 故障监视功能、PIS 故障监视功能、PA 故障监视功能、RAD 故障监视功能、CLK 故障监视功能的测试。

(3)接口冗余测试:ISCS 与 ALM 主备接口冗余切换测试。

(4)接口性能测试:ISCS 与 ALM 接口数据传输性能的测试。

(5)网络故障恢复测试:ISCS 与 ALM 接口故障诊断与恢复功能测试。

8. 综合监控与信号系统接口

(1)通信协议测试:ISCS 与 SIG 接口协议测试包含所有命令和数据的格式、收发的机制和例外处理等。

(2)监视功能测试:包含 SIG 系统设备状态监视功能,列车实时位置信息、列车识别信息监视功能,列车阻塞信息监视功能,列车计划信息监视功能,列车到发点信息监视功能，ISCS 发牵引供电信息到 SIG 系统功能的测试。

(3)接口冗余测试：ISCS 与 SIG 主备接口冗余切换测试。

(4)接口性能测试：ISCS 与 SIG 接口数据传输性能的测试。

(5)网络故障恢复测试：ISCS 与 SIG 接口故障诊断与恢复功能测试。

9. 综合监控与自动售检票系统接口

(1)通信协议测试：ISCS 与 AFC 接口协议测试包含所有命令和数据的格式、收发的机制和例外处理等。

(2)监控功能测试：包含闸机状态监视功能、售票机状态监视功能、客流量监视功能、紧急/降级模式控制功能的测试。

(3)对时功能测试：ISCS 向 AFC 提供标准时间信息的测试。

(4)接口冗余测试：ISCS 与 AFC 主备接口冗余切换测试。

(5)接口性能测试：ISCS 与 AFC 接口数据传输性能的测试。

(6)网络故障恢复测试：ISCS 与 AFC 接口故障诊断与恢复功能测试。

10. 综合监控与站台门接口

(1)通信协议测试：ISCS 与 PSD 接口协议测试包含所有命令和数据的格式、收发的机制和例外处理等。

(2)监视功能测试：包含滑动门、应急门、端门状态监视功能，PSD 系统信息监视功能的测试。

(3)对时功能测试：ISCS 向 PSD 提供标准时间信息的测试。

(4)接口冗余测试：ISCS 与 PSD 主备接口冗余切换测试。

(5)接口性能测试：ISCS 与 PSD 接口数据传输性能的测试。

(6)网络故障恢复测试：ISCS 与 PSD 接口故障诊断与恢复功能测试。

11. 综合监控与防淹门接口

(1)通信协议测试：ISCS 与 FG 接口协议测试包含所有命令和数据的格式、收发的机制和例外处理等。

(2)监视功能测试：包含防淹门状态信息监视功能、防淹门报警信息监视功能的测试。

(3)对时功能测试：ISCS 向 FG 提供标准时间信息的测试。

(4)接口冗余测试：ISCS 与 FG 主备接口冗余切换测试。

(5)接口性能测试:ISCS 与 FG 接口数据传输性能的测试。

(6)网络故障恢复测试:ISCS 与 FG 接口故障诊断与恢复功能测试。

12. 综合监控与火灾自动报警系统接口

(1)通信协议测试:ISCS 与 FAS、ISCS 与感温光纤主机接口协议测试包含所有命令和数据的格式、收发的机制和例外处理等。

(2)监控功能测试:包含设备运行状态监视功能、设备报警监视功能、感温光纤温度监视功能、感温光纤报警温度限值设定功能的测试。

(3)对时功能测试:ISCS 向 FAS 提供标准时间信息的测试。

(4)接口冗余测试:ISCS 与 FAS、ISCS 与感温光纤主机主备接口冗余切换测试。

(5)接口性能测试:ISCS 与 FAS、ISCS 与感温光纤主机接口数据传输性能的测试。

(6)网络故障恢复测试:ISCS 与 FAS、ISCS 与感温光纤主机接口故障诊断与恢复功能测试。

13. 综合监控与环控系统接口

(1)通信协议测试:ISCS 与 BAS 接口协议测试包含所有命令和数据的格式、收发的机制和例外处理等。

(2)操作权限测试:设备就地/远方操作权限切换测试。

(3)监控功能测试:包含设备运行状态监视功能、设备报警监视功能、操作优先级功能、设备单控功能、模式控制功能、焓值控制功能、时间表等功能的测试。

(4)对时功能测试:ISCS 向 BAS 提供标准时间信息的测试。

(5)接口冗余测试:ISCS 与 BAS 主备接口冗余切换测试。

(6)接口性能测试:ISCS 与 BAS 接口数据传输性能的测试。

(7)网络故障恢复测试:ISCS 与 BAS 接口故障诊断与恢复功能测试。

14. 综合监控与门禁系统接口

(1)通信协议测试:ISCS 与 ACS 接口协议测试包含所有命令和数据的格式、收发的机制和例外处理等。

(2)监控功能测试:包含设备运行状态监视功能、设备报警监视功能、控制功能的测试。

(3)对时功能测试:ISCS 向 ACS 提供标准时间信息的测试。

(4)接口冗余测试:ISCS 与 ACS 主备接口冗余切换测试。

(5)接口性能测试:ISCS 与 ACS 接口数据传输性能的测试。

(6)网络故障恢复测试:ISCS 与 ACS 接口故障诊断与恢复功能测试。

15. 大屏系统接口

(1)功能测试:包含大屏与 ISCS 的接口功能、大屏与 SIG 的接口功能、大屏与 CCTV 的接口功能的测试。

(2)接口性能测试:大屏与 ISCS、大屏与 SIG、大屏与 CCTV 的接口数据传输性能的测试。

16. BAS 与通风系统接口

(1)通信协议测试:BAS 与通风系统接口协议测试包含所有命令和数据的格式、收发的机制和例外处理等。

(2)操作权限测试:设备就地/远方操作权限切换测试。

(3)设备监控功能测试:包括设备状态监视、单控、模式控制等功能测试。

(4)冗余测试:BAS 与通风系统主备接口冗余切换测试。

(5)性能测试:BAS 与通风系统接口数据传输性能的测试。

(6)网络故障恢复测试:BAS 与通风系统接口故障诊断与恢复功能测试。

17. BAS 与空调水系统接口

(1)通信协议测试:BAS 与空调水系统接口协议测试包含所有命令和数据的格式、收发的机制和例外处理等。

(2)操作权限测试:设备就地/远方操作权限切换测试。

(3)设备监控功能测试:包括空调水系统设备状态监视、单控、群控、电动二通阀状态监视、控制等功能测试。

(4)性能测试:BAS 与空调水系统接口数据传输性能的测试。

(5)网络故障恢复测试:BAS 与空调水系统接口故障诊断与恢复功能测试。

18. BAS 与给排水系统接口调试

(1)通信协议测试:BAS 与给排水系统接口协议测试包含所有命令和数据的格式、收发的机制和例外处理等。

(2)操作权限测试:设备就地/远方操作权限切换测试。

(3)设备监控功能测试:包括水泵状态监视、单控、群控等功能测试。

(4)性能测试:BAS 与给排水系统接口数据传输性能的测试。

(5)网络故障恢复测试:BAS 与给排水系统接口故障诊断与恢复功能测试。

19. BAS 与电梯、自动扶梯系统接口

监视功能测试:电梯、自动扶梯状态监视功能测试。

20. BAS 与动力照明系统接口

(1)通信协议测试:BAS 与动力照明系统接口协议测试包含所有命令和数据的格式、收发的机制和例外处理等。

(2)操作权限测试:设备就地/远方操作权限切换测试。

(3)设备监控功能测试:包括照明、应急电源状态监视、单控、场景控制等功能测试。

(4)性能测试:BAS 与动力照明系统接口数据传输性能的测试。

(5)网络故障恢复测试:BAS 与动力照明接口故障诊断与恢复功能测试。

21. BAS 与导向系统接口

(1)监控功能测试:包括导向状态监视、单控、群控等功能测试。

(2)操作权限测试:设备就地/远方操作权限切换测试。

22. FAS 与通风系统接口

(1)防火阀测试:包含防火阀开/关状态监视及控制功能。

(2)消防专用风机测试:包含消防专用风机运行状态监视及控制功能。

23. FAS 与动力照明系统接口

(1)应急照明测试:包含应急照明强启及反馈。

(2)非消防电源测试:包含非消防电源强切及反馈。

24. FAS 与气体灭火系统接口

(1)通信协议测试:FAS 与气体灭火系统接口协议测试包含所有命令和数据的格式、收发的机制和例外处理等。

(2)预警测试:包含气灭保护区预警监视。

(3)火警测试:包含气灭保护区火警监视。

(4)气体释放测试:包含气灭保护区气体释放监视。

(5)故障测试:包含气灭保护区故障监视。

(6)手/自动状态测试:包含气灭保护区气灭盘手/自动状态监视。

(7)接口性能:FAS 与气体灭火系统接口数据传输性能的测试。

(8)网络故障恢复测试:FAS 与气体灭火接口故障诊断与恢复功能测试。

25. FAS 与给排水系统接口

(1)消火栓启泵按钮测试:包含消火栓启泵按钮报警监视。

(2)消火栓泵/喷淋泵测试:包含消火栓泵/喷淋泵状态监视及控制功能。

(3)消防蝶阀测试:包含消防蝶阀状态监视及控制功能。

26. FAS 与消防电梯接口

消防电梯归首测试:包含消防电梯归首控制及反馈。

27. FAS 与售检票系统接口

自动检票机紧急释放测试:包含自动检票机紧急释放控制及反馈。

28. FAS 与 BAS 系统接口调试

(1)通信协议测试:FAS 与 BAS 接口协议测试包含所有命令和数据的格式、发的机制和例外处理等。

(2)大系统火灾模式测试:包含 FAS 下发大系统火灾模式。

(3)小系统火灾模式测试:包含 FAS 下发小系统火灾模式。

(4)接口性能测试:FAS 与 BAS 系统接口数据传输性能的测试。

(5)网络故障恢复测试:FAS 与 BAS 系统接口故障诊断与恢复功能测试。

29. FAS 与门禁系统接口

门禁紧急释放测试:包含门禁紧急释放控制及反馈。

30. FAS 与防火卷帘接口

防火卷帘归底测试:包含防火卷帘归底控制及反馈。

31. 传输系统与公务电话系统接口

通道配置检查、接口通断测试、设备信息上传测试、设备正常通信测试、接口

中断告警测试、接口中断恢复测试。

32. 传输系统与专用电话系统接口

通道配置检查、接口通断测试、设备正常通信测试、接口中断告警测试、接口中断恢复测试。

33. 传输系统与无线系统接口调试

通道配置检查、接口通断测试、设备正常通信测试、接口中断告警测试、接口中断恢复测试。

34. 传输系统与视频监控系统接口

通道配置检查、接口通断测试、网管信息上传测试、接口中断告警测试、接口中断恢复测试。

35. 传输系统与广播系统接口

通道配置检查、接口通断测试、语音回传下载测试、接口中断告警测试、接口中断恢复测试。

36. 传输系统与时钟系统接口

通道配置检查、接口通断测试、校时信号发送测试、接口中断告警测试、接口中断恢复测试。

37. 传输系统与综合电源系统接口

通道配置检查、接口通断测试、网管信息上传测试、接口中断告警测试、接口中断恢复测试。

38. 传输系统与自动售检票系统接口

通道配置检查、接口通断测试、设备正常通信测试、接口中断告警测试、接口中断恢复测试。

39. 传输系统与信号系统接口

通道配置检查、接口通断测试、设备正常通信测试、接口中断告警测试、接口中断恢复测试。

40. 传输系统与门禁系统接口

通道配置检查、接口通断测试、设备正常通信测试、接口中断告警测试、接口

中断恢复测试。

41. 公务电话系统与无线系统接口

接口类型确认检测、接口通断测试、接口配置正常测试、接口数据通信测试、正常通话测试、接口中断告警测试、接口中断恢复测试。

42. 公务电话系统与专用电话系统接口

接口类型确认检测、接口通断测试、接口配置正常测试、正常录音功能测试、接口中断告警测试、接口中断恢复测试。

43. 公务电话系统与集中告警系统接口

接口通断测试、接口配置正常测试、告警信息传送测试、接口中断告警测试、接口中断恢复测试。

44. 专用电话系统与时钟系统接口

接口类型确认检测、接口通断测试、校时信号传输测试、接口中断告警测试、接口中断恢复测试。

45. 专用电话系统与集中告警系统接口

接口通断测试、接口配置正常测试、告警信息传送测试、接口中断告警测试、接口中断恢复测试。

46. 无线系统与时钟系统接口

接口类型确认检测、接口通断测试、校时信号传输测试、接口中断告警测试、接口中断恢复测试。

47. 无线系统与集中告警系统接口

接口通断测试、接口配置正常测试、告警信息传送测试、接口中断告警测试、接口中断恢复测试。

48. 无线系统与车辆 TMS 接口

接口类型确认检测、接口通断测试、正常车辆状态信息传递测试、车辆故障信息传递测试、无线语音广播测试、接口中断告警测试、接口中断恢复测试。

49. 无线系统与信号系统接口

接口类型确认检测、接口通断测试、车辆信息上传测试、接口中断告警测试、

接口中断恢复测试。

50. 视频监视系统与车载乘客信息系统接口

接口类型确认检测、接口通断测试、接口正常速率测试、正常视频信号上传（低负荷）、多路视频信号上传测试（高负荷）、接口中断告警测试、接口中断恢复测试。

51. 广播系统与时钟系统接口

接口类型确认检测、接口通断测试、校时信号传输测试、接口中断告警测试、接口中断恢复测试。

52. 广播系统与集中告警系统接口

接口通断测试、接口配置正常测试、告警信息传送测试、接口中断告警测试、接口中断恢复测试。

53. 广播系统与信号系统接口

接口类型确认检测、接口通断测试、到站信息传送测试、正常到站广播触发测试、紧急情况到站广播触发测试、接口中断告警测试、接口中断恢复测试。

54. 时钟系统与集中告警系统接口

接口类型确认检测、接口通断测试、校时信号传输测试、告警信息传送测试、接口中断告警测试、接口中断恢复测试。

55. 时钟系统与自动售检票系统接口

接口类型确认检测、接口通断测试、校时信号传输测试、接口中断告警测试、接口中断恢复测试。

56. 时钟系统与信号系统接口

接口类型确认检测、接口通断测试、校时信号传输测试、接口中断告警测试、接口中断恢复测试。

57. 时钟系统与门禁系统接口

接口类型确认检测、接口通断测试、校时信号传输测试、接口中断告警测试、接口中断恢复测试。

58. 乘客信息系统与时钟系统接口

接口类型确认检测、接口通断测试、校时信号传输测试、接口中断告警测试、

接口中断恢复测试。

59. 乘客信息系统与集中告警系统接口

接口类型确认检测、接口通断测试、告警信息传送测试、接口中断告警测试、接口中断恢复测试。

单系统及接口调试完成后，建设单位应组织形成相关调试报告，作为综合联调开展的前置条件并及时提交至综合联调组织部门进行审核及归档。

第二节　综合联调的科目设置原则

一、科目设置总体原则

目前，我国城市轨道交通在综合联调方面无相关标准，很多已开通多条线路运营的城市都总结了一套适合各自发展的联调模式。综合联调调什么？怎么调？归根结底取决于对综合联调的认识，取决于期望通过综合联调取得什么样的成果，也取决于建设和运营的管理体制和融合程度。

我们认为，综合联调是在单系统和接口调试基础上的多系统、多人员联合调试，因此其和单系统调试、接口调试是有本质区别的。把单系统和接口调试的内容完全纳入综合联调来做，显然是不可取的。但对于部分运营单位来说，对建设单位组织的单系统和接口调试可能存在疑问，又希望尽可能多地在联调中验证部分单系统和接口调试的内容。

根据经验，综合联调可以从单系统和接口调试阶段就介入管理，单系统和接口调试仍由建设单位组织，运营单位参与所有测试，并对测试结果进行确认，单系统和接口调试作为综合联调的前置条件进行管理，这样就有效保证单系统和接口调试的质量，那么在此基础上开展的多系统综合联调也就有了保障。

在单系统和接口调试基础上的联调，在联调科目安排上应遵循基本的设置原则，根据具体线路及系统特点可有所不同。其主要目的是保证建设和运营的有效衔接，在确保设备功能的同时，提升设备使用人员的操作和应急水平。

综合联调科目的设置，大致可以分为 4 类，如图 5-1 所示。

不同城市对综合联调理解的不同，可能造成相应的科目划分和实施组织略有差异，但不影响最终的实施效果。

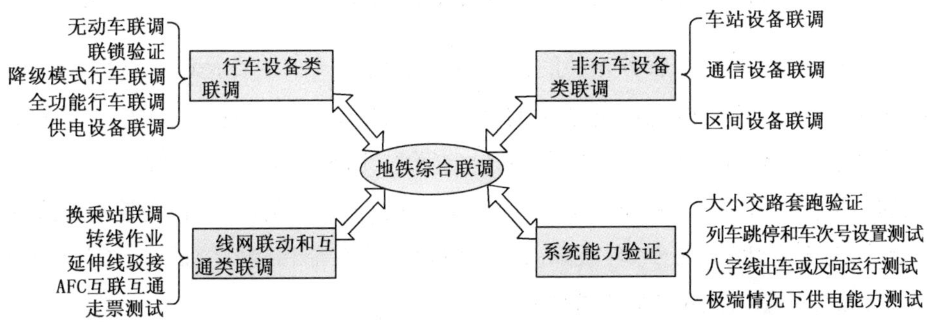

图 5-1　综合联调科目分类示意图

二、行车设备类综合联调科目设置建议

与列车运行相关的系统联合测试。主要是以信号系统为主的行车相关系统，包括车辆、供电等系统之间的功能测试及验证，主要内容应包括 ATS、ATO 系统调试，列车紧追踪及运行防护功能测试，车载乘客信息系统及广播系统测试，车辆、信号与站台门联动测试以及供电系统遥控/遥测/遥信及程控卡片测试。

不同的车辆和信号厂家，相应的系统功能略有差别，相关的术语描述也不尽相同，但总体功能要求是一致的。不同的地铁公司和不同线路，在科目内容划分上也可能存在差异，这都不影响整体实施的效果。相关的行车设备联调可以参考以下科目设置。

(1)无动车行车设备联调；

(2)正线联锁验证；

(3)车辆基地联锁验证；

(4)单列车行车设备联调(不同模式)；

(5)双列车行车设备联调(不同模式)；

(6)多列车行车设备联调(不同模式)；

(7)列车火灾联动及多列车车载视频调用联调(根据需要)；

(8)供电设备联调(含中央程控卡片测试)；

(9)列车抗干扰测试。

三、非行车设备类综合联调科目设置建议

与车站/区间运营服务相关的机电设备系统测试。主要是以综合监控为核心的车站/区间所有机电设备系统的联合功能测试(以功能抽测为主),如车站广播、电视监控、乘客信息、通风空调、导向照明、EPS、电扶梯、给排水、门禁等系统的功能测试及验证,验证控制中心、车站、现场三级控制及手/自动控制模式的一致性与稳定性。部分综合联调内容已包含在单系统和接口测试中已完成的项目中,综合联调组织可采用功能抽测为主。

消防应急系统联合测试。主要是测试与消防相关的 FAS 及相关设备的联动情况,包括火灾报警、气体灭火、消防切非、车站/区间风机联动、车站模式变更等,验证在正常及非正常工况下消防设备系统的运行及模式转换等。该部分功能主要以设备联动和人员快速处置为主,涉及乘客安全疏散的所有设备功能应逐一验证和测试,对车站人员的应急处置情况还应进行总结和评价。相关的非行车设备类联调可以参考以下科目设置:

(1)全线各车站设备联调[根据车站进度,车站种类安排(含火灾联动测试)];

(2)区间设备联调(根据区间设备设施调试进度安排,必要时可分段);

(3)通信设备联调;

(4)弱电系统抗干扰测试。

四、线间联动及线网互通联调科目设置建议

主要围绕与既有运营线路相关的测试内容展开,测试新线与既有线间的设备及人员联动情况,检验全线网情况下的设备互联互通能力及应急指挥模式,包括:

(1)延伸线综合监控系统、信号系统、通信系统、AFC 系统接入既有线联调;

(2)线网 AFC 互联互通及走票测试;

(3)换乘站火灾模式联调;

(4)联络线列车转线作业验证。

五、系统能力验证联调科目设置建议

主要围绕运营部门对设备设施的熟练和对应急处置能力的提升展开。该部分测试科目主要以车辆、信号、供电等行车设备为主，兼顾正常和极端情况下的客服设备功能验证。建议在空载试运行前对涉及行车安全的各项功能及技术指标进行逐一测定，将其作为运营开通试运营的主要技术支撑。行车及供电相关的功能验证，主要是验证行车及供电系统能够保障电客车安全、稳定、可靠地按照规定的运行图正常运行，车站能够以开通试运营为标准提供乘客服务，包括列车区间阻塞模式测试、接触网供电方式调整测试、供电系统负荷测试等。该部分可以检验极端情况下的设备运营能力，为极端情况下的应急运营组织提供支撑。同时，通过极端情况下的能力验证，检验运营指挥、人员操作的实际水平，包括：

(1)出入段线八字进路出车及客服设备验证；

(2)大小交路套跑演练；

(3)列车跳停和车次号设置演练；

(4)牵引供电系统单边、大单边、大大单边、大双边供电调整演练；

(5)主变电所退出运行环网联络供电演练。

第三节　综合联调主要特点及重难点分析

一、综合联调主要特点

1. 行车设备类联调主要特点

地铁轨道、供电、车辆、信号等系统是保证列车行车安全的重要设备，行车设备联调是多系统行车条件下的动态综合性测试验证，也是结合动车调试和空载试运行进行的人员与设备的初期磨合阶段，是后续安全行车的重要保证。

与一般科目综合联调不同，行车设备类联调还有以下突出特点：

(1)实现行车设备的综合接口动态验证

行车设备联调主要是通过列车，动态地对轨道、接触网、车辆、信号以及站台门等与行车设备接口功能的验证，是动态模拟行车的多系统功能的集中体现。相对于单系统动车和接口调试，更能暴露出设备接口调试和动态运行下的缺陷，特别是设备接口的可靠性、稳定性、多方接口的匹配性和一致性缺陷。

(2)检验综合行车调试下的规章和人员配合

行车设备类联调是按照行车标准对设备、规章与人员间磨合程度的综合检验，从这个角度上说，行车设备联调只能由运营单位组织。若由建设单位进行行车设备联调的组织工作，则只能停留在设备功能验证的层面，无法对行车规章、指挥流程和人员培训效果进行综合检验。行车设备联调可以串联起运营各个岗位的综合运作，从中央调度的行车组织，到驾驶员的按指令行车，从车站的列车到发作业及安全卡控，到车场及维保人员的综合保障，更能检验运营筹备规章、运作和培训中的不足。

2. 非行车设备类联调主要特点

非行车设备类联调主要指不需要列车运行来开展的各项综合联调工作，主要是对站内及区间机电设备功能的抽检与验证，其重点在于多系统之间的应急联动功能的验证，同时，还需要通过联调实施，对参与测试的各岗位运营人员，包括中央调度、车站值班员等对应急情况下的处置流程及操作进行实战培训及演练，可以说其是试运营后车站安全软、硬件方面的双重检验。

非行车设备类联调一般来说具有以下鲜明特点：

(1)联调现场情况复杂

联调现场指为了完成制定的联调测试任务，相关测试人员和设备需要进入、占用、管控甚至封锁的站点、区间或其他位置，与建设施工阶段相比，综合联调在现场环境方面都更为复杂，联调期间，接触网已经带电，各机电设备已经正常运转，列车也已在全线不同区段进行动车调试。因此，对于非行车设备联调的组织工作来说，必须做好严格的现场卡控，任何一点疏漏都可能造成严重的人员和设备损失，甚至是酿成安全责任事故。

(2)非行车设备联调人员数量多、构成复杂、分布位置广

以车站设备联调为例，一次联调的参与人员一般在100人以上，来自运营、建设、设计、监理、施工安装和系统承包商等数十家不同单位，人员构成复杂。测试人员分布在正线区间、OCC、沿线车站站厅、站台和不同设备房内，空间上非常分散。跨单位、多场合的现场人员调度配置及协调配合的特点很明显。

(3)测试项目多,单科目用时长

以成都地铁车站设备联调为例,为尽可能对各机电系统单体及联动功能有充分的检验,单科目的功能测试项一般在300项以上,如果在联调过程中发现部分系统未通过项较多,还会现场加大测试覆盖范围,测试时间通常在8h左右,区间设备联调更是可能长达数日。同时,不同测试内容之间往往在时间及空间需求上发生重叠,现场需要强有力的组织协调,及时合理调配现场资源,避免或降低各测试项之间的作业冲突。图5-2为车站设备联调时车控室操作人员。

图5-2 车控室联调操作人员

3. 线网互通类联调主要特点

顾名思义,线网互通类联调指涉及两条或两条以上线路的联调科目,由于延伸线路接驳同样涉及新线与既有线路,也可以看作一种特殊的线网互通类联调。

随着城市轨道交通线网规模的不断扩大与客流的不断增加,导致行车间隔不断压缩,运营交路可能日趋复杂,也使得故障处理的容错率越来越低,某个细小环节的失误都可能导致较大晚点事件的发生,任何一条线路的问题,都有可能引起相邻其他线路的冲击,甚至波及整个线网,因此,线网互通类联调的重要性随着线路增加而不断凸显,其具有一些单线联调所不具有的独特特点:

(1)对既有线影响大,联调实施限制条件多

新线综合联调开展的首要前提就是不能对既有线路正常运营造成影响,实施方案需进行专题研究分析,甚至组织进行专门的专家评审。实施时间一般都需安排在夜间停运后进行,且受到动车调试等影响,限制条件很多,往往容易对计划兑现率造成影响。

(2)科目实施涉及多线运营人员参与,彼此协作是测试重点

应该说线网类联调中真正测试的重点内容在于多线路运营人员(甚至可能

是不同运营主体)之间的协调配合能力,双方乃至多方运营之间的处置流程及规章制度等是否一致,通过联调可以得到较为具体的检验。

(3)线路之间的设计及系统功能可能存在差异

由于建设时间存在先后,新建线路与既有线路之间可能在功能设计等方面存在一定差异,在联调中需着重考虑这种差异带来的影响。

二、综合联调重难点分析及注意事项

1. 综合联调的重点和难点分析

综合联调从内容和科目上来看,不同线路差别不大,但从具体特点上分析,却有许多不同之处需要引起重视。

(1)线路特点及与线网之间的关系

包括不同线路(例如延伸线路、高架线路,环形线路等),不同控制中心(例如合用控制中心),不同的出入段线(两端出车和一端出车、八字线出车、联络线等)的联调重点各不相同。

(2)动车调试及接口调试进度

行车设备联调受制于信号系统动车调试及接口调试进度,在科目计划安排上要重点结合动车调试和进度来安排。在某条地铁线路的调试过程中就遇到过前期车辆磨合不充分,导致动车调试冲标的情况。

(3)不同设备的差异和稳定性

不同信号厂家的设备是不同的,相应的功能也有差别。由此引起的还有一线人员的适应性问题,由于不同设备的操作差异,使得调度和驾驶员在操作过程中往往容易引起人为失误。另外,由于前期动车调试时机不够,相关设备的可靠性问题也需要在后期重点考虑,例如计轴设备误动、板卡死机等。

(4)开通标准及工期匹配

根据最终的工期计划,结合动车调试进度和空载试运行安排,新开通线路的开通标准对行车设备联调的组织计划也将带来影响,所以需要统筹考虑。

行车设备联调是整个综合联调工作中的重中之重,是开通试运营的关键。但由于信号动车调试往往是工期的关键瓶颈点,因此行车设备联调往往又受到许多因素制约。

(1)受制于动车调试进度

一般来讲,完全在信号系统动车调试完成后开展行车设备联调并不现实。由于工期原因,一般行车设备联调的科目内容需要穿插到动车调试的过程中进行,以尽可能减少信号动车调试和行车设备联调对后续空载试运行和开通的影响,确保早日开通。因此,动车调试的进度是首先需要考虑的,在动车调试的基础上,合理安排相关科目的联调验证,既是对动车调试过程的检验,也是提高综合联调组织效率的关键。行车设备联调如图5-3所示。

(2)受制于轨行区计划

动车调试开始时,轨行区的施工已基本完成,包括冷、热滑等工作,但由于各种原因,可能导致轨行区还存在一定尾工,例如民用通信施工、广告灯箱整改和上画等。同时轨行区还有例行的检维修工作,都会对整体调试进度带来影响。行车设备联调和供电设备联调都涉及轨行区占用和对轨行区调试的影响,因此,在轨行区的计划安排上容易冲突。

图5-3 行车设备联调

(3)面临的安全风险大

行车设备联调由于是通过电客车进行的调试,前期设备隐患和缺陷都将带来潜在的安全隐患,例如设备安装不牢侵限、安全卡控不严导致人员违章进入轨行区、人员操作不熟违章、设备系统调试不彻底的功能缺陷等。这类情况在国内地铁的联调过程中已有相关的事故和案例。

行车设备联调科目的组织,仍必须遵守"先动车调试后联调,再逐步投入空载"的程序,涉及系统功能投入使用,需承包商提供证明文件或安全认证报告。例如车辆型式试验合格报告、信号系统联锁投入许可报告、第三方安全认证报告等。通过流程上的卡控,减少综合联调的安全风险。

2. 综合联调实施的注意事项

综合联调涉及的系统比较多、接口也比较复杂,在组织联调之前,必须结合线路特点,进行针对性的准备。

(1)与相关接口的匹配性

行车设备联调涉及限界、轮对关系、弓网关系、车辆、信号和站台门等多个系统的接口，不同的线路、不同的承包商在接口方式处理上有所不同。测试和验证的功能也有所差异。

(2)与线网既有线的关联和影响

行车设备联调主要是对新开通线路的行车设备进行综合性行车组织验证，这与新开通线路在线网中的地位和关联程度(延伸线、控制中心合设、主变电所共用等)、联络线的设置情况以及拟开通的行车水平都有直接关系。行车设备联调从线网层面必须考虑相应接口的匹配性，从运营管理层面考虑调度指挥和行车管理的一致性，从应急维保层面考虑设备恢复的快速性。

(3)动车调试工期进度

由于开通工期原因，一般行车设备联调只能穿插到动车调试过程中进行。动车调试完成后，只能通过合理的轨行区安排组织进行联调验证，而这个时候的轨行区往往是最紧张的，需要综合考虑。

原则上，对于行车设备以及涉及消防、安全的测试内容，在试运营基本条件评审时不允许有不通过项(含整改补测)，必须充分引起重视，力争提高一次性通过率，减轻整改阶段的工作强度与压力，在实施过程中应重点抓好以下方面的工作：

(1)应充分发挥运营公司的主体作用

综合联调，特别是行车类联调涉及较多的调度指挥和动车调试，不仅是对设备功能的验证，更是对人员运作模式的检验。因此，在联调过程中，应全面由运营人员主导，按既定的联调方案组织实施。由建设单位或咨询单位主导综合联调，极有可能把联调变成了又一次承包商的调试组织，不利于多系统接口、多专业配合、多部门协调指挥的验证。

(2)做好安全措施，确保调试安全

综合联调与安全相关，无论是动车调试、供电调试、区间调试还是站内设备测试，都需要做好安全卡控措施，确保联调的绝对安全。联调实施前、实施中和实施后均应有相应的安全专项措施，特别是涉及既有运营线路时，更应反复论证方案。

(3)联调方案要细，总结分析要透

联调涉及较多的具体指标分析，应细化方案，责任到人，确保基础数据的准确和完整。同时，依据合同对测试数据进行综合分析，提高测试总结评估报告的质量。

3. 行车设备联调与动车调试、空载和演练的关系

(1)与动车调试的关系

动车联调早于行车设备联调，从时间顺序上来看，一般是轨行区冷热滑完成、信号联锁一致性验证完毕后，开展信号动车调试工作，动车调试前期还必须穿插完成车辆型式试验工作，因为车辆型式试验的结果直接会对后续 CBTC 的调试产生影响。行车设备联调分为不动车和动车两类联调，联调的前提是前期已完成相应的测试，不动车联调主要是检查信号系统室内外一致性和区间设备的调试情况，为后续动车调试做准备；动车联调主要是结合动车调试的阶段性成果展开，可分为带联锁验证的热滑（动车条件下的联锁进路验证）、点式 ATP 功能验证和 CBTC 全功能验证几个阶段。由于工期原因，一般需要结合动车调试进度，进行穿插安排。

动车调试是行车设备联调的基础，动车调试没有完成或者没有成功，将直接制约相应科目的行车设备联调。行车设备联调又往往需要结合动车调试进度穿插安排，为整体工期赢得时间。

(2)与空载试运行的关系

行车设备联调是直接面向行车的设备综合性功能验证，也是人员一致性的检验。行车设备联调暴露的问题必须得到整改，才能保证空载试运营的质量和水平。

从时间顺序上看，行车设备联调的相应功能必须在投入空载试运行前得到验证，否则在空载试运行时就会批量爆发，导致空载中断或难以满足空载要求。由于工期关系，即使行车设备联调必须和空载试运行穿插起来进行安排，这一原则也必须遵守。

从这种角度上看，行车设备联调的功能可以视为空载试运行前的一次全面功能验证和演练，只有行车设备联调科目验证过关，才能保证空载试运行不出问题。如果时间紧迫，不同的行车设备联调科目安排可以结合不同阶段的空载试运行安排，按照联锁、点式 ATP 和 CBTC 分阶段投入空载试运行进行穿插安排。

(3)与运营演练的关系

行车设备联调是行车设备整体功能的验证，也是空载试运行的必要条件。

但由于时间关系，一两次行车设备联调往往难以全面反映设备与人员的磨合状态。因此，结合行车设备联调和空载试运行开展相应的运营演练就十分必要。

运营演练是对假想设备故障情况下开展的设备降级功能和人员应急处置验证工作，包括临时大小交路折返、信号设备降级运行（点式、联锁或电话闭塞法）、越区供电等等。运营演练的重心在于设备降级能力和人员应急水平的检验，与行车设备的联调有所区别。运营演练往往结合实际具体情况，往往会开展多次，或者会进行常态化的科目演练，以提高运营一线人员实操水平。

第四节　综合联调主要内容介绍

一、行车设备类综合联调

行车设备类联调是将地铁线路、信号、机车车辆、旅客信息、安全门、通信、供电等专业，通过行车调度系统的统一调度指挥，用电动客车组进行地铁列车牵引、运行、制动、信号、通信、开关安全门、车地传递视频信息的综合性试验。行车设备联调的目的是在地铁线路正式运营前发现问题并予以解决，是空载试运行的基础，也是开通试运营的重要保证。

1. 行车设备类综合联调总体内容

根据不同阶段的调试安排，行车设备联调的内容大致可以分为以下几个部分，见表5-1。

行车设备类综合联调主要内容表　　表5-1

科　目	主要内容	备　注
型式试验	包括牵引、制动、动力学、电磁兼容、限界、小曲线、安全设备检查、噪声测试等试验项目	由专业承包商组织，联调人员全程参与和见证
无动车联调	包括信号系统室内外一致性验证、进路排列一致性验证、IBP盘及扣车功能验证等	
联锁验证	带联锁进路的热滑验证，包括正线和车辆基地两个部分	

续上表

科　目	主要内容	备　注
后备模式联调	降级情况下单列车、双列车和多列车的功能和行车指标验证	
全功能 CBTC 联调	全功能情况下单列车、双列车和多列车的功能和行车指标验证	
供电设备联调	变电所三遥功能验证和应急情况下的供电设备能力验证	

由于不同信号厂家在系统设计和专业术语上略有不同,具体方案应根据承包商合同进行编制并做适当调整。

各科目内容与线路长度有直接关系,某一科目可能安排两次甚至多次测试,也可能为分段或分区域测试,具体在组织实施时也可能采用两列车或多列车进行,也可能为提高效率采取多组人员方式进行组织。

2. 车辆型式试验

车辆型式试验一般由承包商组织,需要采用专用的工器具进行。由于车辆型式试验的重要性及超速试验的危险性等原因,也可考虑在综合联调机构的见证下进行开展。车辆型式试验主要依据《铁路设施—铁路车辆—车辆组装和运行前的整车试验》(IEC 61133—2006)《城市轨道交通车辆组装后的检查与试验规则》(GB/T 14894—2005)和《地铁车辆通用技术条件》(GB/T 7928—2003)等相关标准开展。

车辆型式试验内容主要包括:限界试验、称重试验、牵引及制动性能试验(加速度、减速度、最高运行速度、制动距离、冲动测试、再生制动、电空配合、紧急制动、空转滑行试验、空气制动气密性及压力试验、停放制动试验、强迫缓解试验等)、绝缘耐压试验、噪声试验、能耗试验、车体挠度试验、转向架均衡试验、受电弓受流性能试验、各种保护动作试验、列车故障运行能力测试、坡道救援试验、最小曲线半径试验、照度试验、列车平稳性指标测试、动力学试验、动应力试验、电磁干扰试验等。

3. 无动车行车设备综合联调

无动车联调主要是为后续动车联调进行的前期准备工作,主要测试内容包括：

(1)核对车站 ATS 工作站上信号机、计轴、道岔等信号设备的一致性。

(2)站控模式下，车站值班员进行联锁集中站的进路和道岔操作，在排列基本进路和单操道岔时，核对室内外信号设备的一致性，由站务和信号人员共同确认，显示正确，且操作可用。

(3)核对 IBP 盘和实际站场图显示是否一致，由站务和信号人员共同确认，显示正确。

(4)按压本联锁区包含的所有站的上行和下行紧急停车按钮(IBP 盘及站台均按压)及取消紧停按钮，信号人员配合确认继电器动作情况。

(5)按压本联锁区包含的所有站的上行和下行扣车按钮及取消扣车按钮信号，人员配合确认继电器动作情况。

(6)对联锁主机进行主备倒切后，检查联锁设备是否工作正常。

(7)关闭 ATS 工作站 A 网/B 网，测试 ATS 工作站单网工作是否正常。

综合联调范围内的正线全线(上、下行)，车辆基地，出入段线的正向、反向，折返进路排列及动车验证。

4. 联锁验证

联锁验证主要包括正线和车辆段两个部分，根据设计进路，进行人工进路排列，依次动车进行各联锁进路的验证。根据工作安排的不同，可以安排两列或多列车同时进行，包括折返进路测试和正反向进路测试。由于本次联锁验证与前期无动车的一致性验证不同，本次联锁验证还将对弓网关系和 800M 通信情况进行测试。

联锁验证完成后，为提高动车调试效率，信号系统的联锁功能就可以投入正常使用，将大大减少人工手摇道岔和钩锁时间，因此该科目的联调应在动车调试完成联锁测试后尽快安排。

5. 后备模式联调

根据上线车辆数量的不同，又分为单车、双车和多车后备模式的功能测试。

1)单列车后备模式测试

主要测试单车后备模式下的各项功能是否正常，包括后备模式 ATP 测试操作和后备模式 ATO 测试操作两个部分。

(1)后备模式 ATP 测试内容

后备模式 ATP 下的主要测试内容见表 5-2。

单车后备模式下 ATP 测试内容表 表 5-2

序号	测试项目	测试内容	备注
1	RM 切换到不可用模式测试	列车以 RM 模式出段过程中(后备模式 ATP 不可用),转信号模式为后备模式 ATP 不成功,列车不触发 EB,继续以 RM 模式运行	低级运营模式转高级运营模式不会触发 EB,只有高级模式转低级触发 EB
2	列车在转换轨完成定位测试	列车在车辆段发车时只有 RM 模式可用,在信号机前列车正确读取两个静态信标后,列车获取定位,正确显示列车定位图标,可用模式状态正常,后备模式 ATP 发车指示窗显示正常;能在动态信标前停车,后备模式 ATP 可用	
3	列车从 RM 模式切换到后备模式 ATP 测试	在 RM 模式下驾驶列车前行,驾驶员在不停车的情况下切换到后备模式 ATP,列车以后备模式 ATP 模式正常运行	
4	列车完整性测试	列车以后备模式 ATP 运行,车辆配合人员断开对端列车完整性检测装置,模拟列车完整性丢失,测试列车触发 EB,定位丢失;列车停稳后在 RM 模式下缓解 EB,恢复列车完整性,此时后备模式不可用,以 RM 模式进站对标停车	
5	三取二冗余功能测试	列车在区间在后备模式 ATP 运行过程中,人工模拟 ATC 三取二设备不能正常工作,按照 ATC 设计原则变为二取二,不影响行车,列车继续以后备模式 ATP 运行至前方车站站台对标停车	

续上表

序号	测试项目	测试内容	备注
6	车门防护测试	列车在区间以后备模式ATP运行过程中,车辆模拟车门关闭锁紧信号丢失(车辆配合人员拉动车门紧急解锁手柄),DMI显示车门关闭信号丢失,列车切除牵引。区间停车后,驾驶员按压开门按钮,列车门不动作,推牵引手柄,列车不能启动	
7	信号闯红灯防护测试	驾驶员以后备ATP驾驶列车闯红灯出站,触发EB,停车后缓解EB,后备模式ATP不可用	
8	列车未读取预告信标测试	测试列车以后备模式ATP发车,前方信号机红灯,列车无法读取预告信标(断电),按推荐速度行车,在前方信号机前停车点速度码下降直到停车	
9	后溜防护测试	测试列车以后备模式ATP出站,在区间停车(上坡),列车停稳后,驾驶员将司控手柄放置0位,在后备模式ATP下列车发生后溜现象,当后溜大于0.5m,车载ATC触发EB防护	
10	列车定位误差测试	测试列车在区间运行,观察列车运行经过动态信标时的位置偏差不大于5m	
11	后备模式下,ATS对列车的监督、显示和追踪	测试列车在区间运行,观察ATS对后备模式ATP列车的监督、显示和追踪情况,包括正确显示列车占用位置及设备状态、列车图标显示为粉色、车次号追踪列车移动	
12	驾驶室DMI显示测试	测试列车在区间以后备模式ATP运行,观察驾驶室DMI显示:列车记录列车定位;实际速度;紧急制动的实施;驾驶模式后备模式ATP、RM;列车准确停站指示;门模式的转换和表示;车门/站台门控制及门状态表示;车门选项显示等是否正确	
13	与站台门接口功能及性能测试	测试列车在区间以后备模式ATP运行,每站停车后正常开关站台门。站台门打开后,该站出站信号机显示红灯,站台门关闭后,进路开放,该站出站信号机显示绿灯,后备模式ATP可用	
14	出站动态信标正常读取测试	驾驶员驾驶列车在车站站台发车,前方出站信号机开放绿灯,后备模式ATP可用,建立后备模式ATP正常,读取动态信标后正常出站	

续上表

序号	测试项目	测试内容	备注
15	预告信标(VBY)正常读取测试	测试列车以后备模式ATP发车,前方出站信号机开放绿灯,列车正常读取预告信标,按推荐速度行车正常通过出站信号机。测试列车读取动态信标是否正常以及移动授权是否延伸至下一个动态信标,列车按推荐速度正常行驶	
16	主体信标正常读取测试	测试列车在车站以后备模式ATP出站,出站信号机开放绿灯,列车正常读取主体信标,按推荐速度行车正常通过该动态信标,测试列车读取动态信标是否正常以及移动授权是否延伸至下一个动态信标,列车按推荐速度正常行驶	
17	后备模式ATP下的强制超速测试(EB触发)	测试列车以后备模式ATP运行,驾驶员以最大牵引力加速,列车速度超过EB触发速度后,触发EB。列车未停止前驾驶员确认EB,EB不能缓解。停车后,缓解EB。缓解后列车定位不丢失,以后备模式ATP继续运行	
18	RM限速下强制超速测试(EB触发)	测试列车在区间以RM模式运行,驾驶员以最大牵引力加速,列车速度超过EB触发速度后,触发EB。列车未停止前驾驶员确认EB,EB不能缓解。停车后,缓解EB。缓解后列车定位不丢失,以RM模式继续运行	
19	站台紧急停车测试	当列车以后备模式ATP进入站台,进站前按压车站IBP盘下行紧停按钮,该站出发信号机关闭,列车以后备模式ATP进入车站,在红灯前对标停车;取消紧急停车后,进路开放,列车继续以后备模式ATP出站运行	
20	信标天线故障测试	测试列车以后备模式ATP出站,当列车通过预告信标后,低速行驶,同时断开信标天线电源,列车在行进过程中无法正常读取新标,触发EB。列车停车后,此EB仅能在RM模式下缓解,此时后备模式ATP不可用	
21	出站动态信标未能正常读取测试	列车在车站出站时,断开信标天线电源,以后备模式ATP未能正常读取动态信标出站。驾驶员动车后触发EB,停车后缓解该EB,定位不丢失,但后备模式ATP不可用	
22	列车退出正线ATC监控区域,不停车转换驾驶模式测试	列车退出正线ATC监控区域,车场调度提前开放入段信号,列车在车辆段入段信号机前,从后备模式ATP不停车转换到RM模式入段	

(2)后备模式 ATO 测试内容

后备模式 ATO 的主要测试内容见表 5-3。

单车后备模式 ATO 测试内容表

表 5-3

序号	测试项目	测试内容	备注
1	RM 切换到不可用模式	测试列车以 RM 模式出段过程中(后备模式 ATO 不可用),转信号模式为后备模式 ATO 不成功,列车不触发 EB,可继续以 RM 模式运行	低级运营模式转高级运营模式不会触发 EB,只有高级模式转低级模式才触发 EB
2	列车在转换轨完成定位测试	测试列车从车辆段发车后只有 RM 模式可用,在信号机前列车正确读取两个静态信标后,列车获取定位;在动态信标前停车,后备模式 ATO 可用	
3	RM 切换到后备模式 ATO 的测试	测试车驾驶员在信号机前以 RM 模式驾驶列车前行,可实现不停车切换到后备模式 ATO,列车以后备模式 ATO 运行	
4	列车完整性测试	测试列车在区间以后备模式 ATO 运行,车辆配合人员断开对端列车完整性检测装置,模拟列车完整性丢失,测试列车触发 EB;列车停稳后在 RM 模式下缓解 EB,恢复列车完整性	
5	三取二冗余功能测试	列车在区间以后备模式 ATO 运行过程中,人工模拟 ATC 设备三取二不能正常工作,按照 ATC 设计原则变为二取二,不影响行车,列车继续以后备模式 ATO 运行至前方站台对标停车	
6	车门防护测试	列车在区间以后备模式 ATO 运行过程中,车辆模拟车门关闭锁紧信号丢失(车辆配合人员拉动车门紧急解锁手柄),DMI 显示车门关闭信号丢失,列车切除牵引。区间停车后,驾驶员按压开门按钮,列车门不动作,推牵引手柄,列车不能启动	
7	信号闯红灯防护测试	设置前方出站信号机红灯,驾驶员以后备模式 ATO 尝试发车,列车无法发车	
8	列车未读取预告信标测试	测试列车以后备模式 ATO 发车,前方信号机红灯,列车无法读取预告信标(断电),按推荐速度行车,在前方信号机前停车点速度码下降直到停车	
9	列车定位误差测试	测试列车在区间以后备模式 ATO 运行,观察列车运行经过动态信标时的位置偏差不大于 5m	

续上表

序号	测试项目	测试内容	备注
10	后备模式下，ATS对列车的监督、显示和追踪测试	测试列车在区间以后备模式ATO运行，观察ATS对后备模式ATP列车的监督、显示和追踪情况，包括正确显示列车占用位置及设备状态、列车图标显示为粉色、车次号追踪列车移动	
11	驾驶室DMI显示测试	测试列车在区间以后备模式ATO运行，观察驾驶室DMI显示的下列信息：列车记录列车定位；实际速度；紧急制动的实施；驾驶模式；列车准确停站指示；门模式的转换和表示；车门/屏蔽门控制及门状态表示；车门选项显示等	
12	与站台门接口功能及性能测试	测试列车在区间以后备模式ATO运行，每站停车后正常开关站台门。站台门打开后，该站出站信号机显示红灯，站台门关闭后，进路开放，该站出站信号机显示绿灯，后备模式ATO可用	
13	出站动态信标正常读取测试	驾驶员驾驶列车在车站站台发车，前方出站信号机开放绿灯，后备模式ATO可用，建立后备模式ATO正常，读取动态信标后正常出站	
14	预告信标(VBY)正常读取测试	测试列车以后备模式ATO发车，前方出站信号机开放绿灯，列车正常读取预告信标，按推荐速度行车正常通过出站信号机。测试列车读取动态信标是否正常以及移动授权是否延伸至下一个动态信标，列车按推荐速度正常行驶	
15	主体信标正常读取测试	测试列车在车站以后备模式ATO出站，出站信号机开放绿灯，列车正常读取主体信标，按推荐速度行车正常通过该动态信标，测试列车读取动态信标是否正常以及移动授权是否延伸至下一个动态信标，列车按推荐速度正常行驶	
16	后备模式ATO下的强制超速测试(EB触发)	测试列车以后备模式ATO运行，驾驶员以最大牵引力加速，列车速度超过EB触发速度后，触发EB。列车未停止前驾驶员确认EB，EB不能缓解。停车后，缓解EB。缓解后列车定位不丢失，以后备模式ATO模式继续运行	
17	站台紧急停车测试	当列车以后备模式ATO进入站台，进站前按压车站IBP盘下行紧停按钮，车站出发信号机关闭，列车以后备模式ATO进入车站并触发EB	

续上表

序号	测试项目	测试内容	备注
18	DMI 故障测试	测试列车以后备模式 ATO 出站,关闭 DMI 电源,此时触发 EB;列车停车后,此 EB 仅能在 RM 模式下缓解;EB 缓解后,在 RM 模式下恢复 DMI 电源,DMI 恢复正常,后备模式 ATO 可用	
19	主体信标未能正常读取测试	测试列车以后备模式 ATO 出站时,当列车通过预告信标后,低速行驶,同时断开信标天线电源,列车在行进过程中无法正常读取主体信标,导致触发 EB	
20	出站动态信标未能正常读取测试	列车在车站以后备模式 ATO 模式出站时,此时断开信标天线电源,系统因未能正常读取动态信标触发 EB,停车后缓解该 EB,定位不丢失,但后备模式 ATO 不可用	

2)双列车后备模式测试

双列车后备模式,是在单列车后备功能基础上开展的两列车后备模式的追踪和折返能力验证,主要包括以下内容。

(1)双车 8min 列车追踪及追踪安全间隔

具备后备功能的两列车准备从车辆基地出发,依次进入正线,在出段过程中完成出段线上安全追踪间隔相关进路测试及列车出场时分查定,相关查定时间应满足设计要求。

(2)双列车 3.5min 设计追踪间隔追踪能力及折返能力验证

列车以后备模式 ATO 运行一圈,追踪间隔 3.5min,分别测试并验证相关的追踪能力和折返时间指标,追踪测试数据应满足设计合同要求。

(3)双列车后备模式折返“2min”间隔折返能力验证

测试终点站两列车同时折返的能力,根据车站配线的不同,选择最小折返间隔的相关进度进行测试,期间这两列车的车载调试组人员记录列车折返、发车及到站时间。

(4)双列车后备模式故障降级运行及 NRM 模式折返能力验证

测试列车 1 在站台停稳后报行调:“后备模式不可用”,以 NRM 模式进行折返。测试列车 2 随后同样采用 NRM 模式进行折返,两辆测试列车的车载调试组

人员记录列车折返、发车及到站时间。相关时间指标应满足设计合同要求。

3)多列车后备模式测试

主要在单列车和双列车后备模式测试的基础上,测试多列车后备模式下的各项技术指标是否达到合同要求,具体内容包括:

(1)多列车5min间隔(也可适当缩短)运行图测试以及车辆和行车设备的技术状态检验(大交路);

(2)信号设计与实际运行情况下区间运行时分、折返时间及停站时分查定;

(3)车载无线台与信号车组号、追踪号和位置信息接口测试,通信场强检查等;

(4)多列车3.5min设计追踪间隔追踪能力验证(大交路)。

本科目测试具体上线列车根据测试需要进行安排,建议不少于5列车,具体最终间隔可依据合同进行设定。

6. 全功能CBTC联调

根据上线车辆数量的不同,又分为单车、双车和多车CBTC的功能测试。

1)单列车CBTC测试

单列车CBTC功能测试主要包括ATP功能动车验证、车辆与行车设备技术状态检验测试和区间运行时分及停站时分查定测试几个部分。

(1)ATP功能动车验证

ATP功能动车验证的主要测试内容见表5-4。

单列车CBTC动车验证测试内容表 表5-4

序号	测试项目	测试内容	备注
1	列车在转换轨完成车头筛选	测试列车头部越过车辆段出段线计轴磁头,完成车头筛选。未完成筛选前,只有RM模式可用,列车正确读取信标1后,ATP模式可用;列车自动升级为ATP模式运行	
2	列车在转换轨完成车尾筛选	测试列车尾部越过车辆段出段线计轴磁头,完成车尾筛选,自动升级为ATP模式运行	
3	车站扣车测试	测试车以ATP模式运行至接近车站站台,移动授权已覆盖出站信号机。车站值班员配合按下站台扣车按钮,移动授权回缩到该进路保护区段。测试列车进站停车,CC禁止列车发车	

续上表

序号	测试项目	测试内容	备注
4	车门防护测试	测试列车以 ATP 模式从站台发车，列车进入区间后，车辆模拟车门关闭锁紧信号丢失（车辆配合人员断开相应端子线），DMI 显示车门关闭信号丢失，列车牵引被切除，ATP 模式不可用且不能动车。恢复车门关闭锁紧信号后，列车以 ATP 模式继续运行	
5	列车在信号机前停车测试	测试列车从站台以 ATP 模式发车，前方出站信号机自动开放，移动授权覆盖该信号机。列车在信号机前方准备发车，此时人工取消出站信号机信号，测试列车移动授权回缩到信号机处，观察进路解锁所需时间	
6	列车完整性丢失测试	测试列车在区间以 ATP 模式运行，车辆配合人员断开相应端子，模拟列车完整性丢失，测试列车紧急制动，同时 ZC 将列车所在区段设置为完整性监测区域，禁止列车进入，在 ATS 上发出报警信息	
7	反向运行防护测试	排列测试列车的反向进路。测试列车以 ATP 模式从车站发车后，移动授权最远到前方车站信号机	
8	列车丢失通信紧急制动测试	测试列车以 ATP 模式从车站出发后，关闭测试车两端通信开关。测试列车通信中断，5s 后触发紧急制动	
9	ATS 对 ATP 列车的监督、显示和追踪测试	测试列车以 ATP 模式在区间运行，ATS 能正确显示列车占用位置及设备状态，通信车与非通信车图标显示正常，车次号追踪列车移动正常	
10	驾驶室 DMI 显示测试	列车以 ATP 模式在区间运行，观察驾驶室 DMI 显示的下列信息：列车记录列车定位；实际速度；紧急制动的实施；驾驶模式 ATO、ATP，后备模式 ATO，后备模式 ATP、RM；列车准确停站指示；门模式的转换和表示；车门/屏蔽门控制及门状态表示；车门选项显示等	

续上表

序号	测试项目	测试内容	备注
11	与屏蔽门接口功能及性能测试	列车以ATP模式在区间运行,每站停车后以手动模式开关屏蔽门。屏蔽门打开后,观察相应ATS显示,注意各站显示是否一致	ATP模式为人工驾驶,开关门只能选择手动模式
12	RM切换到ATP-CBTC模式	测试列车驾驶员以RM模式驾驶列车,在RM模式下驾驶列车前行,进入无线正常区域列车自动升级为ATP-CBTC模式	
13	CBTC切换到后备模式ATP	测试列车停在车站出站信号机前,并按压后备模式/CBTC按钮,并按压DMI上的强制键,进入后备模式后按压RM模式按钮,进入RM模式。以RM模式出站后,列车读到下一个后备模式初始化信标后,若前方信号机为允许信号,将自动转换为后备模式ATP模式	
14	ATP-CBTC下的强制超速测试(EB触发)	测试列车在区间以ATP模式运行,驾驶员以最大牵引力加速,列车速度超过EB触发速度后,触发EB。列车未停止前驾驶员确认EB,EB不能缓解。停车后,缓解EB。缓解后列车定位不丢失,以ATP模式继续运行	
15	站台紧急停车测试	测试列车从区间运行至前方车站,前方车站站务配合按压车站IBP盘紧停按钮,列车出发信号机关闭,列车移动授权回缩到进站口。 测试列车在进站口停车,取消紧停后,重新开放出站信号,测试列车以ATP模式继续前行,当车头进入站台后,车站按压车站站台下行紧停按钮,列车EB,停车后缓解EB,ATP模式无法动车。取消紧急停车后,列车继续运行	
16	ATP模式下的未达站台停车点调整测试	测试列车以ATP模式在区间运行。测试列车在距停车标3~5m处停车,列车停稳后ATP模式可用。驾驶员按压开门按钮,车门和屏蔽门不能打开(测试停车窗防护功能)	

续上表

序号	测 试 项 目	测 试 内 容	备 注
17	与屏蔽门接口功能及性能测试	测试列车接近车站站台时,(由人员配合)人工打开一扇屏蔽门,列车移动授权回缩到进站口,列车停在进站口无法进站。屏蔽门关闭后,测试列车以 ATP 模式进站,车头进入站台时,再次人工打开一扇屏蔽门,列车 EB,缓解 EB 后,ATP 模式无法动车	
18	ATP 模式下的紧停按钮测试	列车以 ATP-CBTC 模式运行至区间中途时,信号人员指导驾驶员按下紧急停车按钮,列车 EB。驾驶员缓解 EB 后以 RM 运行至站台停稳	
19	CC 故障测试	列车以 ATP-CBTC 模式运行至区间中途时,信号人员指导驾驶员关闭 CC 电源,列车不能以 CBTC 模式运行,驾驶员以 NRM 模式运行至下一站停稳	
20	CC 三取二功能测试	列车以 ATP-CBTC 模式运行时,列车关闭电源后,拔出任一 PPU 板卡,重新上电后,列车运行不受影响	
21	计轴受扰测试	测试列车发车前,安排信号人员设置计轴告警,设置成功后测试以 ATP-CBTC 模式运行,观察计轴告警是否影响通信车	
22	列车退出正线 ATC 监控区域,不停车转换驾驶模式测试	车场调度提前开放入场信号,测试在车辆段入场信号机 Xr 前,从 ATP-CBTC 不停车转换到 RM 模式入段	

(2)车辆与行车设备技术状态检验测试

测试列车以 ATP 模式运行,沿途各站停车,车门与屏蔽门自动打开,驾驶员手动关车门与屏蔽门;在列车的运行过程中,同时对供电、信号、车辆、屏蔽门、无线通信、线路等与行车设备相关接口进行验证,包括列车与供电、接触网之间运作测试、列车与信号终端设备测试、列车与屏蔽门操作测试、列车/车站与旅客信息测试、列车/车站无线通信测试、列车与 OCC/车站车控室的测试及车辆与线路测试等内容。

(3)区间运行时分及停站时分查定测试

测试列车以 ATP 模式运行方式,测试列车在区间运行、停站、折返、运行的时间情况。

2)双列车 CBTC 联调

双列车 CBTC 测试是在单列车 CBTC 联调的功能基础上,开展的两列车 CBTC 追踪功能测试,分别测试两列车在区间运行、停站、折返、运行全过程的数据情况。

测试可包括列车以 ATP 模式 4min 间隔运行一圈,以 ATO 模式 90s 间隔运行一圈,分别记录列车在区间的运行时分、折返能力指标、出入场能力指标等数据,对照合同进行指标能力评判,包括最小行车间隔、折返能力和旅行速度检算等。

3)多列车 CBTC 联调

多列车 CBTC 测试是在单列车、双列车 CBTC 联调的功能基础上,开展的多列车 CBTC 功能测试,测试内容包括多列车出入段、在区间运行、停站、折返、运行全过程的数据情况。另外,由于多列车 CBTC 联调是综合行车能力的最终验证,还应包括相应的 ATS 设计接口测试和车辆客服设备的验证。

多列车 CBTC 联调应在线路和行车许可的情况下,安排尽可能多的列车上线,以便发现更多的问题,原则上多列车应不少于 5 列。

出入段能力测试表见表 5-5 所示。

出段能力测试表 表 5-5

序号	运行方向	车　　次	联调项目	出段能力测试
			车载组记录出段时间	控制中心组记录出段时间
1	入段线	测试车 1		
2		测试车 2		
3		……		
4		测试车 N		
5	出段线	测试车 $N+1$		
6		测试车 $N+2$		
7		……		
8		测试车 $N+N$		
备注:故障现象记录				
记录人员: 关键系统承包商: 监理单位: 建设单位代表: 运营单位代表:				

注:只有一条出段线的车辆基地可在出车顺序和表格基础上进行简化。

列车区间运行时分查定表见表 5-6。

运行图时分查定表　　表 5-6

运行时分查定记录							备注	分析结论
1	上行	车站 1	动车时分	__时__分__秒	区间运行时间	__分__秒		
2		车站 2	到达时分	__时__分__秒				
			动车时分	__时__分__秒	区间运行时间	__分__秒		
3		车站 3	到达时分	__时__分__秒				
			动车时分	__时__分__秒	区间运行时间	__分__秒		
……		……	到达时分	__时__分__秒				
			动车时分	__时__分__秒	区间运行时间	__分__秒		
N		终点站	到达上行站台时分	__时__分__秒				
1	下行	车站 1	动车时分	__时__分__秒	区间运行时间	__分__秒		
2		车站 2	到达时分	__时__分__秒				
			动车时分	__时__分__秒	区间运行时间	__分__秒		
3		车站 3	到达时分	__时__分__秒				
			动车时分	__时__分__秒	区间运行时间	__分__秒		
……		……	到达时分	__时__分__秒				
			动车时分	__时__分__秒	区间运行时间	__分__秒		
N		终点站	到达上行站台时分	__时__分__秒				

记录人员：
关键系统承包商：
监理单位：
建设单位代表：
运营单位代表：

客服设备测试表见表 5-7。

全功能模式下客服设备测试表 表 5-7

序号	运行方向	车站	联调项目						
			信号		乘客信息		无线	列车广播	车站 PIS
			ATP 驾驶,列车按推荐速度正常运行,TOD 显示正确	列车进站正常停车,列车停稳后,信号给出开门使能信号	LCD 位置显示与列车实际情况一致	乘客信息电子地图与列车运行一致	无线车载台显示与行车一致,位置信息正确	车内到站广播是否正常	列车到站计时正常
1	上行	车站 1							
2		车站 2							
3		……							
4		车站 N							
5	下行	车站 1							
6		车站 2							
7		……							
8		车站 N							
记录人员: 关键系统承包商: 监理单位: 建设单位代表: 运营单位代表:									

注:由于本次测试是模拟最终行车,各车站和列车均需要安排人员进行验证,所以需要特别关注人员组织。

7.供电设备综合联调测试内容

供电设备联调包括供电设备三遥功能验证和相应的应急功能验证两个部分。

1)供电设备三遥功能联调

(1)牵混所 35kV 开关柜全功能测试(包含遥控功能、保护遥信、位置遥信、遥测、定值召唤、定值切换、母联远方切换备自投、SOE 上传、保护联跳、开关闭锁)以及降压所 35kV 开关柜遥控功能测试、遥测和遥信功能抽测。

(2)1 500V 开关柜功能测试(包含遥控功能、保护遥信、位置遥信、遥测、定值召唤、SOE 上传、保护联跳、开关闭锁)。

(3)牵混所 400V 开关柜功能测试(包含遥控功能、保护遥信、位置遥信、遥测、SOE上传、保护联跳、开关闭锁）和降压所400V开关柜遥控功能测试、遥测和遥信功能抽测。

（4）全线牵混所、区间隔离开关遥控和位置遥信功能测试。

（5）主变电所开关柜遥控功能测试、遥测和遥信功能抽测。

（6）全线程控卡片功能测试。

具体各变电所的测试根据测试内容，按照开关柜顺序编制联调实施细则和记录表格。

2）供电设备应急功能验证

该类科目主要为检验牵引供电系统发生故障时，不同运行方式下，供电设备负荷承载能力。供电设备应急功能验证主要包括：供电系统单边、大单边、大大单边、大双边、主变电所退出运行环网联络供电、正线支援车辆段接触网供电调整以及供电系统满负荷测试等。

供电系统单边、大单边、大大单边、大双边、主变电所退出运行环网联络供电、正线支援车辆段接触网供电调整的测试可根据具体线路供电系统设计的特点，根据相应科目设计相应的倒闸开关动作序列，并进行操作联调测试，确保相应供电系统功能的实现。

供电系统大负荷测试应根据配车数量和拟开通的行车方案，安排最大限度列车上线进行追踪运行，记录并检算供电设备的最大负荷能力。由于新线初期上线列车数量有限，也可以将上线列车分批次投入，并记录相应供电分区负荷情况，从而检算出最小行车间隔和上线列车数量，为后续增车上线提供数据支撑。

8. 其他行车有关科目联调

其他与行车有关的联调包括抗干扰测试、延伸线接入测试及既有线列车升级联调等内容（根据分类原则不同，延伸线接入也可列入线网类联调，但不影响联调的内容及要求）。

抗干扰测试主要解决换乘站信号等弱电系统的同站台干扰问题，由于测试手段有限，也可安排承包商或者委托第三方机构进行。

由于时间限制，为避免对既有线运营带来影响，延伸线驳接和既有线列车升级调试的相关方案也可纳入综合联调进行管控。在承包商单系统和接口调试的基础上，在较短时间内实现延伸线行车设备与既有线的驳接或实现既有线列车的升级。

二、非行车设备类综合联调

1. 非行车设备类综合联调总体内容

根据测试的对象不同，可以将非行车设备类综合联调分为车站、区间、通信等几个主要子科目，具体见表5-8。

非行车设备类联调内容表　　表5-8

科　目	主要内容	备　注
车站设备综合联调	以综合监控系统为核心，对车站主要机电设备，包括广播系统、时钟系统、闭路电视系统、乘客信息系统、屏蔽门系统、防淹门系统、自动售检票机系统、火灾自动报警系统、环境与设备监控系统、门禁系统以及综合控制后备盘等进行功能验证	由综合联调组织机构直接组织，运营人员直接参与设备及系统操作
区间设备综合联调	对区间主要设备，包括隧道通风系统、区间给排水系统、区间火灾报警系统、区间隧道感温光纤系统等进行验证	同上
通信设备综合联调	对车站及区间的通信系统设备进行测试，重点在于通信后备功能能否满足使用要求	同上

2. 车站设备综合联调测试内容

车站设备综合联调是指以综合监控系统为核心开展的车站机电设备的系统功能抽测及模式联动验证等，应包括以下具体测试内容，见表5-9。

车站设备综合联调测试内容表　　表5-9

序号	测试项目	测试内容	备注
1	基本功能检查	工作站正常登录：操作人员用指定的账号和密码登录相应的工作站，登录后系统主画面及相关信息显示正常； 人机界面主画面切换：中央环调和车站值班员对主画面进行选择和切换，切换过程无明显异常，数据显示和刷新正常，各接口系统连接正常； 数据查询：中央环调和车站值班员登录后能正确查询综合监控系统相关操作记录和报警信息，且数据值与现场实际数据一致； 操作权限切换：中央和车站操作权限显示一致，中央环调下放权限车站	

续上表

序号	测试项目	测　试　内　容	备注
2	广播系统功能测试	广播系统设备状态验证：切换至广播功能界面，对设备状态进行核实验证，当前PA设备状态为正常，所有广播设备无报警； 广播系统控制功能测试：实现不同区域的实况/预录制广播播放； 广播监听功能测试：开启语音广播指令后，车站值班员/中央调度员下发某个音区监听广播的开启指令，车站值班员/中央调度员确认监听效果，现场音区人员对广播内容进行核对； 优先级功能测试：车站值班员、中央调度员同时分别下发不同的预录制信息，现场人员确认播放内容，车站值班员、中央调度员确认信息播出优先级满足设计要求； 广播系统时间表控制功能：创建一条时间表，配置好播放时间、音区和需要播放的预录制语音信息，确认时间表已到期执行	
3	CCTV系统功能测试	CCTV系统设备状态验证：切换到CCTV界面，画面显示无异常； 图像选择：可以灵活选择本站摄像头，并在指定位置进行显示； 图像多画面显示：车站值班员根据电视系统提供的多画面摄像头的标签，进行2×2、1×1模式切换并在终端上显示，可双击任意一个视频，放大成1×1模式监控该视频； 车站PTZ控制：车站值班员根据选定的摄像头进行云台的上、下、左、右、远、近、调整光圈的控制动作，各项控制功能正常，相应摄像头跟踪正常； 轮询控制：车站值班员新建或者操作预置的轮询模式，相应的闭路电视画面在设定的显示区域轮询显示正常； 预置位设置：车站值班员选择带PTZ功能的摄像头进行控制，当转到指定位置后，下达预置位设置指令，进行存储。车站值班员转动摄像头改变位置后，选择刚才已存储预置位置后，相应摄像头自动恢复到预置位，并送回监视图像	
4	PIS系统功能测试	PIS系统设备状态验证：切换到PIS界面，画面显示无异常； 正常文字编辑和发布：人机界面的操作界面上编辑一组文字内容，并在本车站所有PIS屏上进行发布； 紧急信息发布：人机界面的操作界面上编辑一组文字内容，并在本车站所有PIS屏上以紧急信息进行发布； 优先级功能：车站值班员以紧急信息编辑一组文字内容发布并确认正常后，中央调度员另行以紧急信息编辑一组不同文字内容发布，消息变为中央发布内容并全屏播出； 时刻表显示：建立信息播出时间表，到设定时间后，编辑内容在指定区域指定显示屏上进行显示	

续上表

序号	测试项目	测 试 内 容	备注
5	站台门系统功能测试	站台门设备状态验证:切换到站台门界面,画面显示无异常,报警与现场一致; 滑动门、应急门、端门的状态监视:上报站台任一滑动门、应急门、端门状态信息,中心调度员、车站值班员在PSD画面核对显示状态与现场滑动门、应急门、端门信息一致,并给出相应报警; 滑动门的故障信息模拟:模拟站台任意一个滑动门故障信息,中心调度员、车站值班员在PSD画面核对显示状态与现场一致,并给出报警; 站台门系统的总体状态监视与报警信息模拟:模拟站台门系统总体状态信息,中心调度员、车站值班员在PSD画面核对显示状态与现场信息是否一致,并给出相应报警; 手动开关门监视功能测试:手动操作站台门开关,中心调度员、车站值班员在PSD画面核对显示状态与现场信息是否一致	
6	AFC 系统功能测试	AFC系统状态验证:切换到AFC系统界面,画面显示无异常,报警与现场一致; 正常设备状态监视:在ISCS中央级、车站级工作站上查看并确认AFC服务器在线/离线状态以及正常/降级模式与实际是否一致; 故障模拟状态监视:现场随机模拟终端设备(闸机、半自动售票机、自动售票机、验票机)离线/故障状态,核实状态一致性后记录,检查设备平面布置图和报警列表,核实报警已给出; 客流监视:在ISCS中央级、车站级工作站AFC平面布置图上查看并确认每15min进/出站客流量数据与AFC系统端统计是否一致	
7	FAS系统功能测试	FAS系统状态验证:切换到FAS系统界面,画面显示无异常,报警与现场一致; 单体设备功能抽测:包括烟感温感、感温电缆、手报按钮、消防电话(含插孔)功能、消火栓起泵按钮(设置有消防水泵的车站、车辆段、停车场)、防火卷帘门等; 联动功能测试:选取不同区域,包括站厅公共区、站台公共区、设备区,使用不同单体设备,包括烟感、温感、手报、FAS主机确认按钮进行火灾联动测试,验证设备联调情况是否满足设计及消防要求; 气体灭火系统火灾联动功能测试:选取气体保护房间进行联动测试,验证设备联调情况是否满足设计及消防要求	
8	BAS系统功能测试	BAS系统状态验证:切换到BAS系统界面,画面显示无异常,报警与现场一致; ISCS监控车站隧道通风系统:隧道通风系统正常/火灾/阻塞模式验证; ISCS监控车站大系统:车站大系统正常/火灾模式验证; ISCS监控车站小系统:车站小系统正常/火灾模式验证; ISCS监控车站其余机电系统:水系统、电扶梯系统、动力照明系统、导向标识系统、给排水系统、EPS系统、传感器等系统及设备功能抽验	

续上表

序号	测试项目	测 试 内 容	备注
9	门禁系统及关联系统功能测试	门禁系统状态验证:切换到门禁系统界面,画面显示无异常,报警与现场一致; 门禁状态监视及故障报警:根据选定门禁的设备状况,在 HMI 的操作界面上及时反映相关故障信息; 远程开启门:控制界面上远程开启各种门; 门禁刷卡功能测试:现场任意选择一个门刷卡,中心调度员、车站值班员通过 ICSC 人机界面确认刷卡信息是否正确	
10	IBP 盘功能测试	试灯功能:IBP 盘 FG、PSD 自带试灯按钮,其余指示灯均由 BAS 试灯按钮来测试; 按钮功能测试:环控系统、区间消防电动蝶阀、AFC 系统、屏蔽门系统、防淹门系统、自动扶梯系统、门禁系统、消防水泵功能测试	

3. 区间设备综合联调测试内容

区间设备综合联调是指以综合监控系统为核心开展的区间机电设备的系统功能抽测及模式联动验证等,应包括以下具体测试内容,见表 5-10。

区间设备综合联调测试内容表 表 5-10

序号	测试项目	测 试 内 容	备注
1	基本功能检查	工作站正常登录:操作人员用指定的账号和密码登录相应的工作站,登录后系统主画面及相关信息显示正常; 数据查询:中央环调和车站值班员登录后能正确查询综合监控系统相关操作记录和报警信息,且数据值与现场实际数据一致; 操作权限切换:中央和车站操作权限显示一致,中央环调下放权限车站	
2	BAS 系统功能测试	画面准备:中央调度及车站值班员进入 BAS 隧道通风系统画面,与现场人员确认画面设备状态与现场实际一致; 隧道通风系统设备:控制方式切换操作,正常/火灾/早晚通风/阻塞工况测试,设备点动控制,故障模拟; 区间给排水设备:“高水位”、“低水位”、“故障”信号模拟、水泵启/停操作	

续上表

序号	测试项目	测 试 内 容	备注
3	FAS 系统功能测试	画面准备:FAS 主画面,FAS 相应区段手报按钮、感温电缆及模块状态正常,查看相关信息显示完整,画面设备状态正常,FAS 主机显示屏与扩展工作站画面显示信息完整,设备状态正常; 手报按钮功能测试:按下按钮启动报警信号,中心调度员、车站值班员查看并确认 ISCS 中央级、车站级工作站 FAS 画面设备状态、FAS 主机及扩展工作站画面设备状态与现场实际是否一致,报警列表中是否有相应报警信息; 感温电缆功能测试:站台板下侧电缆夹层随机抽取一段感温电缆,用火源/热源启动感温电缆报警信号,中心调度员、车站值班员查看并确认 ISCS 中央级、车站级工作站 FAS 画面设备状态、FAS 主机及扩展工作站画面设备状态与现场实际是否一致,报警列表中是否有相应报警信息	
4	TFDS 系统功能测试	画面检查:TFDS 主机及各模块、光纤状态正常,画面显示信息完整,系统参数设置正常,设备状态正常; TFDS 监视隧道实时温度测试:使用测温仪器采集真实的环境温度,与界面显示一致; 系统参数设置测试:进入综合监控 TFDS 操作界面,点击参数设置按钮进行系统报警参数设置,并查看是否设置成功,系统显示信息是否正常; TFDS 报警功能测试:现场随机抽取一处使用热风枪(或热水)对感温光纤进行升温,查看是否启动预警,报警列表中是否有相应报警信息,并读取隧道相应位置温度值,与现场人员核对数据地址与数据值是否一致	

4. 通信设备综合联调测试内容

在通信系统各子系统与子系统之间、通信系统与各机电设备系统之间完成接口调试的基础上,从运营角度对设备功能进行的验证性测试,联调科目应包括以下测试内容,见表 5-11。

通信设备联调内容表 表 5-11

序号	测试项目	测 试 内 容	备注
1	车站广播系统联调	站级后备模式联调: 后备盒单选广播播放测试; 后备盒全选广播播放测试; 后备盒组选广播播放测试; 后备盒人工广播功能测试; 平行广播功能测试; 应急广播功能测试; 故障功放自动切换功能测试; 后备盒切换测试	

续上表

序号	测试项目	测 试 内 容	备注
2	车站 CCTV 系统联调	(1)操作界面准备:车站后备工作站开启,启动视频控制软件至正常操作状态,控制中心操作键盘打开且处于可操作状态; (2)车站系统后备功能验证:车站存储服务器出现故障,中心接管车站服务器功能测试正常;调看公安录像功能;录像时间同步	
3	车站无线系统联调	(1)车站固定台与手持台的通话:车站值班员通过无线固定台的本站通话组与本站的手持台进行通话测试,并做好记录; (2)车站固定台呼叫行调及录音:车站值班员通过车站无线固定台多次呼叫控制中心行调,测试人员确认通话已通过固定台录音设备记录,且导出回放清晰; (3)无线信号覆盖抽样测试:车站选择若干个点,测试无线信号覆盖情况,手持台信号显示正常,手持台在测试点呼叫正常,通话声音清晰无闪断; (4)无线固定台紧急呼叫:紧急呼叫正常,通话声音清晰; (5)政务网漫游功能测试:车站用 800M 手持台开启漫游功能,选择政务网通话正常; (6)手持台能够与既有线手持台通话测试	
4	车站交换系统联调	(1)公务电话:站间行车电话功能测试; (2)迂回路由的所有迂回通道同时启用测试(拨出、接听):2M 中断,同时用公务电话、行调电话、40 话机、电调电话拨打外线,EM 中继 4 条路由占用,呼叫通话正常; (3)公务电话线网互通测试:在本站用公务电话能够与既有线公务电话正常通话	
5	车站 PIS 系统联调	(1)信息发布:车站 LCD 播放控制器接入 PIS 网络,能正常接收中心下发的节目播表,控制器按照播表自行进行组织播放; (2)ATS 信息显示:站厅、站台 LCD 显示屏正常显示列车进站信息,并能够正常调取 ATS 日志信息,便于故障分析; (3)时间显示:站厅、站台 LCD 显示屏正常显示时间信息; (4)显示效果:站厅、站台 LCD 显示屏模板是否与既有线保持一致,模板更新正常; (5)声音效果:站厅、站台 LCD 显示屏播放声音与画面同步,音量大小满足要求; (6)与综合监控接口:综合监控硬件接口连接正常,登录 ISCS 工作站,对本站站厅、站台分组分别触发紧急信息,观察 LCD 屏实际效果; (7)直播测试:中心发布直播节目单,中心直播编码器正常工作,输出视频流,车站 LCD 播放控制器接收后模板区域保持不变,视频区域切换为直播信号,直播测试结束后 LCD 控制器切换回节目单播放; (8)远程重启播放控制器,重启后播放正常; (9)告警显示:控制中心集中告警系统能够显示 PIS 主要设备告警信息	

三、系统能力验证类综合联调

1.系统能力验证类综合联调总体内容

系统能力验证类综合联调主要是指对列车正常及应急情况下的行车组织及系统调整，以及负荷能力、人员非正常和应急情况下的处置能力等进行检验，具体可包括以下几项测试科目，见表5-12。

系统能力验证类综合联调内容表　　表5-12

科目	主要内容	备注
大小交路套跑	结合新线客流预测及线网运力匹配等因素，对线路开通后可能存在的交路运行方式进行行车演练，积累调度、驾驶员等运营人员的多交路运行经验，同时对车辆、信号、供电、PIS、广播等系统及设备进行检验	有条件情况下对可能存在的交路情况均应安排进行行车组织演练
跳停及车次号设置	考察在突发情况下行车秩序打乱后，行车设备相关功能以及检验行调、驾驶员、车站在突发情况下的应急处置能力	
接触网供电方式调整验证	(1)检验牵引供电系统发生故障时，不同运行方式下，供电设备负荷承载能力； (2)检验各调度、供电检修人员、变电所值班人员在牵混所故障退出运行状态下的组织、协调、应急应变能力； (3)检验供电系统倒换供电方式和行车之间配合程序的效率以及对正线运营的影响	包括牵引供电系统单边、大单边、大大单边、大双边、大大双边等方式
主变所退出运行环网联络供电验证	(1)对一个主变所退出运行情况下的环网联络供电能力进行检验； (2)对电调、变电运行人员、各部门生产调度应对一个主变电所退出运行的协调配合能力进行检验	

2.大小交路套跑综合联调主要内容

按照联调运行图组织多列车按方案设置的交路路径运行，进行大小交路套跑的行车组织验证，如图5-4所示。

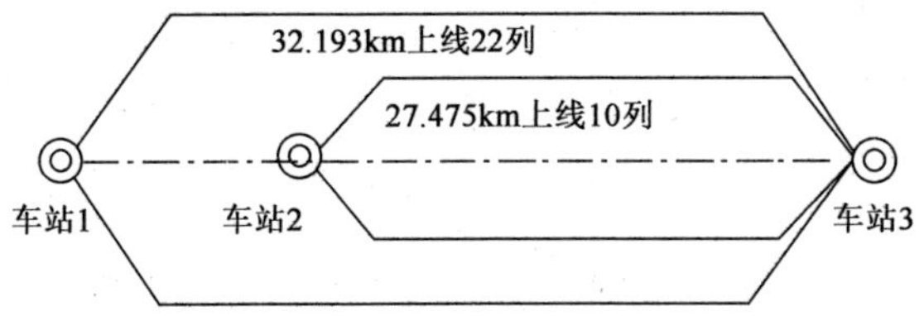

图5-4　大小交路套跑示意图

大小交路套跑综合联调应至少安排三组测试人员，分别在控制中心、测试列车以及沿线车站对列车是否按照联调运行图生成对应的车次、目的码等；是否能够按照交路号进行正确折返；列车电子地图、广播、PIS 显示是否正常等进行检查验证，具体测试表格可参考表 5-13 ~ 表 5-15。

（1）调度检查记录表（表 5-13）

调度检查记录表 表 5-13

项目	大小交路套跑联调		
时间			
测试记录	行调：____信号人员：____		
序　　号	列　　车	信　　号	备　　注
1	701	□合格　□不合格	
2	702	□合格　□不合格	
3	……	□合格　□不合格	
4	……	□合格　□不合格	
5	……	□合格　□不合格	
6	706	□合格　□不合格	

（2）车站检查记录表（表 5-14）

车站检查记录表 表 5-14

项目	大小交路套跑联调				
时间					
地点					
测试记录	行车值班员：____站务员：____				
序　　号	列　　车	信　　号	PIS	PA	备　　注
1	701	□合格 □不合格	□合格 □不合格	□合格 □不合格	
2	702	□合格 □不合格	□合格 □不合格	□合格 □不合格	
3	……	□合格 □不合格	□合格 □不合格	□合格 □不合格	

续上表

序号	列车	信号	PIS	PA	备注
4	……	□合格 □不合格	□合格 □不合格	□合格 □不合格	
5	……	□合格 □不合格	□合格 □不合格	□合格 □不合格	
6	706	□合格 □不合格	□合格 □不合格	□合格 □不合格	

(3)车载检查记录表(表5-15)

车载检查记录表 表5-15

项目	大小交路套跑联调						
时间							
地点							
测试记录	车辆人员:____客车驾驶员:____信号人员:____						
序号	车站	ATO驾驶,列车按推荐速度正常运行,TOD显示正确	列车进站正常停车,列车停稳后,信号给出开门使能信号	LCD位置显示与列车实际情况一致正确	乘客信息电子地图与列车运行一致正确	无线车载台显示与行车一致,位置信息正确	车内及到站广播是否正常
1							
2							
3							
……							
备注							

3. 跳停及车次号设置联调主要内容

行调按照方案组织调试列车在测试车站不停站通过,并调整后续列车运行图，行调在中央 ATS 上操作相关指令，实现车次号修改、DID 码等功能。

联调过程应至少安排三组测试人员，分别在控制中心、测试列车以及沿线车站确认列车是否按照演练方案完成各次列车在测试车站上下行的跳停，同时车站、列车是否能够按照要求及时发布广播、PIS 显示等信息。具体测试记录表格可参考大小交路套跑联调表格设置。

4. 接触网供电方式调整验证主要内容

在列车上线运行情况下，电调根据联调方案内容依次完成各牵引所倒闸操作，实现全线接触网按照单边、大单边、大双边、大大单边、大大双边等方式送电，对供电方式调整及各方式下的负载情况等进行测试检验。

在进行供电能力测试过程中，电力调度及变电所值班员应做好对变压器等设备运行参数的监控，若出现过载报警，应立即切除测试回路，停止测试，确保既有线供电安全。

接触网供电方式调整验证具体记录表格可参考表 5-16 ~ 表 5-18。

（1）牵引变电所供电调整记录表（表 5-16）

牵引变电所供电调整记录表 表 5-16

序号	测 试 内 容	测试地点	检测结果	签名	备注
1	区间接触网联络开关功能及工作状态	□合格 □不合格			
2	单边供电的牵引变电站的工作状态	□合格 □不合格			
3	大单边供电的牵引变电站的工作状态	□合格 □不合格			
4	大双边供电的牵引变电站的工作状态	车站牵引变电站	□合格 □不合格		
		车站牵引变电站	□合格 □不合格		
5	大大单边供电的牵引变电站的工作状态	车站牵引变电站	□合格 □不合格		
		车站牵引变电站	□合格 □不合格		

（2）牵引变电所测试数据记录表（5-17）

牵引变电所测试数据记录表 表 5-17

时间	35kV 进线柜												35kV 整流变压器柜											
	101						102						121/122						123/124					
	A 相		B 相		C 相		A 相		B 相		C 相		A 相		B 相		C 相		A 相		B 相		C 相	
	电压	电流	电压	电流	电压	电流	电压	电流	电压	电流	电压	电流	电压	电流	电压	电流	电压	电流	电压	电流	电压	电流	电压	电流
……																								

时间	1 500V 直流开关柜											
	201		202		211		212		213		214	
	最大电流时的电压(V)	最大电流(A)	最大电流时的电压(V)	最大电流(A)	最大电流时的电压(V)	最大电流(A)	最大电流时的电压(V)	最大电流(A)	最大电流时的电压(V)	最大电流(A)	最大电流时的电压(V)	最大电流(A)
……												

(3)联调总体情况评估表(5-18)

联调总体情况评估表 表 5-18

序号	联调内容和要求	结　果	备注	签名
1	PSCADA 的稳定性	□合格　□不合格		
2	单边改大双边供电对行车的影响时间	□合格　□不合格		
3	故障状态下的运行方式对行车的影响时间	□合格　□不合格		
4	各生产部门之间的协调性	□合格　□不合格		
5	供电设备的稳定性	□合格　□不合格		
6	设备部门应对该故障的应急预案是否考虑完善	□合格　□不合格		
7	单边供电、大双边供电、大单边、大大单边、正线接触网支援车辆段供电能否满足正常运营供电需求	□合格　□不合格		

5. 主变所退出运行环网联络供电验证主要内容

模拟一个主变电所两路进线失电造成该主所全所失电，相应供电区段 I、II 段负荷因此全部失电，启用另一主变电所环网联络供电方案，改由另一主变电所通过环网联络开关向全线供电。具体测试步骤及内容见表 5-19。

测试步骤及内容 表 5-19

序号	测试项目	测试内容	备注
1	模拟第一主所失电	(1)组织完成失电区域冷机停机； (2)行调确认调试车辆已停靠到位并降弓； (3)通知地调，联调开始； (4)电调将第一主变电所及失电区域 35kV 母联备自投装置退出； (5)电调断开第一主变电所的所有 35kV 馈出断路器(双向供电区段断路器除外)； (6)电调断开第一主变电所 35kV Ⅰ、Ⅱ段进线断路器，拉开进线隔离开关	
2	模拟环网联络供电	(1)电调通过 PSCADA 确认第一主变电所供区内各变电所设备运行情况； (2)电调将停电情况通知值班主任、行调、维调、供电调度； (3)维调通知各相关部门生产调度故障情况，并要求做好应急处置安排； (4)电调确认接触网带电情况，并通知行调接触网带电区段； (5)行调通知接触网带电区段内列车逐个进站停车并降弓(模拟)； (6)电调向地调确认 110kV 上级失电原因及可能停电时间(模拟)； (7)命令第一主变电所运行值班人员：巡视、检查设备，并确认第一主变电所 35kV Ⅰ、Ⅱ段母线具备受电条件； (8)向值班主任汇报：将启用第二主变电所环网联络供电方案，改由第二主变电所向全线供电(第一主变电所范围内三级负荷除外)； (9)维调通知各相关部门配合执行第二主变电所环网联络供电方案并安排人员前往现场配合恢复设备供电； (10)电调进行环网联络供电前的设备状态确认； (11)电调操作环网联络开关 1041 隔离，104 断路器合闸； (12)电调确认第一主变电所 35kV Ⅱ段母排运行正常； (13)电调将第一站主变电所 35kV Ⅱ段所有馈出断路器合闸(接地变压器及 SVG 系统除外)。确认失电区域恢复供电； (14)电调操作环网联络开关 1031 隔离开关，103 断路器合闸； (15)电调确认第一主变电所 35kV Ⅰ段母排运行正常； (16)电调将第一主变电所 35kV Ⅰ段所有馈出断路器合闸(接地变压器及 SVG 系统除外)； (17)行调通知列车升弓并逐车启动，恢复正常运营	
3	恢复正常供电	按照联调方案以此恢复各供电设备，确保全线按照正常方式供电	

四、线间联动及线网互通联调

1. 线间联动及线网互通联调总体内容

从第二条线路开始，新线综合联调就会与既有运营线路产生关联，主要体现在换乘站火灾联动、AFC的线网互通以及列车转线作业等方面，其主要目的在于对多线路或全线网情况下的设备互联互通情况以及跨线路的运营人员的协调组织水平进行检验，应包含的基本科目见表5-20。

线间联动及线网互通联调基本科目表　　表5-20

科　目	主要内容	备　注
AFC线网互联互通及走票测试	对新线AFC设备与ACC以及既有线设备之间的互联互通情况进行验证，确保新线及既有线票务可以互通且清分功能正常	—
换乘站火灾联动测试	对换乘站火灾情况下的设备信息互通及联动情况进行测试，并对不同线路运营人员之间的协调处置能力进行检验	具体方案应根据换乘方式以及设备接入方式的不同而有所区别
列车转线作业测试	(1)检验新线与既有线路信号系统在联络线处建立照查联锁关系是否正确，完全保证联络线上列车进路的安全； (2)检验地面信号设备的性能是否符合设计要求； (3)检验通信、基础网及机电设备在转线作业使用中各项功能是否符合设计要求	根据线网规模不同，可以组织进行两线、多线乃至全线网转线作业

2. AFC线网互联互通及走票测试主要内容

在新线及既有运营线路选取部分车站开展AFC线网互联互通及走票测试，原则上选取范围既有运营线每条线路应不少于3座车站，新建线路不少于5座车站，同时应包括所有的换乘站以及换乘路径选择中的关键车站。

测试基本内容应包括当地轨道交通的所有票卡种类，以成都地铁为例，应包括：

1）发售类

①TVM 发售单程票，纸币、硬币识别正确，找零正确，发售数量正确；

②TVM 发售单程票，使用城市一卡通储值卡购票，发售数量正确，城市一卡通储值卡扣费正确；

③BOM 发售单程票，发售数量正确；

④BOM 发售出站票，发售数量正确。

2）充值类

①TVM 城市一卡通储值卡充值，纸币识别正确，充值金额正确；

②BOM 城市一卡通储值卡充值，纸币识别正确，充值金额正确。

3）进站类

①单程票进站，余额显示正确；

②预制票，余额显示正确；

③城市一卡通储值卡，余额显示正确；

④学生卡，余额显示正确；

⑤老人卡，余额显示正确。

4）更新类

①单程票超程更新成功；

②预制票超程更新成功；

③单程票超时更新成功；

④预制票超时更新成功；

⑤城市一卡通储值卡超时更新成功；

⑥学生卡超时更新成功；

⑦无进站单程票更新成功；

⑧无进站预制票更新成功；

⑨无进站城市一卡通储值卡更新成功；

⑩无进站学生卡更新成功；

⑪无进站老年卡更新成功。

5）退票类

未进站单程票退票成功。

6)出站类

①单程票出站成功,票卡回收;

②出站票出站成功,票卡回收;

③预制票出站成功,票卡回收;

④城市一卡通储值卡出站成功,扣款正确;

⑤学生卡出站成功,扣款正确;

⑥老人卡出站成功,扣款正确。

测试基本流程为:

①车站发售规定数量的车票;

②车站测试人员按规定刷卡进站;

③车站派人运送车票到规定的中转车站,然后领取各自车站的票卡;

④目的地车站测试人员按规定刷卡出站;

⑤各站统计各自终端与SC数据;

⑥LCC、SC核对相关数据;

⑦LCC与ACC核对相关数据;

⑧ACC与一卡通核对相关数据;

⑨对数据进行分析并安排问题整改。

3. 换乘站火灾联动测试主要内容

验证新线换乘站设备系统间的接口功能和性能是否达到设计要求并满足运营部门使用要求,特别是与既有线的线间消防及环控联动,是本科目联调的测试重点。

依据换乘方式不同,换乘站联动也有不同设计方式,如新线火灾自动报警设备单独设置,通过独立消防主机与既有线实现信息互通,或者换乘站公共区由既有线路一次性实施到位,新线火灾自动报警系统只需要在新线站台及区间补充相应设备接入原系统即可。为确保设备联动关系正确,在换乘站火灾联动测试前,应组织设计单位对联动关系进行梳理,并提供详细表单,据此制订针对性测试方案,以确保每条线路均满足消防要求,联动关系梳理表单可参考表5-21。

联动关系梳理表

表 5-21

报警情况		环控防排烟模式	智能照明及疏散导向	应急照明	三级负荷切非	声光报警	电梯	防火卷帘（隔断）	防火卷帘（疏散）	消防泵	电动蝶阀	广播	CCTV	门禁（释放所有门禁）	AFC 及闸机导向	PIS
公共区																
新建线路公共区	1 个烟感探头报警或仅有 1 个手报报警	—	—	—	—	—	—	—	—	—	—	—	—	—	—	—
	2 个手报报警	IBP 手动联动	联动：执行火灾模式	联动	联动	联动	联动	全降	卷帘门旁烟感报警半降/卷帘门旁温感报警全降	—	—	互联系统联动位：直接自动联动；互联系统非联动位：在工作站上弹出确认界面，人工确认后联动	互联系统联动位：直接自动联动；互联系统非联动位：在工作站上弹出确认界面，人工确认后联动	IBP 盘联动位：自动联动；IBP 盘非联动位：手动联动	IBP 盘联动位：自动联动；IBP 盘非联动位：手动联动	互联系统联动位：直接自动联动；互联系统非联动位：在工作站上弹出确认界面，人工确认后联动
	2 个烟感探头报警（同一防烟分区）	IBP 自动模式：联动；IBP 手动：手动联动	联动：执行火灾模式	联动	联动	联动	联动	全降	卷帘门旁烟感报警半降/卷帘门旁温感报警全降	—	—	互联系统联动位：直接自动联动；互联系统非联动位：在工作站上弹出确认界面，人工确认后联动	互联系统联动位：直接自动联动；互联系统非联动位：在工作站上弹出确认界面，人工确认后联动	IBP 盘联动位：自动联动；IBP 盘非联动位：在工作站上弹出确认界面，人工确认后联动	IBP 盘联动位：自动联动；IBP 盘非联动位：在工作站上弹出确认界面，人工确认后联动	互联系统联动位：直接自动联动；互联系统非联动位：在工作站上弹出确认界面，人工确认后联动

续上表

报警情况		环控防排烟模式	智能照明及疏散导向	应急照明	三级负荷切非	声光报警	电梯	防火卷帘（隔断）	防火卷帘（疏散）	消防泵	电动蝶阀	广播	CCTV	门禁（释放所有门禁）	AFC及闸机导向	PIS
新建线路公共区	1个烟感报警+1个手报（或车控室手报确认按钮）	IBP自动模式:联动;IBP手动:手动联动	联动:执行火灾模式	联动	联动	联动	联动	全降	卷帘门旁烟感报警半降/卷帘门旁温感报警全降	—	—	互联系统联动位:直接自动联动;互联系统非联动位:在工作站上弹出确认界面,人工确认后联动	互联系统联动位:直接自动联动;互联系统非联动位:在工作站上弹出确认界面,人工确认后联动	IBP盘联动位:自动联动;IBP盘非联动位:在工作站上弹出确认界面,人工确认后联动	IBP盘联动位:自动联动;IBP盘非联动位:在工作站上弹出确认界面,人工确认后联动	互联系统联动位:直接自动联动;互联系统非联动位:在工作站上弹出确认界面,人工确认后联动
	1个消火栓按钮报警	—	—	—	—	—	—	—	—	联动	—	—	—	—		
设备区																
新建线路设备区	1个烟感探头报警或仅有1个手报报警	—	—	—	—	—	—	—	—	—	—	—	—	—	—	—
	2个手报报警	IBP手动联动	联动:执行火灾模式	联动	联动	联动	联动	—	—	—	—	互联系统联动位:直接自动联动;互联系统非联动位:在工作站上弹出确认界面,人工确认后联动	互联系统联动位:直接自动联动;互联系统非联动位:在工作站上弹出确认界面,人工确认后联动	IBP盘联动位:自动联动;IBP盘非联动位:在工作站上弹出确认界面,人工确认后联动	IBP盘联动位:自动联动;IBP盘非联动位:在工作站上弹出确认界面,人工确认后联动	互联系统联动位:直接自动联动;互联系统非联动位:在工作站上弹出确认界面,人工确认后联动

续上表

报警情况		环控防排烟模式	智能照明及疏散导向	应急照明	三级负荷切非	声光报警	电梯	防火卷帘（隔断）	防火卷帘（疏散）	消防泵	电动蝶阀	广播	CCTV	门禁（释放所有门禁）	AFC及闸机导向	PIS
新建线路公共区	2个烟感探头报警（同一防烟分区）	IBP自动模式：联动；IBP手动：手动联动	联动：执行火灾模式	联动	联动	联动	联动	—	—	—	—	互联系统联动位：直接自动联动；互联系统非联动位：在工作站上弹出确认界面，人工确认后联动	互联系统联动位：直接自动联动；互联系统非联动位：在工作站上弹出确认界面，人工确认后联动	IBP盘联动位：自动联动；IBP盘非联动位：在工作站上弹出确认界面，人工确认后联动	IBP盘联动位：自动联动；IBP盘非联动位：在工作站上弹出确认界面，人工确认后联动	互联系统联动位：直接自动联动；互联系统非联动位：在工作站上弹出确认界面，人工确认后联动
	1个烟感报警+1个手报（或车控室手报确认按钮）	IBP自动模式：联动；IBP手动：手动联动	联动：执行火灾模式	联动	联动	联动	联动	—	—	—	—	互联系统联动位：直接自动联动；互联系统非联动位：在工作站上弹出确认界面，人工确认后联动	互联系统联动位：直接自动联动；互联系统非联动位：在工作站上弹出确认界面，人工确认后联动	IBP盘联动位：自动联动；IBP盘非联动位：在工作站上弹出确认界面，人工确认后联动	IBP盘联动位：自动联动；IBP盘非联动位：在工作站上弹出确认界面，人工确认后联动	互联系统联动位：直接自动联动；互联系统非联动位：在工作站上弹出确认界面，人工确认后联动
	1个消火栓按钮报警	—	—	—	—	—	—	—	—	联动	—	—	—	—	—	—

续上表

报警情况		环控防排烟模式	智能照明及疏散导向	应急照明	三级负荷切非	声光报警	电梯	防火卷帘（隔断）	防火卷帘（疏散）	消防泵	电动蝶阀	广播	CCTV	门禁（释放所有门禁）	AFC及闸机导向	PIS
气灭																
新建线路气灭	预报警	—	—	—	—	—	—	—	—	—	—	—	—	—	—	—
	确认火警	IBP自动模式：联动；IBP手动：手动联动	联动：执行火灾模式	联动	联动	联动	联动	—	—	—	—	互联系统联动位：直接自动联动；互联系统非联动位：在工作站上弹出确认界面，人工确认后联动	互联系统联动位：直接自动联动；互联系统非联动位：在工作站上弹出确认界面，人工确认后联动	IBP盘联动位：自动联动；IBP盘非联动位：在工作站上弹出确认界面，人工确认后联动	IBP盘联动位：直接联动；IBP盘非联动位：在工作站上弹出确认界面，人工确认后联动	互联系统联动位：直接自动联动；互联系统非联动位：在工作站上弹出确认界面，人工确认后联动
区间																
新建线路区间	感温电缆报警	—	—	—	—	—	—	—	—	—	—	—	—	—	—	—
	手报报警	人工确认后根据控制中心指令联动	—	—	—	—	—	—	—	—	—	人工联动	—	—	IBP手动联动	人工联动
	感温光纤	人工确认后根据控制中心指令联动	—	—	—	—	—	—	—	—	—	人工联动	—	—	IBP手动联动	人工联动
	消火栓按钮报警	—	—	—	—	—	—	—	—	联动	—	—	—	—	—	—

续上表

报警情况		环控防排烟模式	智能照明及疏散导向	应急照明	三级负荷切非	声光报警	电梯	防火卷帘（隔断）	防火卷帘（疏散）	消防泵	电动蝶阀	广播	CCTV	门禁（释放所有门禁）	AFC及闸机导向	PIS
既有线路车站	新建线路接收既有线路车站火灾信息,新建线路动作	IBP自动模式:联动;IBP手动:手动联动	联动:执行火灾模式	联动	联动	联动	联动	联动	联动	—	—	互联系统联动位:直接自动联动;互联系统非联动位:在工作站上弹出确认界面,人工确认后联动	互联系统联动位:直接自动联动;互联系统非联动位:在工作站上弹出确认界面,人工确认后联动	IBP盘联动位:自动联动;IBP盘非联动位:在工作站上弹出确认界面,人工确认后联动	IBP盘联动位:自动联动;IBP盘非联动位:在工作站上弹出确认界面,人工确认后联动	互联系统联动位:直接自动联动;互联系统非联动位:在工作站上弹出确认界面,人工确认后联动
新建线路车站	既有线路接收新建线路车站火灾信息	IBP自动模式:联动;IBP手动:手动联动	联动:执行火灾模式	联动	联动	联动	联动	联动	联动	—	—	在工作站上弹出确认界面,人工确认后联动	在工作站上弹出确认界面,人工确认后联动	IBP盘联动位:自动联动;IBP盘非联动位:手动联动	IBP盘联动位:自动联动;IBP盘非联动位:手动联动	在工作站上弹出确认界面,人工确认后联动
既有线路区间	新建线路接收火灾信息	根据控制中心指令联动	—	—	—	—	—	—	—	—	—	人工联动	—	IBP手动联动	IBP手动联动	人工联动
新建线路区间	既有线路接收火灾信息	根据控制中心指令联动	—	—	—	—	—	—	—	—	—	人工联动	—	IBP手动联动	IBP手动联动	人工联动

换乘站火灾联动测试具体内容可参考表5-22。

换乘站综合联调测试内容表　　表5-22

序号	测试项目	测试内容	备注
1	画面及测试准备	(1)登录相应的工作站,登录后系统主画面及相关信息显示正常; (2)对主画面进行选择和切换,切换过程无明显异常,数据显示和刷新正常,各接口系统连接正常; (3)登录后能查询历史数据,报警栏数据显示正常; (4)中央和车站操作权限显示一致,经环调同意后,中央环调下放权限给车站	
2	新线火警模拟	在新建线路触发火警信号	
	既有线联动情况	(1)确认既有线火灾报警系统是否收到火警报警; (2)核实既有线设备联动情况,包括通风模式、空调水系统、AFC闸机释放、门禁释放、广播,以及PIS紧急信息播放及显示、警铃(设备区)、CCTV联动、防火卷帘动作、电梯归零、非消切除等	
	新线联动情况	(1)确认新线火灾报警系统是否收到火警报警; (2)核实新线设备联动情况,包括通风模式、空调水系统、AFC闸机释放、门禁释放、广播及PIS紧急信息播放,以及显示、警铃(设备区)、CCTV联动、防火卷帘动作、电梯归零、非消切除等	
3	既有线火警模拟	在既有线路触发火警信号	
	既有线联动情况	(1)确认既有线火灾报警系统是否收到火警报警; (2)核实既有线设备联动情况,包括通风模式、空调水系统、AFC闸机释放、门禁释放、广播,以及PIS紧急信息播放及显示、警铃(设备区)、CCTV联动、防火卷帘动作、电梯归零、非消切除等	
	新线联动情况	(1)确认新线火灾报警系统是否收到火警报警; (2)核实新线设备联动情况,包括通风模式、空调水系统、AFC闸机释放、门禁释放、广播及PIS紧急信息播放,以及显示、警铃(设备区)、CCTV联动、防火卷帘动作、电梯归零、非消切除等	

4. 列车联络线转线作业主要内容

联络线转线作业主要是通过联络线列车转线实现轨道、接触网和信号联锁以及线网间的无线通信互联互通等设备及功能的综合验证,为线间协同指挥积累经验,为运营企业制订紧急情况下的线网救援方案及车辆的跨线检修作业等提供依据。

列车转线作业综合联调测试内容见表5-23所示。

列车转线作业综合联调测试内容表　　表5-23

序号	测试项目	测试内容	备注
1	新线至既有线转线作业	(1)既有线行调排列既有线同向接车进路,开放相应信号机; (2)新线行调办理新线至联络线进路,开放相应信号机; (3)试验车凭信号机显示,按规定试验速度运行至联络线既有线区域; (4)驾驶员使用新线手持台向既有线行调汇报,验证无线通信互通功能	
2	既有线至新线转线作业	(1)新线站务人员排列新线同向接车进路,开放相应信号机; (2)既有线站务人员办理联络线至既有线进路,开放相应信号机; (3)试验车凭信号机显示,按规定试验速度运行至联络线新线区域; (4)驾驶员使用既有线手持台向新线行调汇报,验证无线通信互通功能	

具体测试记录表格可参考表5-24、表5-25。

(1)联络线转线作业信号设备记录表(表5-24)

联络线转线作业信号设备记录表　　表5-24

联调项目		联络线转线作业信号设备记录表				
联调时间						
序号	始端信号机	终端信号机	信号显示	责任岗位	检测结果	备注
1				车站组	□合格　□不合格	
				车上组	□合格　□不合格	
				调度组	□合格　□不合格	
2				车站组	□合格　□不合格	
				车上组	□合格　□不合格	
				调度组	□合格　□不合格	

(2)无线通信互联互通测试记录表(表5-25)

无线通信互联互通测试记录表 表 5-25

联调项目	无线通信互联互通测试			
联调时间				
列车编号		车次号		
联调地点				
接口	测试内容及要求	测试人员	测试结果	备注
车载无线台与信号车组号	列车进入联络线既有线区域后，驾驶员使用新线手持台向既有线行调汇报	驾驶员	□合格 □不合格	
		行调	□合格 □不合格	
	列车进入联络线新线区域后，驾驶员使用既有线手持台向新线行调汇报	驾驶员	□合格 □不合格	
		行调	□合格 □不合格	

第五节 开通试运营基本条件评审测试

根据《城市轨道交通试运营基本条件》(GB/T 30013—2013)要求，在开通试运营评审时需要对相关系统进行功能性抽测验证，测试科目设置涵盖了车辆、供电、通信、信号、火灾报警、消防水系统、环境与监控等各系统，涉及行车安全、消防安全的主要功能的测试，主要科目包括：

①车辆安全防护功能测试；

②列车运行防护功能测试；

③气体灭火系统联动功能测试；

④区间阻塞及火灾模式功能测试；

⑤车站火灾工况联动及运营指挥测试；

⑥车站消防水系统测试；

⑦低压供电系统“自投自复”功能测试。

以成都地铁开通试运营基本条件评审实测为例，分别对上述 7 个测试科目进行简要介绍。

(1)车辆安全防护功能测试

主要包括：列车超速试验，车辆应急功能，车门防夹功能，以及紧急解锁防护检验三个部分，见表 5-26。

车辆安全防护功能测试表　　表 5-26

序号	测试项目	测 试 内 容	备注
1	列车超速试验测试	在选定的特定区间(一般长大隧道,线路条件较好,可确保列车超速运行不带来安全风险),切除信号 ATP 条件下,由驾驶员人工控车,当列车运行速度达到设计值(如 85km/h)时,测试车辆控制系统是否会切除牵引或者采取相关自动保护措施	
2	车辆应急测试	(1)驾驶员通过车载语音台实现与 OCC 呼叫、应答; (2)按下"驾驶室对讲"按钮并且通过手麦可实现与另一个驾驶室的通话功能; (3)从驾驶台显示屏上可选播紧急广播内容,选定播出内容后客室播音正常; (4)在客室内按紧急报警控制板上的报警开关 1 和报警开关 2,头车驾驶室可显示相应报警,报警灯亮、蜂鸣器响,客室内相应的报警灯亮。列车监控显示器有显示,并能与驾驶室进行对讲,客室监视显示器画面自动切换到报警客室; (5)按下"驾驶员广播"按钮可实现对客室的广播功能,人工广播优先级高于自动广播。能自动进行报站广播	
3	车门防夹功能以及紧急解锁防护检验测试	(1)将障碍物(标准测试块)设置于客室侧门,使其无法关闭,此时给出牵引 1-4 级指令,列车不能启动,TCMS 监视器显示车门未关好。取出障碍物,关闭车门,"所有门关闭"灯示按钮亮,列车正常启动;或者合上车门旁路开关后,再给牵引指令,列车正常启动; (2)将列车加速至 10km/h 后,使用紧急开门装置将一客室侧门打开,列车可实现惰行直至停车(或输出制动指令,依据设计合同确定);在车门未关闭前,列车应不能启动	

(2)列车运行防护功能测试

列车运行防护主要是测试 CBTC 模式下,列车的各项保护功能是否满足要求,主要内容见表 5-27 所示。

列车运行防护功能测试表　　表 5-27

序号	测试项目	测 试 内 容	备注
1	列车 CBTC 紧追踪功能测试	前次列车以 ATP-CBTC 模式在发车,以低于 30km/h 速度运行,后续列车在前车发车后以 ATO 模式追踪,后续列车能够在前次列车后部安全停车点停车	
2	CBTC 列车冗余功能测试	测试列车以 ATO-CBTC 模式运行,断开主控端 PPU3 电源空开后,CBTC 列车应运行正常,无 EB、掉码、失位等故障现象	
3	后备模式 ATP 列车在永久限速区段超速防护测试	测试列车以后备模式 ATP 模式发车,加速到区段限速(EB 速度)值后,触发 EB 停车	

续上表

序号	测试项目	测试内容	备注
4	后备模式 ATP 列车闯红灯防护测试	测试列车以后备模式 ATP 在车站站台对标停车，在前方出站信号机不开放情况下，驾驶员动车闯红灯运行，列车越过信号机后应产生紧急制动	
5	列车扣车、放行功能测试	测试列车以 ATP-CBTC 模式进站停稳后，在车站按压 IBP 盘扣车按钮，DMI 及 DTI 均显示扣车，列车在 CBTC 模式下不能发车，扣车取消，扣车显示消失，列车可以发车。如果 CBTC 列车未进站，按压 IBP 盘扣车按钮，列车跟随推荐速度下降至站台停车；进站过程中按压 IBP 盘扣车按钮，列车会跟随推荐速度下降至站台停车；停稳后按压 IBP 盘扣车按钮，列车会因无推荐速度不能发车；出站未完全出清站台区域，按压 IBP 盘扣车按钮，对列车无影响	
6	RM 模式下的速度防护验证	测试列车以点式后备模式 ATP 出站在区间停车，关闭信号机，列车以 RM 模式推最大牵引挡位，列车速度高于 25km/h，自动触发 EB	
7	列车出站紧急停车按钮防护功能测试	测试列车以 ATP-CBTC 模式在进站前，进站过程中、停稳后、出站过程中，信号专业人员按压车站 IBP 盘紧停按钮，测试列车运行情况； 如果 CBTC 列车未进站按压 IBP 盘紧停按钮，列车会在站前停车；进站过程中按压 IBP 盘紧停按钮，列车会紧急制动；停稳后按压 IBP 盘紧停按钮，列车会因无推荐速度不能发车；出站未完全出清站台区域，按压 IBP 盘紧停按钮，则列车将会紧急制动并停车	
8	列车运行过程中车门防护功能测试	测试列车以 ATP-CBTC 模式运行，车辆专业配合人员转动车厢内车门紧急解锁手柄，列车应切除牵引，不产生制动(不同城市略有不同，有的需要输出制动，根据合同约定进行测试)	
9	列车退行超速防护功能测试	测试列车以 ATP-CBTC 模式进站，冲标 1m 停车，停车后转 RM 模式退行，并以最大牵引退行超 DMI 红标速度，当列车速度超过 5km/h，立即触发紧急制动	
10	列车进站站台门故障防护功能测试	测试列车以 ATP-CBTC 模式运行列车在进站过程中、进站停稳后、出站过程中信号专业人员在车站配合下打开站台门情况下的列车运行情况。 如果 CBTC 列车未进站打开站台门，列车会在站前停车；进站过程中打开站台门，列车会紧急制动；停稳后按打开站台门，列车会因无推荐速度不能发车；出站未完全出清站台区域，打开站台门，则列车将会紧急制动并停车	

续上表

序号	测试项目	测 试 内 容	备注
11	后备模式 ATP 模式下不停车闯红灯防护测试	测试列车以后备模式 ATP 模式运行，在前方出站信号机点亮红灯情况下，列车不停车越过信号机运行，列车应因未获得授权触发 EB	
12	后备模式 ATP 列车侧向过岔超速防护测试	测试列车以后备模式 ATP 模式运行，超过推荐速度进入测试道岔，当 ATP 子系统发现列车速度超过制动曲线的限定时，应触发制动功能(EB)	

(3)气体灭火系统联动功能测试

主要是测试气体灭火系统联动功能是否满足设计及消防要求。主要内容见表 5-28。

气体灭火系统联动功能测试表 表 5-28

序号	测试项目	测 试 内 容	备 注
1	测试准备	启动瓶控制线切除，车站各气灭保护区均处于自动状态；IBP 盘环控模式处于自动、AFC/ACS 处于非联动位置。智能照明处于 1/4 开启模式	为便于观测应急照明情况，建议智能照明开启模式为 1/4 开启模式
2	预警触发	测试人员触发烟感报警，气灭主机、FAS 主机、综合监控工作站上有相应报警，并与现场实际位置、实际设备一致	
3	火警触发	测试人员触发温感报警，气灭主机、FAS 主机、综合监控工作站上有相应报警，并与现场实际位置、实际设备一致	
4	设备联动	车控室：综合监控工作站弹出闭路电视(CCTV)画面，并弹出火灾确认对话框。FAS 主机、综合监控工作站上有相应报警，并与现场实际位置、实际设备一致。设备区：防护区防火阀落下；环控通风系统执行相应火灾模式，另一端执行停运模式；警铃、声光报警；应急照明强起；车站三级负荷切除；广播(PA)系统播放应急疏散广播；门禁释放。站厅公共区：环控通风大系统停运；广播(PA)系统播放应急疏散广播；乘客信息系统(PIS)显示应急疏散信息；闸机全部释放，闸机导向和闸机保持一致；智能照明执行火灾全开模式。站台公共区：环控通风大系统停运；广播(PA)系统播放应急疏散广播；乘客信息系统(PIS)显示应急疏散信息；智能照明执行火灾全开模式	
5	设备恢复	车控室执行火灾联动恢复模式，并现场恢复各联动设备	

(4)区间阻塞/火灾联动功能测试

区间阻塞/火灾模式测试科目主要测试列车在区间阻塞或火灾情况下，信号系统、综合监控系统与区间设备的综合联动以及 OCC 调度、驾驶员的应急处置程序。主要内容见表 5-29。

区间阻塞/火灾联动功能测试表 表 5-29

序号	测试项目	测试内容	备注
1	测试准备	人员组织：电调确认设备具备测试条件后向现场指挥报告设备状态满足测试要求（机电确认现场隧道通风系统具备开启条件，自动化确认综合监控运行正常且操作权位于中央、行调确认测试列车已就位）。现场指挥征询专家意见后，下达测试指令	
2	阻塞工况	电客车在区间停靠 240s（具体时间根据系统不同可能存在差异），模拟阻塞模式，综合监控收到区间阻塞报警信息；电调在综合监控上执行该区间阻塞环控模式，确认模式是否执行成功，设备是否运行正常，疏散指示灯不变向，原则指向就近车站	
3	火灾工况	（1）电调根据区间模拟火灾情况在综合监控上执行相应区间火灾模式，确认模式是否执行成功，设备是否联动正确，机电人员现场确认隧道通风系统设备是否正常开启，风速、风向是否符合要求，行调通知驾驶员执行区间疏散，疏散方向与送风方向相反（模拟），现场指挥将测试结果汇报专家； （2）相邻车站值班员共同确认车站大、小系统，水系统是否已执行停运模式，三级负荷是否正常切除，并报告； （3）机电人员根据火灾工况执行情况，确认区间疏散导向指示是否与人员疏散方向一致，并报告现场指挥	可根据专家意见选取一种工况进行测试
4	设备恢复	电调将区间隧道通风系统模式恢复正常，机电、自动化人员现场恢复受联动的设备，现场指挥将恢复情况汇报专家	

区间阻塞/火灾联动功能测试现场如图 5-5 所示。

(5)车站火灾工况联动及运营指挥测试

站台火灾联动测试主要针对站台火灾情况下车站各联动系统，如对 FAS、综合监控、AFC、PA 等设备联动情况进行测试以及对火灾情况下，运营人员的应急处置程序进行检验，主要内容见表5-30。

图5-5 区间阻塞/火灾联动功能测试现场图

车站火灾工况联动及运营指挥测试表 表5-30

序号	测试项目	测 试 内 容	备 注
1	测试准备	设备情况：车站所有系统设备均在正常运行状态；IBP盘环控模式处于自动、AFC/ACS处于非联动位置；智能照明处于1/2开启模式、垂直电梯处于沉底状态。人员组织：行值确认设备初始位置后向现场指挥报告设备状态满足测试要求。现场指挥征询专家意见后，下达测试点烟指令	开始前设备应处于正常运行状态。为体现设备联动动作差异，特对部分设备初始状态进行设置
2	火警模拟	设备情况：FAS主机、综合监控工作站上有相应报警，并与现场实际位置、实际设备一致。相应设备未执行联动动作。人员组织：行值在综合监控工作站及FAS主机上收到站台一路烟感报警，通知站台岗到现场确认，并通知相关人员做好火灾疏散准备："站台岗，××区域火灾报警，请到场确认，请各岗位做好火灾疏散准备。"	一路烟感
3	火警确认	设备情况：FAS主机、综合监控工作站上有相应报警，并与现场实际位置、实际设备一致。人员组织：行值在车站综合监控系统及FAS主机上收到第二路火灾报警信号，底层设备已联动（环控模式启动，非消切除，应急照明强起），站台岗确认站台有大量浓烟，并立即向车控室汇报："车控室，站台××位置有明火及大量烟雾，请求执行车站疏散指令"，行值向相关人员下达车站疏散指令："车站全员请注意，现执行站台火灾应急处置程序。"	二路烟感

续上表

序号	测试项目	测 试 内 容	备 注
4	设备联动	车控室:综合监控工作站弹出闭路电视(CCTV)画面,并弹出火灾确认对话框。 FAS主机、综合监控工作站上有相应报警,并与现场实际位置、实际设备一致。 设备区:环控通风系统小系统执行停运模式;应急照明强起;车站三级负荷切除;广播(PA)系统播放应急疏散广播;门禁释放。 站厅公共区:环控通风大系统执行站台火灾模式;广播(PA)系统播放应急疏散广播;乘客信息系统(PIS)显示应急疏散信息;闸机全部释放,闸机导向和闸机保持一致;智能照明执行火灾全开模式;垂直电梯归首;防火卷帘联动动作(隔断全降、疏散半降)。 站台公共区:环控通风大系统执行站台火灾模式;广播(PA)系统播放应急疏散广播;乘客信息系统(PIS)显示应急疏散信息;智能照明执行火灾全开模式;站台门首末端开启,隧道通风系统执行辅助排烟模式	
5	人员组织	车控室:①行值确认FAS信息及综合监控烟感报警具体位置,综合监控屏幕弹出火灾确认对话框,行值进行火灾确认。②行值在IBP盘上操作"站台门ASD首末端开",将AFC/FAS钥匙打至"联动"。③行值、客值对具体联动设备联动情况进行确认。(客值接到启动站台火灾应急处置方案的通知后,立即到车控室协助行值,确认相应环控模式已启动,闸机和门禁在紧急模式,广告照明已关闭,应急广播是否正确播放等设备联动执行情况。) 站厅公共区:①行值通知站台岗、厅巡岗紧急关停向下运行的电扶梯;②站台岗接到执行火灾紧急疏散的命令后,第一时间关停站台向下电扶梯,同时疏散站台乘客,做好乘客解释工作。站台层乘客疏散完毕,报告车控室"站台乘客已疏散完毕",到站厅协助疏散;③票亭岗(A票,B票)接到执行火灾应急处理程序的通知后,收好钱和票,关闭票亭电源。将边门打开,利用手提广播组织疏散站厅乘客出站。对直升电梯进行确认,无乘客被困其中("A票关停AC口向下扶梯,并查看A口直升梯是否困人""B票关停B口向下扶梯");④保安接到执行火灾应急处理程序的通知后,到车控室拿手提广播在应急出口引导乘客出站,确保无乘客进站;⑤保洁接到执行火灾应急处理程序通知后,到出入口张贴告示,确保只出不进;⑥安检接到执行	

续上表

序号	测试项目	测 试 内 容	备　注
5	人员组织	火灾应急处理程序的通知后，在站厅协助引导乘客出站；⑦行值通过 CCTV 监控车站情况，将现场情况及时上报，做好上级指示的传达；⑧值班站长担任现场事故处理主任，负责与各方面的协调与沟通，并负责确认站内乘客疏散完毕。 站台公共区：站台岗及保安设置好铁马后，报告行车值班员。站台门首尾端防护设置完毕	
6	设备恢复	设备情况：执行火灾联动恢复模式，并现场恢复各联动设备。 人员组织：值班站长待火灾扑灭后，组织保洁等清理现场，同时通知各岗位回位，确认相关设备恢复情况，准备恢复运营工作	

站台火灾测试现场效果如图 5-6 所示。

图 5-6　成都地铁站台火灾测试现场图

（6）车站消防水系统测试

车站消防水系统测试主要是对消防水系统的关键功能进行测试，主要测试内容包括消火栓静压测试、启泵后双栓充实水柱测试、IBP 盘远程启停功能测试

等，主要内容见表5-31。

车站消防水系统测试表 表5-31

序号	测试项目	测 试 内 容	备注
1	测试准备	水带、测试装置安装到位，启泵按钮复位工具、秒表、接水沟盖板工具准备齐全，人员（泵房、车控室、现场）到位、FAS设备正常无报警信息	
2	消火栓静压测试	现场人员用消火栓试水装置测量任意一个消火栓口静水压，栓口静水压不应小于0.3MPa、不应大于0.7MPa	
3	充实水柱长度测试	现场人员打开消火栓试水装置开关，观察并测量消火栓的充实水柱长度，消防水枪出水充实水柱应在10m以上	
4	消火栓启泵按钮启泵、IBP盘停泵功能测试	（1）现场人员按下消火栓启泵按钮，车控室人员观察FAS主机应接收到火警信号，并应在30s内联动启动消防泵，现场人员汇报消防泵启动情况，车控室人员汇报消防泵情况； （2）现场人员复位消火栓启泵按钮，车控室人员复位FAS主机并在IBP盘上停止消防泵，泵房人员观察并汇报消防泵是否停止，车控室人员汇报IBP盘上是否显示消防泵停止。 测试结果：①消火栓泵应在30s内启动；②复位消火栓启泵按钮和FAS主机后IBP盘上应能远程停止消防泵	
5	IBP盘启停泵功能测试	车控室人员在IBP盘上依次执行启1号消防泵，停1号消防泵；启2号消防泵，停2号消防泵，泵房人员依次汇报泵房内消防泵启停情况，IBP盘操作所对应的消防水泵应能启动和停止	

车站消防水系统测试现场效果如图5-7所示。

（7）低压供电系统“自投自复”功能测试

低压供电系统“自投自复”功能测试主要是对低压供电系统的自投自复功能进行测试，主要测试内容是在一路失电的情况下，对设备自投自复功能的验证，主要内容见表5-32。

以上测试内容为常见的专家评审测试内容，不同的承包商和系统制式在测试时的相关内容及测试标准，以及不同城市轨道交通企业的人员应急处置流程及方式等均有可能存在差异，仅作为参考。

图5-7 车站消防水系统测试现场图

低压供电系统“自投自复”功能测试表 表 5-32

序号	测试项目	测 试 内 容	备注
1	测试准备	显示屏无报警信息,401、402、411、412 断路器位于合闸位置,403 断路器位于分闸位,进线断路器及三级负荷转换开关置远方或自动位;冷水机组停机	
2	开关柜一路进线失电模拟	拔出 400V 低压开关柜进线电压检测熔断器,模拟 400V 低压开关柜 I 段母排进线失电,低压开关柜应有相应报警信息	
3	设备“自投”功能验证	400V 低压开关柜应能按照以下逻辑顺序自投: (1)三级负荷总开关 411、412 分闸; (2)401 断路器分闸; (3)母联断路器 403 合闸	
4	开关柜一路进线电压恢复	将之前拔出的进线电压检测的熔断器装回原位,模拟 400V 低压开关柜 I 段母排进线电压恢复	
5	设备“自复”功能验证	400V 低压开关柜应能按照以下逻辑顺序自复: (1)母联断路器 403 分闸; (2)701 断路器合闸	
6	设备恢复	向电调申请恢复三级负荷总开关,由电调远控合闸 411、412 断路器	
		显示屏无报警信息,401、402、411、412 断路器位于合闸位置,403 断路器位于分闸位,进线断路器及三级负荷开关转换开关置远方或自动位	

第六章 综合联调的评估与总结

CHAPTER 6

综合联调完成后,及时开展综合联调总结有利于设备故障的快速处理,确保建设工程质量,也有利于运营人员操作流程的优化,对规章和人员培训提出进一步改进建议。

第一节 综合联调的评估

综合联调实施的质量水平直接关系到开通后的运营水平,也是设备质量和运营人员水平的最直接体现。由于目前国内城市轨道交通缺乏综合联调的评价标准,因此,难以对综合联调的质量水平进行客观评价。

1.综合联调评价指标的建立

为综合评定各科目联调开展的实际效果,根据具体科目情况、测试项目数量、对行车及安全影响等方面,建议各地铁公司根据实际,制订相应的综合联调评价标准和指标。

(1)直接否决项

在综合联调过程中，发生以下情况，可判定综合联调不通过：

①联调过程中发生安全事故造成设备烧损或人员伤亡的；

②联调过程中发生测试意外，导致联调意外终止的；

③联调过程中发现单系统及接口测试存在弄虚作假行为的；如单系统和接口测试报告显示测试完成和功能正常，实际联调过程中发现设备未安装调试或明显数据造假。对此情况，已反映出单系统和接口调试存在问题，综合联调采用抽测方式已难以充分暴露问题，建议重新进行单系统和接口测试检查，确保不存在调试隐患。

对于直接否决的联调科目，应按联调管理相关制度追究相关人员责任，并在条件具备后进行重新测试。

(2)车站设备联调

车站设备联调可参考以下标准：

①地下站设备联调测试总项不低于300项，高架站测试总项不低于200项，单科总体合格率不低于95%，甩项率不高于1%；

②FAS系统测试项目应涵盖站厅、站台公共区、设备区各区域，联动功能正常，整体合格率不低于95%；

③气灭系统抽查率应不少于40%，如有不合格项目，则抽查率不低于80%，整体合格率不低于95%；

④电扶梯测试选取的扶梯数量应不少于2台，如有不合格项目，则应全部进行测试，整体合格率不低于95%；

⑤IBP盘测试项目应不低于95%；

⑥环控模式测试项目合格率不低于90%；

⑦其余接口系统测试整体合格率应不低于90%。

以上指标达不到的，视为本联调科目不通过，应在整改排查完成后安排重新测试。

(3)区间设备联调区

间设备联调可参考以下标准：

①区间火灾有关模式整体(含火灾和阻塞模式)合格率不低于95%，甩项率不高于1%；

②区间设备联调总体合格率应不低于90%，甩项率不高于1%；

③手报按钮、感温光纤、感温电缆、起泵按钮(如有)测试应全区段覆盖,整体合格率不低于95%;

④风机、水泵应逐一进行测试,整体合格率不低于90%。

以上指标达不到的,视为本联调科目不通过。

(4)通信设备联调

通信设备联调可参考以下标准:

①单系统整体合格率不应低于95%,总科目甩项不超过两项;

②与行车有关的科目联调合格率应达到98%以上,与乘客服务有关的联调合格率应达到95%以上。

以上指标达不到的,视为本联调科目不通过。

(5)供电设备联调

供电设备联调可参考以下标准:

①供电设备联调单科整体合格率应不低于98%,甩项率不高于1%;

②典型站应进行全点位测试,遥控功能测试合格率不低于99%,整体合格率不低于95%;

③其余车站遥控功能应进行全点位测试,合格率不低于99%,其余遥信和遥测点位抽查率不低于70%,整体合格率不低于98%;

④区间隔离开关应逐个测试,合格率不低于99%;

⑤供电能力验证科目测试整体合格率应不低于99%。

以上指标达不到的,视为本联调科目不通过。

(6)AFC走票及清分测试

AFC设备联调可参考以下标准:

①每条线选择站点应不少于车站总数的1/4,整体合格率应不低于99%,无甩项;

②与票务清分有关的数据正确率应保证100%;

③人员操作失误不大于测试总交易数的0.5%。

以上指标达不到的,视为本联调科目不通过。

(7)行车设备联调

①行车设备联调中与信号和车辆行车有关的测试内容应100%合格,无甩项;

②其余测试内容,包括列车到站广播、车门及站台门联动情况等合格率不低

于98%,客服设备不合格率不超过2%。

以上指标达不到的,视为本联调科目不通过。

(8)其他能力验证类联调

各项能力验证类联调,重在对相关合同指标进行测定和对人员应急处置能力进行总结和水平提升,涉及设备功能指标的以合同约定为主。

本类联调科目中涉及设备主要功能不通过的,应直接判定为不合格,涉及指标差异的,应按合同要求进行完善。

2. 综合联调不合格项的处理

(1)整体联调不合格的处理

联调结束后,应对联调情况进行统计并对联调通过情况进行判定,对整体联调科目不通过的,按以下原则进行处理。

联调科目整体未通过,应另行安排时间重新进行科目联调重测,同时依据相关办法对责任单位进行考核。

联调过程中,若时间许可,在确保安全的情况下,经联调现场总指挥同意,可立刻进行不合格项目的补测工作,补测通过的纳为合格项目统计范围。

(2)单项不合格的处理

联调结束后,联调指挥部组织对联调情况进行统计并对联调通过情况进行判定,若整体联调科目判定为通过,单项测试不通过的,按以下原则进行处理。

由建设单位组织责任承包商进行整改,整改通过后,由运营使用单位人员现场进行补测确认,补测合格后进行消项处理。

剩余不合格项目纳入消缺完善内容,承包商须在空载试运行前完成相关消缺和补测组织工作。

第二节　综合联调的总结

综合联调总结的主要工作是对综合联调实施情况进行分析和总结,将存在的问题和缺陷布置给责任单位限期整改,整改完成后安排运营部门进行复查,实现所有问题闭环管理。每个综合联调科目完成后,建议在两天内组织召开实施总结会,总结会主要对联调过程的实施情况和实施效果进行总结,便于下一科目

得到改进和提高,总结会的主要内容包括:

①组织和实施情况,包括人员到位、人员配合和工作落实情况。对不满足要求的相关单位人员进行通报。

②整体计划开展情况,包括时间兑现情况、对影响按期完成的相关责任承包商进行通报。

③后勤保障情况,总结后勤保障工作中存在的问题。

④联调效果情况,对综合联调的相关指标进行通报。

⑤对综合联调过程中暴露出的规章制度、人员培训、操作流程等方面进行总结,结合规章制度进行完善,针对人员操作的问题进行强化性培训等。

⑥消缺工作安排,对联调过程中存在的问题,落实责任承包商进行整改,明确完成时间节点,择机安排复测。

综合联调工作,不仅仅只是数据体现,更多是要通过综合联调暴露运营筹备过程中设备与人员的磨合问题,找出影响运营管理的隐患点,提升整体运营筹备质量水平。

第三节 综合联调的消缺管理

虽然单系统和接口调试已对设备各项功能进行了测试,但由于设备质量原因,部分设备故障仍有可能出现,因此综合联调过程中出现的设备故障导致某些测试不通过也是正常的。对相关的设备故障进行原因分析,并制订相应整改措施,实现缺陷闭环管理也是综合联调的一项重要工作。

综合联调的缺陷管理流程如图6-1所示。

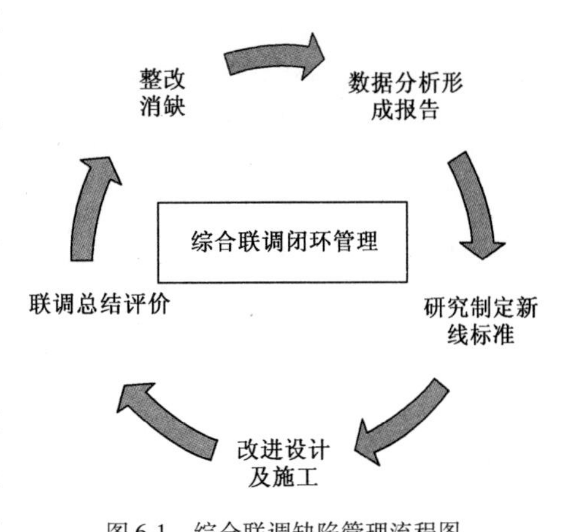

图6-1 综合联调缺陷管理流程图

1. 综合联调缺陷的分类

综合联调过程中的故障可能由设备引起,也考虑是暂时由人员操作失误造成。对于人员操作失误引起的故障,通过原因分析、功能补测和人员强化培训可以解决。对于设备故障,应分清轻重缓急,逐项制订整改措施和时间计划。

(1)综合联调的故障分类

对于综合联调过程中产生的故障,可以根据严重程度进行等级划分,如A、B、C类问题,并分别明确相应的整改要求和时限。A类问题包括危及行车和安全的故障,例如供电设备不能分合闸、车辆车门无法打开、道岔失表等;B类问题包括不会对行车安全造成影响,但会对车站日常管理和相关功能造成影响的缺陷,如风机/风阀不能正常开启、电扶梯故障等;C类问题为不影响使用,需要进一步完善的缺陷,如报警信息描述不准确、标识错误等。

(2)不同故障的处理方式

对于联调过程中发生的故障,应逐一分析原因,并制订整改措施。对于原因未查明的故障,要进行类似问题跟踪和排查;对于多个车站发生的类似故障,应进行设备批量性排查,找出设备通病并彻底治理。

有条件的,应将联调和空载过程中的故障纳入RAMS指标统计,建立设备台账,针对故障性高的设备制订相应的维保措施。

(3)不同故障的处理时限

对于A类问题,要求立即安排承包商进行整改,在整改未完成之前,相应的设备功能不能带病投入使用;

对于B类问题,应明确整改计划,原则上不超过7天;

对于C类问题,可结合后续调试和完善计划统一进行整改。

所有涉及行车和安全的问题,应在开通试运行前完成整改。对不影响开通的问题,责成责任单位继续整改,并移交运营部门进行跟踪。

2.综合联调的消缺跟踪

完成联调缺陷的等级划分后,应将相关问题纳入问题库进行闭环管理。联调问题库包括问题描述、责任单位、整改要求、完成时限和各责任单位签字确认等内容。责任单位在规定时间内完成消缺后,填写消缺整改表,监理单位签字确认后提交运营部门,运营单位组织人员进行复测确认后,消缺完成,形成闭环管理。

3.综合联调消缺数据的分析处理

综合联调消缺完成后,针对施工调试和联调期间的故障记录,进行综合数据

分析是十分必要的。通过数据分析,对同类多次发生的故障,可以分析出是施工质量问题还是设备缺陷,对后续线路的建设和运营维保都会带来帮助。

(1)持续完善,减少后续线路的质量通病。通过数据分析,对常见施工质量问题下发后续线路施工单位加以改正避免;对设计问题,在后续线路进行方案优化;对设备质量问题,在后续线路招标选型过程中加以避免。通过这些措施,可以大大提升后续线路设计和建设的质量水平。

(2)改善运营维保水平,优化运营维修规程和制度。运营部门通过前期消缺数据的分析,可以组织进行通用问题的排查,减少同一问题再次发生的风险,降低设备故障隐患。同时,对于批量性问题可以制订专项的设备更换和检维修措施,加强日常管理,也可调整相关的维修规程和制度,加强对重点设备的关注。

第四节　综合联调报告编写

综合联调报告是开通资料归档和开通试运营评审资料的重要组成部分,也是设备的原始基础资料,运营单位必须通过综合联调,熟悉和建立起完整的设备调试台账。图6-2为成都地铁部分线路综合联调总结报告。

图6-2　成都地铁部分线路综合联调总结报告

1. 数据收集与整理

综合联调各项技术资料的收集，是编制综合联调报告的基础，也是运营接管人员熟悉设备性能指标的主要资料。除设备有关的操作和培训手册外，梳理和建立相关的技术档案，也是运营部门今后管理的重要依据，例如各供电设备的定值设置情况、各变电所的设计容量和实际负荷情况、主信号系统主要设计指标等。

综合联调在整体运营筹备接管的基础上，尚需完整收集综合联调编制的主要数据和材料，以便于综合联调报告的编制和档案资料的归档，包括但不限于下列资料：

①综合联调方案及实施细则；

②联调方案专家评审意见；

③综合联调实施时间计划表；

④综合联调各科目实施记录及总结材料（包括预备会、总结会纪要）；

⑤综合联调各科目消缺记录表；

⑥综合联调管理机构会议纪要及各种通知；

⑦其他过程文件。

2. 报告编制

综合联调总结报告，是综合联调各个科目完成后的总结性材料，是对整个综合联调过程的回顾，也是对综合联调的整体评估。

综合联调主报告可包括以下内容：

①综合联调的整体开展情况；

②综合联调的主要数据统计分析情况；

③综合联调的专项消缺情况报告；

④综合联调的功能清理报告；

⑤对照空载试运行要求和开通试运营要求的自查报告等。

综合联调报告可包括以下附件：

①综合联调方案及评审过程文件；

②各级管理文件及会议纪要；

③单系统及接口调试记录清单；

④联调科目过程记录文件(含单个科目会议纪要、总结报告和消缺记录)等。

第五节　综合联调材料归档

综合联调的材料作为设备基础资料,应逐一整理并归档。相关材料包括前期技术资料、综合联调主报告及相关附件材料等,归档可按纸质材料和电子文档两种方式进行。

综合联调的归档资料内容如图6-3所示。

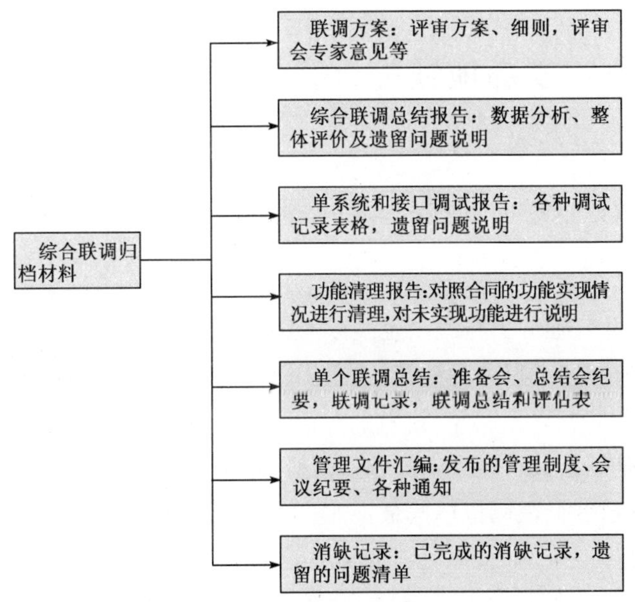

图6-3　综合联调归档资料清单

第七章 成都地铁综合联调实施情况介绍

CHAPTER 7

第一节 成都地铁综合联调总体情况及开展思路

一、成都地铁综合联调总体实施情况

成都地铁自2010年以来,先后组织开展了1号线一期、2号线一期、2号线西延线、2号线东延线、1号线南延线以及4号线一期共计6个项目的综合联调,其中除1号线一期工程为委托第三方咨询单位——上海申通地铁集团有限公司牵头综合联调的方案咨询外,其余5次均为自主开展。在总结1号线一期工程综合联调的基础上,通过总结和改进,已经形成了一套标准化的综合联调组织和实施流程,通过综合联调指挥部牵头,融合了运营、建设、设计等多方人员共同参与,取得了良好效果。图7-1为成都地铁已开通线路图。

(1)2号线一期工程:成都地铁2号线一期工程全长22.47km,共设车站20座,其中换乘站1座(1号线、天府广场站),车辆基地1座。2号线一期工程综合联调自2012年4月启动,历时约3个月,于2012年7月结束,共计设置科目15项,主要包括车站设备联调、行车设备联调、供电设备联调等,测试功能约14 000项,一次性通过率达到了94.2%。2号线一期工程综合联调是成都地铁第一次完全依托自身力量开展的联调工作,其创立的综合联调指挥部机构以及基本的指导思想均沿用至今,为成都地铁后续综合联调的实施奠定了坚实基础。

图 7-2 为成都地铁 2 号线一期工程成都东客站实景。

北 N
西 W
东 E
南 S

3 军区总医院 熊猫大道 动物园 昭觉寺南路 驷马桥 李家沱 前锋路 红星桥 新南门 磨子桥 省体育馆 衣冠庙 高升桥 红牌楼 太平园 3

1 升仙湖 火车北站 人民北路 文殊院 骡马市 天府广场 锦江宾馆 华西坝 省体育馆 倪家桥 桐梓林 火车南站 高新 金融城 孵化园 锦城广场 世纪城 天府三街 天府五街 华府大道 四河 1

2 犀浦 天河路 百草路 金周路 金科北路 迎宾大道 茶店子客运站 羊犀立交 一品天下 蜀汉路东 白果林 中医大省医院 通惠门 人民公园 天府广场 春熙路 东门大桥 牛王庙 牛市口 东大路 塔子山公园 成都东客站 成渝立交 惠王陵 洪河 成都行政学院 大面铺 连山坡 界牌 书房 龙平路 龙泉驿 2

4 非遗博览园 蔡桥 中坝 成都西站 清江西路 文化宫 西南财大 草堂北路 中医大省医院 宽窄巷子 骡马市 太升南路 市二医院 春熙路 玉双路 双桥路 万年场 4

1号线 广都-升仙湖 Line1 Guangdu - Shengxian Lake
2号线 犀浦-龙泉驿 Line2 Xipu - Longquanyi
3号线 太平园-军区总医院 Line3 Taipingyuan - Chengdu Junqu General Hospital
4号线 非遗博览园-万年场 Line4 Intangible Cultural Heritage Park - Wannianchang
换乘站 Interchange Station

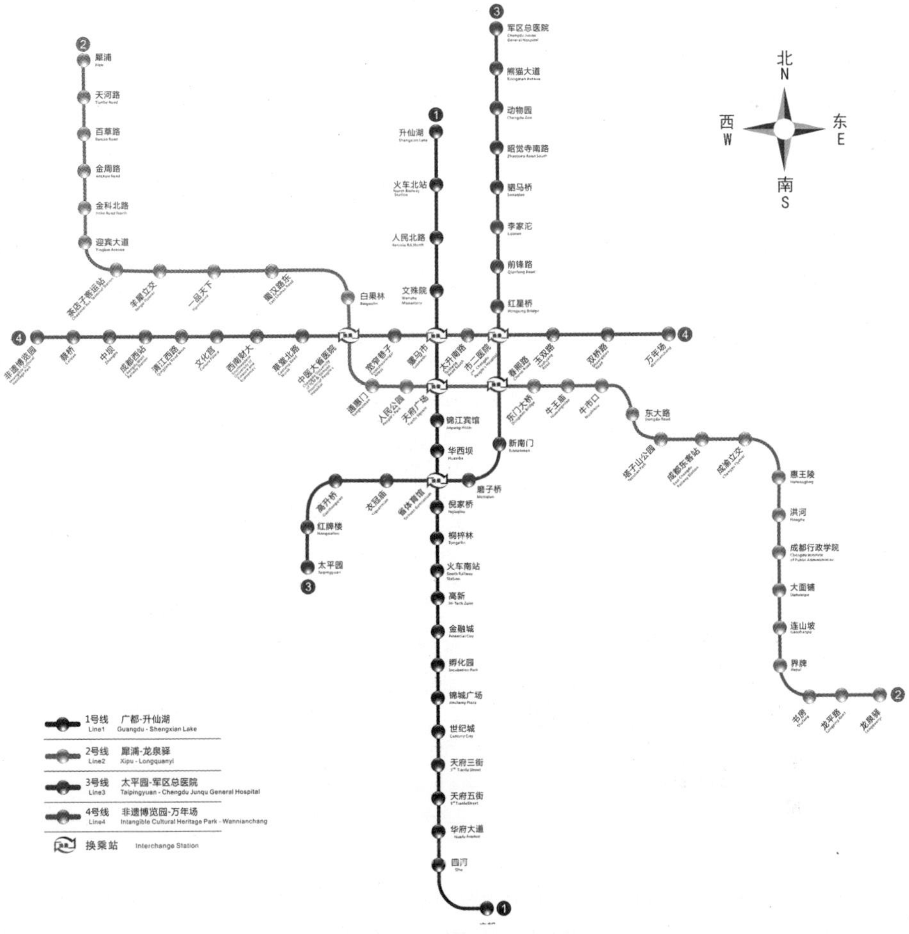

图 7-1 成都地铁已开通线路图

图 7-2 成都地铁 2 号线一期工程成都东客站实景

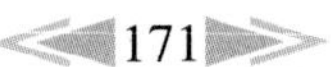

(2)2 号线西延线工程:2 号线西延线东起 2 号线一期起点站——茶店子客运站,向城市西北方向延伸,全长 8.7km,共设车站 6 座,其中高架站 1 座(同时为与国铁换乘站),车辆基地 1 座。2 号线西延线综合联调工作自 2013 年 1 月启动,于 2013 年 5 月全部结束。在汲取 2 号线一期工程综合联调的经验及不足的基础上,西延线联调进行了针对性的完善与修订,共设置科目 17 项,其中根据首条延长线的特点设置了关键系统接驳测试等专题性科目,确保了供电、综合监控、信号等关键机电系统的一次性、无干扰接入 2 号线一期工程。联调共计测试功能总项 5 500 余项,一次性合格率较 2 号线一期工程有了显著提高,达到了 97.9%。图 7-3 为成都地铁 2 号线西延线犀浦站。

图 7-3　成都地铁 2 号线西延线犀浦站(与成灌铁路同台换乘)

(3)2 号线东延线工程:2 号线东延线西起 2 号线一期工程终点站——成都行政学院站,向城市东南方向延伸,地铁第一次进入了成都第二圈城核心区域。2 号线东延线全长 11km,共设车站 6 座,其中地下站与高架站各 3 座。2 号线东延线综合联调工作自 2014 年 2 月启动,于 2014 年 9 月全部结束,历时超过 7 个月,由于东延线第一次将行车演练相关科目纳入了联调范围,因此科目数量有较大幅度增加,达到了 32 项,测试功能总项逾 8 500 项,一次性合格率较之前期线路又有进一步提升,达到了 98.7%。2 号线东延线综合联调充分总结了前两条线路的经验得失,将联调的功能从简单的"调系统"扩展到了"调系统、促验交、评人员、验规章"的更广阔的范畴,极大地丰富了综合联调的内涵与外延。同时在东延线联调前,为规范综合联调开展的筹划及实施流程,成都地铁立足自身实

际，编制了《成都地铁新建线路综合联调标准化作业指南》，对联调的组织筹划、科目设置、测试方案、实施流程及评价标准均进行了标准化规定，用以指导成都地铁综合联调的开展，初步建立起了成都地铁自己的综合联调标准化体系。图7-4为成都地铁2号线东延线连山坡站列车进站。

图7-4 成都地铁2号线东延线连山坡站列车进站

(4)1号线南延线工程：1号线南延线北起1号线一期终点站——世纪城站，继续向南延伸，运营里程5.35km，共设地下车站5座，车辆基地1座。由于1号线南延线是成都地铁首条以BT方式建设的地铁线路，南延线综合联调在时间设置上考虑了综合联调与单系统调试及空载试运行的搭接，首个科目自2015年1月启动，历时近半年，于同年6月初完成所有26项科目的测试验证工作，共计完成测试总计9 600余项，一次性合格率达97.4%。南延线综合联调在标准化流程的基础上开展，并初步尝试对科目设置进行“减法处理”，将部分科目进行了精简、合并，在南延线工期紧张的情况下进一步提高了联调效率。同时2015年3月，在南延线联调期间，国家住房和城乡建设部联合成都地铁有限责任公司、中铁电气化局集团有限公司共同了完成了《城市轨道交通工程设备安装调试作业标准化及施工人员操作指南研究》，其中，依据成都地铁综合联调实施经验编制完成了《城市轨道交通工程设备系统综合联调指南》，为国内地铁行业的联调开展提供了参考，具有较强的示范作用。图7-5为成都地铁1号线南延线天府三街站站台实景。

图 7-5　成都地铁 1 号线南延线天府三街站站台实景

(5)4 号线一期工程:成都地铁 4 号线一期工程全长约 22km,共设车站 16 座,其中换乘站 2 座(1 号线骡马市、2 号线中医大省医院),车辆基地 1 座。4 号线是成都建设的第 3 条完整地铁线路,也是成都地铁迈向线网化运营的关键线路。4 号线开通后成都地铁的线网骨架将初步呈现,在联调科目设置方面,4 号线综合联调一方面加大了"火灾线间联动"等线网联调科目的数量,还针对 4 号线的新技术、新特点增加了车载视频及紧急信息上传等科目,另一方面继续对常规科目进行优化瘦身,共计设置联调科目 25 项,联调实施时间从 2015 年 7 月开始,至 2015 年 10 月结束,测试项总计超过了 30 000 项,一次性通过率达到了最高的 98.87%。图 7-6 为成都地铁 4 号线一期工程宽窄巷子站实景图。

成都地铁自主实施综合联调具体情况详见表 7-1。

成都地铁各线路综合联调实施情况统计表　　表 7-1

线　路	线路长度	站点数量	设置科目数	测试功能总项	一次性通过率
2 号线一期	22.47km	20 + 1(车辆基地,下同)	15	14 000	94.2%
2 号线西延线	8.7km	6 + 1	17	5 500	97.9%
2 号线东延线	11km	6	32	8 500	98.7%
1 号线南延线	5.35km	5 + 1	26	9 600	97.4%
4 号线一期	22km	16 + 1	25	30 000	98.87%

图 7-6 成都地铁 4 号线一期工程宽窄巷子站实景图

二、成都地铁综合联调的开展思路

成都地铁综合联调经过 5 次自主实践，已基本形成了标准化的综合联调思路，主要包括以下几个重点。

一是以信号系统为主线，安排行车设备联调。信号、车辆和供电的调试进度直接关系到线路能否按期开通，因此联调计划必须围绕信号系统调试进度情况进行。行车设备联调和信号动车调试、车辆型式试验密切相关，冲突的焦点在于轨行区的占用，将所有行车相关的科目纳入一个组进行管理和实施，有利于统筹协调，提高轨行区利用率。

二是以综合监控系统为主线，安排车站设备联调（含消防联调）。通信设备联调时间较短，可与综合监控系统一起安排。车站设备类联调通过综合监控和通信的平台可以实现相关的功能验证，车站风水电和消防设备基本都和综合监控系统有接口关系，并通过综合监控的人机界面得以展现。因此，抓住综合监控系统这个龙头，相应的车站设备联调和消防联调的组织也就很容易被带动起来。

三是以轨行区占用为主线，集中安排轨行区设备有关的联调和施工。轨行区尾工施工和动车调试是冲突最多（特别是延伸线尚需停运后进入既有线）、时间计划安排最困难的区域。若整体安排和协调不好，不仅难以推动各项联调计划，还可能在安全管理上带来风险，造成安全事故。

四是有条件的考虑安排样板车站联调，通过样板车站的联调总结，加快通用问题整改。对于多个车站的相同科目联调,通过样板车站的联调发现通用问题并及时加以整改,为加快后续车站的批量联调创造条件。

五是综合联调安排上应尽可能充分提高轨行区的利用率,围绕时间和空间要求进行统筹。

①能白天安排联调的尽量少安排在夜间进行;

②能工作日安排的联调尽可能不安排在假期;

③尽量少安排连续不间断的科目联调;

④样板站与普通车站的时间安排上至少预留一周左右的时间,便于承包商对通用缺陷进行整改;

⑤空载前的联调科目必须在空载试运行前完成,并经整改后不遗留影响行车和安全的隐患;

⑥严格按规定顺序组织和开展综合联调,时间顺序原则上应满足单系统—接口调试—综合联调—空载试运行要求,考虑到实际工期安排,往往在综合联调开始前完成全部机电设备系统单体和接口调试并不现实,同时完成所有综合联调科目后再投入空载试运行也存在困难。因此,单系统和接口调试、综合联调及空载试运行之间在时间上是交叉的,包括部分移交甚至是分段进行的。因此在计划安排时也应结合单系统和接口调试完成情况和后期空载试运行分阶段开展的要求来安排。

第二节　成都地铁综合联调经验总结

成都地铁经过近 5 年的组织实践,逐步摸索和建立了一套适合自己的综合联调实施流程与标准。通过参与行业标准研究编制以及与国内其他城市轨道交通企业交流,成都地铁综合联调组织方式、管理经验以及实施流程等均具有一定的代表性和先进性,可为新线地铁线路的综合联调提供借鉴与参考。

从整体上来看,成都地铁的综合联调有以下几个鲜明的特点。

一、成立强有力的组织机构

目前国内城市轨道交通综合联调的组织形式多样,有自主实施的,也有委托

咨询机构，在其指导下组织进行的。自主实施综合联调一般多是已经具有开通运营经验的城市，没有开通运营经验的城市，鉴于技术力量相对薄弱，一般采用技术咨询方式，委托有经验的地铁公司或咨询机构对综合联调方案的编制、规章制度的制定，调试大纲、流程和计划的编制，以及组织实施和成效评价等方面进行综合性指导，并在其指导或直接参与下组织完成综合联调的具体实施工作。

成都地铁自2号线一期开始就以立足自身力量为原则组织开展综合联调工作，并且成立由地铁公司直接管理的除建设和运营以外的第三方机构——综合联调指挥部，公司领导亲自牵头，多次协调和解决存在的问题，有力地推进了综合联调的各项工作，确保了各项指令和工作得到高效的执行。

综合联调指挥部是成都地铁总公司层面的领导和组织机构，它较好地解决了联调由建设还是运营牵头的问题，确保了联调的执行力与公信力，依据线路建设形式的不同，联调指挥部的参与各方有所不同（如BT承建单位），成都地铁5次自主实施过程中，联调指挥部的组织架构也有所优化调整，但总体来讲，其基本的组织架构仍较为固定，具有较好的参考性。

1. 成都地铁的综合联调指挥部架构

成都地铁综合联调指挥部，是由地铁公司牵头，建设、运营、设计等多方共同参与，承建单位配合，负责成都地铁综合联调开展的综合性管理与指挥机构。其由地铁公司领导牵头负责，各方分管负责人参加，有利于统筹公司设计管理、建设管理和运营筹备等方面的资源，实现新线开通前的有效衔接和过渡，其主要职责包括：

①对综合联调过程中的重大问题进行研究、协调和决策；

②审定和批准综合联调大纲、实施方案和计划；

③检查和指导综合联调实施工作，定期听取综合联调工作情况的汇报；

④对综合联调中表现优秀或影响工作进度或质量的部门（单位）、人员进行奖励或惩罚等。

在综合联调指挥部下，根据具体工作落实需要，设置了专业小组，包括办公室、技术与资料管理组、调度计划管理组、联调保障组以及联调实施组等机构（必要时可设设计管理组），负责具体工作的落实，各机构职能分工参考如下。

1）办公室主要工作内容和职责

①代表联调指挥部对综合联调工作进行总协调，负责联调工作的总体方案

制订和计划编制；

②定期向综合联调指挥部汇报进度情况、存在及需要协调解决的问题；

③负责综合联调过程中的日常组织和管理工作；

④负责对综合联调过程中的部门和人员进行考核等具体事务。

2)技术与资料管理组工作内容和职责

①对综合联调过程进行相关技术指导，负责对存在的问题提出整改要求和建议；

②负责组织对综合联调前提条件进行检查，负责对具体联调科目完成情况进行评价；

③负责联调科目和计划的编制，负责综合联调期间结合实际情况对每周综合联调计划进行微调；

④负责对联调过程数据进行跟踪，督促相关责任人员进行全面记录和提交；

⑤负责收集调试进展情况，定期形成综合联调报表；

⑥负责收集和汇总相关的联调资料，形成定期汇报材料和总结报告；

⑦负责按期完成联调指挥部安排的其他工作。

3)联调保障组工作内容和职责

负责所有联调科目中需要的安全、车辆及物资后勤保障工作，对综合联调过程中的安全管理情况进行检查和督导，对相关安全隐患及违章情况进行通报和监督整改；负责按期完成联调指挥部安排的其他工作。

联调保障组可考虑下设安全保障组、车辆保障组和后勤保障组三个具体工作组。

(1)安全保障组职责

①负责综合联调前的安全检查及前置条件评估；

②负责检查、监督联调人员的安全执行情况，发现问题及时给予制止及通报；

③负责紧急情况下的救援和应急管理、协调；

④负责综合联调期间区间、车站、车辆段及OCC全封闭管理的落实与监督，并负责上述封闭区域及周边环境的安全检查和安全监督工作（含动车调试期间）；

⑤负责对相关违章及存在安全隐患责任部门进行通报，并报公司按相关规

章制度进行处罚；

⑥负责按期完成联调指挥部安排的其他工作。

(2)车辆保障组职责

①负责提供行车联调所需要的技术状态良好的电客车；

②负责电客车运行中发生的故障应急处理；

③负责应急备用电客车的管理及运行；

④负责救援设备运行和发生救援时的救援作业；

⑤负责按期完成联调指挥部安排的其他工作。

(3)后勤保障组职责

①负责合理安排综合联调人员的交通、就餐等后勤保障；

②负责综合联调人员所需日常用品/临时用具的购置和发放；

③负责综合联调人员所需工器具的管理和发放(如对讲机等)；

④负责综合联调的相关宣传工作；

⑤负责按期完成联调指挥部安排的其他工作；

⑥负责综合联调前的安全检查及前置条件评估；

⑦负责检查、监督联调人员的安全执行情况，发现问题及时给予制止及通报；

⑧负责紧急情况下的救援和应急管理、协调；

⑨负责综合联调期间区间、车站、车辆段及OCC全封闭管理的落实与监督，并负责上述封闭区域及周边环境的安全检查和安全监督工作(含动车调试期间)；

⑩负责对相关违章及存在安全隐患责任部门进行通报，并报公司按相关规章制度进行处罚；

⑪负责按期完成联调指挥部安排的其他工作。

4)调度计划工作组主要工作内容和职责

①负责具体综合联调计划申请的审批，负责相关施工及作业令的批准；

②负责综合联调过程中的调度指挥和组织协调；

③负责动车调试、综合联调、空载试运行期间与运营线路调度的协调管理；

④参与和轨行区有关的综合联调科目实施方案的讨论，按综合联调方案要求完成具体组织工作；

⑤处置综合联调过程中出现的意外事件，组织综合联调抢险与救援工作；

⑥负责按期完成联调指挥部安排的其他工作。

5）联调实施组

负责综合联调方案的编制和细化完善，并按预定时间计划要求组织和开展相关科目的综合联调工作，按要求召开综合联调准备会和总结会，形成总结报告；负责按期完成联调指挥部安排的其他工作。联调实施组根据工作内容可考虑设行车设备组、车站设备组、线网及能力验证组等几个具体工作组，各工作组的具体工作内容和职责如下：

①负责本工作组范围内综合联调方案的编制和优化完善；

②负责按预订计划组织相应联调科目的实施；

③负责综合联调过程中的指挥和组织协调；

④负责调试所需的作业令的申请和注销；

⑤负责联调中需要的调车作业和停送电手续的办理申请；

⑥负责本组联调的安全管理工作；

⑦负责本组调试中所有人员的落实和培训，核查人员上岗资格要求；

⑧负责组织相应承包商完成相应的配合和保驾工作，对未交付运营的设备，需要落实承包商配合联调人员进行操作和处置；

⑨负责组织实施联调设备设施发生故障时的抢修工作；

⑩负责本组调试过程中的现场数据记录和整理，形成调试报告；

⑪负责综合联调中出现的缺陷、问题的落实和跟踪；

⑫对调试过程中的部门和人员进行考评，并报综合联调指挥部；

⑬负责按期完成联调指挥部安排的其他工作。

成都地铁综合联调指挥部组织架构示意图如图 7-7 所示。

2. 联调参与单位职责

综合联调是一项涉及多部门多单位共同参与的工作，需要设计、建设、运营和监理等各方的共同努力，各参与方的主要职责包括：

①成都地铁有限责任公司：为本联调科目的总牵头和组织实施单位，由运营公司安排中央和车站操作人员、维保人员，总工办和建设公司负责按联调科目要求组织总体、设计、监理以及相关系统承包商进行现场保驾和配合。

②设计总体及系统设计单位：协助完善总联调细则，进行技术交底，对机电

设备施工图存在的问题进行协调,对技术问题的解决提供技术支持,对联调过程中出现的设计问题及时组织设计单位拿出设计变更方案。总体组负责做好技术支持及各专业设计人员的组织和协调工作。

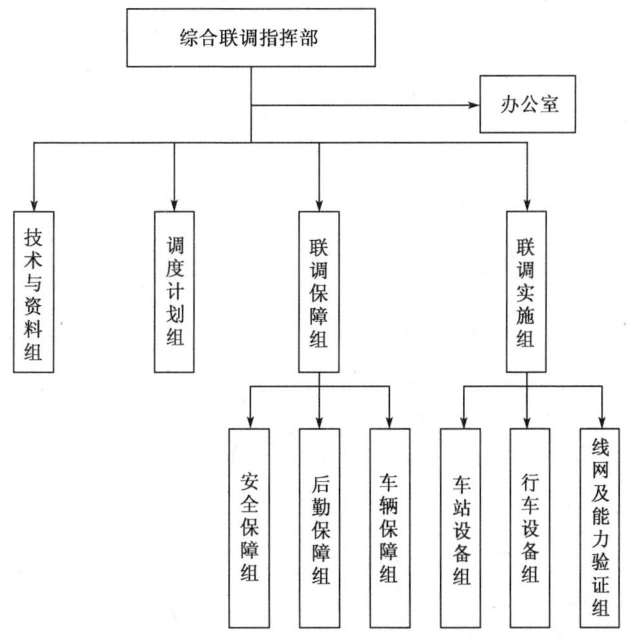

图 7-7 成都地铁综合联调指挥部组织架构示意图

③各机电系统及工点监理单位:依据总联调细则组织与监督设备操作、技术保驾、技术指导人员到位,负责对总联调相关设备的操作进行监督和协调。对本合同内的设备系统的安全和质量监督负责。

④联调牵头单位承包商:为本联调科目的承包商牵头单位,负责相关机电及工点承包商的整体组织,负责对运营联调人员进行现场指导和保驾,对本系统设备的操作安全和监督负责。

⑤其他相关机电系统、关键设备及工点承包商:根据总联调要求,负责派出专业技术人员对联调人员的设备操作进行技术保驾和技术指导,现场设备(特别是未移交设备)由责任承包商进行相关的故障模拟和操作,相关人员在总联调开始前到达相应位置,全程参与总联调,确保总联调顺利进行。总联调中遇设备故障,承包商人员需根据调度命令及时处理、抢修。对本设备系统的安全和质

量负责,负责本单位作业人员的安全管理。

二、建立综合联调管理制度及安全要求

综合联调在整个地铁工程中一般处于建设向运营移交的过渡阶段,运营规章制度体系尚未发布,管理涉及建设和运营等多单位和主体,因此管理难度比较大。综合联调是一个参与单位和人数众多的系统性工程,必须要有完善的、强有力的管理制度为依托,才能确保联调实施的安全与规范。

1.发布相应的管理制度

结合成都地铁联调开展情况来看,综合联调开展前组织编制了以下规章制度,保障了联调组织与实施的安全和顺畅。

(1)安全保障制度

安全保障制度包括以下文件:

①《综合联调期间施工管理办法》;

②《综合联调安全管理办法》;

③《综合联调期间调度工作制度》;

④《综合联调承包商考核办法》。

以上制度主要用于轨行区接管后的临时调度和施工管理保证,同时为保障调试期间的行车和调试安全,对相关违章承包商进行通报和处罚,避免调试期间出现安全事故。

(2)管理制度

管理制度包括以下文件:

①《综合联调期间人员集中办公管理办法》;

②《综合联调期间会议管理办法》;

③《综合联调期间专项消缺管理办法》。

原则上,综合联调期间建议实行主要人员集中办公制度,人员集中办公有利于相互沟通和相关工作的快速落实。综合联调期间集中办公人员包括联调指挥部各小组主要负责及实施人员、设计总体及系统设计负责人员、主要承包商(含信号、综合监控、供电等)、主要系统业主代表等。

联调期间应明确定期例会制度,定期协调和处理综合联调过程中的问题,及

时形成相关会议纪要及简报;会议可根据需要分联调指挥部和工作组会议,根据权限范围对相关工作进行推动。

针对设计问题或信号系统问题等,可不定期及时组织召开专题研讨会。专题研究,限期解决,避免对综合联调的整体进度和质量带来影响。

另外,为推动综合联调过程中暴露的缺陷整改,综合联调各科目均应安排专人负责资料收集和缺陷跟踪,专人负责收集综合联调过程中的联调记录和总结资料,并做好归档准备。对联调过程中暴露的问题和缺陷,及时做好登记和跟踪,必要时召开专项消缺会,督促责任承包商限期解决。

2. 明确安全措施和安全要求

综合联调开始阶段,车站装修及部分系统往往还遗留了部分尾工,存在较多的交叉作业,部分施工单位为抓工期、抢进度,安全管理意识淡薄,加之设备已处于调试阶段,运行不稳定,因此,综合联调期间安全风险隐患多,管理难度大,综合联调期间的安全管理就显得尤为重要。

成都地铁每条线路综合联调期间均会发生数起因联调参与单位安全管理不到位而引发的违章违纪事件,包括调试人员擅入轨行区、施工后清场不彻底造成遗留材料侵限、联调前置条件确认不到位导致联调中断等情况,对联调过程中的人员及设备安全均造成了一定隐患。

为规范综合联调期间的现场安全管理,确保安全管理规范有序,杜绝因管理不善引发的设备、行车和人身伤害事故,成都地铁在综合联调期间均制订了相应的安全管理卡控措施和要求,包括如下内容:

(1)通用要求

①综合联调的实施过程中必须坚持“安全第一、预防为主、综合治理”的方针,确保调试过程中的人员及设备安全。

②综合联调各科目实施前均应制订专项方案,内容应包括安全管理及应急措施,方案应经专家评审通过。

③综合联调实施部门在综合联调开展前要组织参加的调试人员对方案进行学习,确保参加调试的人员掌握调试要点和安全措施,在调试过程中严格按照方案执行。

④综合联调实施需遵照综合联调专项安全规章要求做好请点、销点及安全卡控工作。

⑤综合联调开展前应提前对安保人员进行培训并检查相应的边界封闭情况。

⑥调试开始前需核查其他影响综合联调的施工作业,前期施工作业人员、工器具已出清调试区域。

⑦综合联调开始前,相关系统及设备承包商要会同监理对各自负责的设备进行安全状态检查,确保综合联调过程中的操作不存在安全风险及隐患。

⑧在综合联调过程中,如出现相关的安全隐患,需立即暂停调试,经综合联调现场指挥和总指挥评估后,给出终止该项综合联调的意见。

⑨综合联调出现故障后,经现场指挥批准后,承包商可以在确保安全的前提下进行故障维修,对短时间内无法恢复的,应停止检修并终止该项调试内容。

⑩综合联调期间的各类人员,包括调度员、电客车驾驶员、工程驾驶员、调试负责人等主要行车工种必须持证上岗,无证不得单独作业。特种作业人员必须持证上岗,且特种作业人员在独立上岗作业前,必须进行与本工种相适应的、专门的理论学习和实际操作训练,无证或未经培训不得从事特种作业。

(2)驳接调试专项安全要求

①延伸线路系统驳接调试应充分考虑与既有运营线路的关系,制定详尽的实施安排及步骤,并经专家论证通过,确保不会影响正常运营。

②驳接方案中应包括详尽的回退、应急及验证措施,对回退判定、验证步骤及人员职责等应有具体描述。

③运营单位应安排专业人员对驳接调试的实施过程及结果进行全程参与及监督,确保驳接后的验证满足运营要求。

④接入已运营线路后,系统承包商需安排专业工程师进行现场保驾工作,保驾时间不得少于24h并以驳接调试现场总指挥要求为准。

⑤如驳接系统的设备室未移交运营单位管理,系统承包商及运营单位应采取专项措施,对设备室内的调试施工进行专人负责制,确保不对运营设备造成影响。

(3)动车调试专项安全要求

①调试期间,任何参与调试人员禁止擅自进入调试区域轨行区,如确有需要进入时必须先报告调试负责人及调试驾驶员,并得到行调同意后方可进入。

②进行高速列车测试时,必须排列好后续进路,终端信号机后一个道岔必须

锁定在列车前进的方向，并留有足够的保护区域。当须取消、变更进路时，必须先扣停列车，并通知相关列车上的调试负责人后才能取消、排列变更进路。

③各种列车(电客车、工程车)在运行中严格按规定速度行驶，驾驶员不间断瞭望，列车在运行中发现侵限物和异响，应立即停车处理，并报告调试负责人和行调。电客车驾驶员要注意观察接触网状态和DDU网压显示，发现异常情况及时停车。

④列车调试过程中，现场指挥等人员应严密监视、控制两列车之间的合理安全间距；对已发现的安全隐患或征兆，应先查清原因，并采取可靠防范措施，否则不能盲目动车。如发现有危及行车安全的情况，如冲撞车挡和接触网终点警示牌等，任何人有权中断调试。

⑤电客车运行前和运行结束后，电客车驾驶员和车辆人员须共同对车辆进行一次全面检查，发现异常及时通知车辆管理和维保部门，并做好记录。

⑥工程车在运行时必须停车确认道岔开通位置。

⑦工程车、电客车在调车作业中须严格控制速度、确认道岔开通位置、按照调车信号运行。

(4)供电调试专项安全要求

①进入变电所进行调试时，必须遵守变电所管理规定，按要求办理作业手续，调试过程中执行值班员的安全防护要求。

②综合联调单位负责对综合联调现场调试内容及范围进行监督，确保调试过程不会对既有设备造成影响。

③变电所承包商及设备厂家在供电系统测试前应做好系统备份和应急回退措施。

④在进行供电能力测试过程中，电力调度及变电所值班员应做好对变压器等设备运行参数的监控，若出现过载报警，应立即切除测试回路，确保既有线供电安全。

三、明确完整顺畅的组织流程

综合联调的开展受建设进度制约与影响较大，一般时间跨度都在3个月以上，一些长大线路或者延伸段线路的联调时间则会更长，甚至达到6个月左右。要在如此长的时间范围内组织好联调的实施工作，确保各项工作的有序、顺利开展，就必须先要有统一标准。通过建立一个清楚明晰的组织流程，并且对具体每个流程，无论是前期筹备、联调操作，还是现场记录、整改闭环，都要有明确要求，这样整个联调实施顺畅、按照预期目标向前推进。

成都地铁经过多次联调实践，并进行了归纳提炼，从总体上将综合联调组织流程分为了三个阶段——准备阶段、实施阶段以及总结阶段，具体流程如图 7-8 所示。

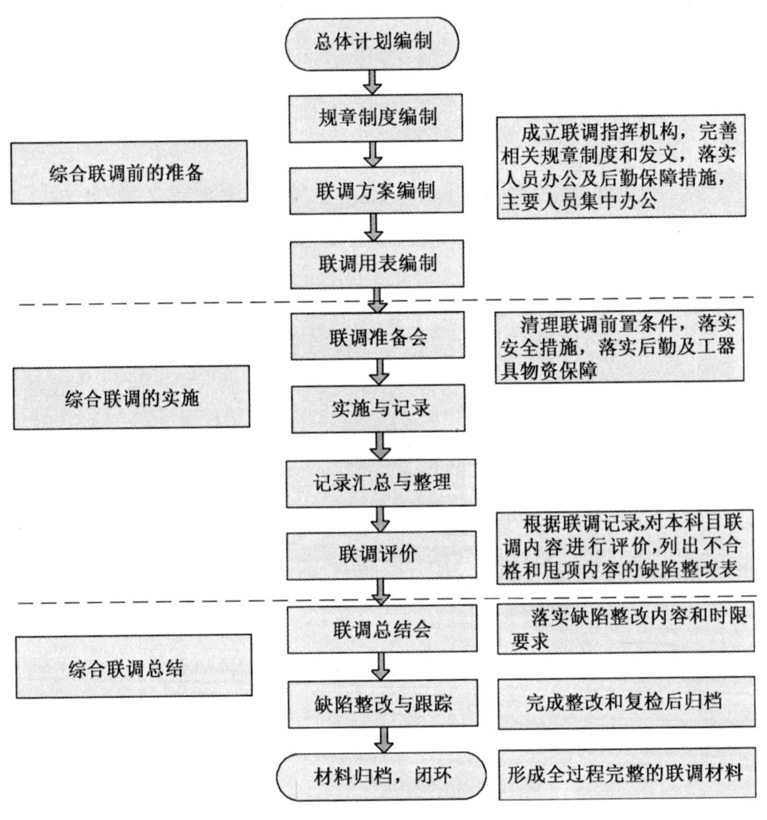

图 7-8　综合联调组织流程图

1. 准备阶段

该阶段的主要工作为启动综合联调筹划工作，包括：

①成立组织机构。抽调专人成立成都地铁新建线路综合联调指挥部，建立联调工作开展机制。

②落实配套的规章制度和办公要求。发布联调期间的各项规章制度及管理

办法。

③编制联调方案。组织骨干人员根据线路特点有针对性地完成联调方案和细化表格的编制。联调方案编制完成后,应组织相关的方案评审,评审意见作为后期综合联调开展的依据和支撑。

④联调计划编制。根据整体工期安排,确定联调科目和初步时间计划。

⑤关键功能清理。在综合联调实施前组织设计单位对关键系统的功能情况进行梳理,确保参与联调的所有人员熟悉设计功能,明确联调标准。

综合联调准备阶段工作流线图如图 7-9 所示。

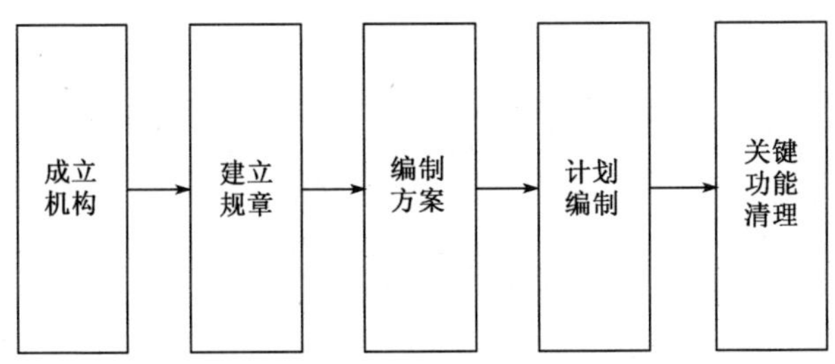

图 7-9 综合联调准备阶段工作流线图

2. 实施阶段

该阶段主要围绕具体联调科目展开,每个科目开始前要召开准备会,检查各项工作的准备和落实情况,不具备联调条件的个别项目要提前甩项处理,若不具备联调条件的内容较多,建议联调计划延期进行。实施过程中,所有人员要按联调实施方案要求进行操作和记录,对不合格的项目及原因做好登记。

①组织进行运营“三权”移交。即调度管理权、属地管理权以及设备操作权的移交。

②综合联调准备会。主要对综合联调科目开展前的各项准备工作进行梳理和落实。会议形成实施组会议纪要,作为按期开展综合联调的依据。准备会认定本次联调科目条件不具备时,应第一时间汇报联调指挥机构,申请联调科目延期进行。

综合联调准备会应在综合联调科目实施前至少两天召开,连续进行的联调科目,准备会可合并召开。

③前置条件检查。为确保联调安全,具体实施前应组织对联调前置条件进

行检查,确认条件满足后方可进行。

④综合联调实施。实施由综合联调实施科目现场总指挥负责过程管理,相关责任部门按联调方案的职责分工进行配合。在实施过程中,现场指挥根据整体项目进展情况有权决定联调甩项、联调现场补测、联调顺序调整、联调异常终止等。部分联调科目在前期不具备测试条件的(如列车到站显示等功能),为确保整体联调计划不受影响,前期联调过程中应采取甩项的处理方式,后期具备条件后进行了统一补测。

实施过程中,所有人员应按联调方案的要求做好记录,对同一事件需多处确认记录的,应在联调完成后,统一收集和汇总现场数据,并签字确认。

⑤综合联调记录收集与汇总。综合联调科目实施完成后,现场指挥按规定程序检查人员和设备出清后销点。同时,联调现场应对联调科目的具体通过情况进行统计和发布。

综合联调实施阶段主要工作流线图如图7-10所示。

3. 总结阶段

该阶段的主要工作是对实施情况进行分析和总结,按照PDCAR理念对联调进行闭环管理,如图7-11所示。

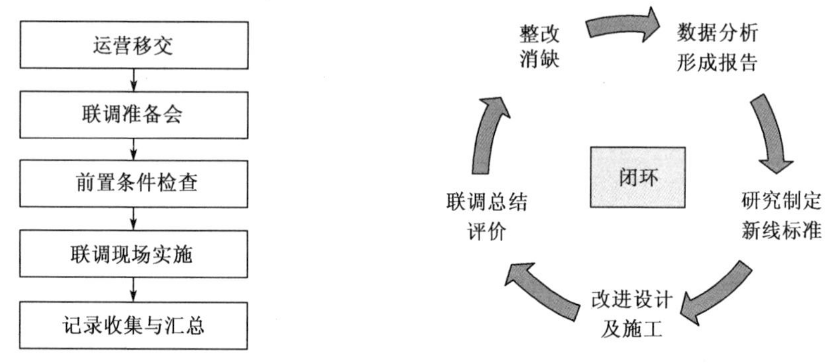

图7-10　联调实施阶段工作流线图

图7-11　综合联调总结阶段工作流线图

①总结评价。联调过程中不可避免会出现单系统进度滞后或联调无法通过等问题。为此,综合联调指挥部专门设计了缺陷整改和跟踪表。实施小组应按流程填写《联调评估表》和《缺陷整改表》,一是能确保问题得到及时整改并有效闭环;二是所有故障原因可为运营维护提供基础数据,便于进行RAMS分析。

联调科目完成后1~3日,实施小组应组织召开联调总结会,对联调科目情

况进行评估并提供总结报告至联调指挥部。

②整改消缺。将存在的问题和缺陷布置给责任单位限期整改，整改完成后安排运营部门进行复查，复查合格后将签字确认的《缺陷整改表》交联调指挥部归档，整个综合联调工作结束。

若逾期不能完成整改的，可建立专门的问题库，公司组织对存在的问题进行评估，对影响安全和行车的问题，必须在开通试运营前得到解决。对不影响开通的问题，责成责任单位继续整改，并移交运营部门进行跟踪。

③联调总结报告编制。联调指挥部对相关联调记录材料进行整理，形成完整的开通试运营评审材料。

④优化改进。根据联调问题分析研究制订新线设计及施工改进方案，使类似问题不再重复出现。定期跟踪缺陷整改，形成有效闭环。

四、制订详尽完善的综合联调方案

综合联调开展的效果如何关键在于联调方案，好的联调方案应该同时具备内容完整、易于实施的双重特点。内容完整是指联调方案的整体结构及测试内容应完整，易于实施是指方案应通俗易懂，便于一线操作人员理解方案要求。

1. 联调方案的编制要求

综合联调实施方案和实施细则好比整个联调科目的剧本，直接关系到综合联调组织的成功与失败。完整的综合联调实施方案应包括以下几个部分，见表7-2。

综合联调方案编制内容表 表7-2

序号	内　容	编制说明
1	目的及前提	联调要达到的目的和要求，需要具备的条件
2	依据及标准	相关设计规范、技术规格书及运营规章
3	组织机构及人员安排	具体人员安排，职责说明
4	安全检查及预防措施	需采取的安全检查和预防措施
5	工器具及后勤	相关工器具及送餐、用车安排
6	联调内容与步骤	明确联调具体内容及操作步骤
7	记录表格	对照方案，配套的步骤和记录说明
8	评估与整改	联调评价及整改要求

(1)目的及前提

本次综合联调科目要达到的目的和开展本次科目的前提条件(包括单系统及接口调试已开展的情况说明,并在准备会前提供单体及接口调试资料供核查)。

若联调开始前,相关接口系统设备未安装到位或者接口测试未完成,应做甩项处理。甩项数量过多的联调科目,应考虑延期进行。

(2)依据及标准

本次科目开展依据的相关规范、设计标准、与承包商签订的技术规格书和公司内部规章制度等。应明确本次科目开展成功与否的标准要求,例如重要联调科目哪些失败即可确定为联调不合格。对联调不合格的科目,需要安排承包商整改后重做。

(3)组织机构及人员安排

根据综合联调的具体责任分工,在实施方案中明确相关人员的职责和工作要求,建立联调实施的组织架构,明确信息沟通和处理流程,避免多头指挥。

从综合联调的实施来看,要有目的性地加强从建设管理向运营管理的有效过渡,逐步实现从建设承包商保驾到运营部门独立接管和运营的目的。因此,综合联调的人员应以运营人员为主,建设部门和承包商进行必要的配合。

对运营人员,要对其说明相关培训和熟练程度要求,必要的时候要在实施前安排针对性的强化培训,确保各责任人员清楚操作流程,明白评价标准并能做出正确的记录和评价。

由于单一科目联调实施时的具体人员可能不同,因此应针对每个联调科目建立人员通讯录,并通过综合联调预备会进行发布。

(4)安全检查及预防措施

安全检查及预防措施即开展本次科目需要提前做好的安全措施,包括行车设备联调开展前的轨行区安全检查及相关的安保措施,相关调度计划的办理等。相关要求要通过综合联调准备会,提前安排相关安全落实事项。

安全措施一般由安全保障组进行统筹,确保关键部位、关键设备的操作安全。

对一期工程或线网安全运营可能存在影响的,应制订专项安全防范预案。延伸线在接入已运营线路前,必须提前利用一期运营线路停运期间完成所有测

试工作。

对综合联调过程中可能出现的其他应急事项，要提前做好预判，并做好应急处置预案。应急处置预案应说明具体人员安排，处置要求等。

(5)工器具及后勤

综合联调要用到的相关工器具及油料等物资，应在文件中以清单的方式列明，并明确提供的责任部门和具体存放地点，实施过程中的取放方式等。联调过程中要用到的对讲机等设备，相应的频组不得对已运营的线路带来影响，必要时应安排通信承包商对本次联调科目用到的对讲机进行专项写频和分组。

各综合联调方案须进一步明确各部门相关人员的到位流程，涉及用车和用餐要求的，要在综合联调准备会上予以落实。相关的用车计划及用餐后勤计划统一由联调实施组统计后报综合联调后勤组，后勤组根据实施组的要求进行落实。

(6)操作内容与步骤

综合联调内容与步骤(细则)是方案实施的核心，也是综合联调方案的灵魂，在编制综合联调方案实施细则时应遵循以下原则：

①内容必须全面。

联调内容和步骤与记录表格直接相关，综合联调的开展是在承包商完成设备单体调试和接口调试的基础上进行的，应区别于单体和接口调试，但在抽测内容上应注意针对性和全面性，争取每类设备，每类工况的测试都在方案中有所体现。

综合联调的内容应侧重于行车和客运服务，同时确保安全。综合联调的内容应全面覆盖行车和客服的内容，对设备功能的检验可考虑在单体调试和接口调试的基础上，进行功能抽测，每类功能应在综合联调实施过程中被抽测到。同时，为了防止承包商的提前准备，同类功能应现场决定抽测地点和抽测模式，使整个联调方案具有较强的可操作性。在综合联调开展过程中，如果某类功能抽测存在缺陷，现场指挥可根据时间进度安排加大该类科目的抽测数量和力度。

对于部分联调项目，所有车站的联调方案可以通用，不同车站的记录表格可在方案的基础上根据车站实际的设备设置情况进行优化。

②流程必须清晰明确。

综合联调科目中应明确谁担任现场指挥、谁先操作、谁来确认的问题。由于车站及区间设备联调过程中,涉及多家承包商的管理,必须在联调方案中明确具体流程,否则实施时就会出现找不到联系人或找不到技术人员配合的情况。

③操作人员和指令必须清晰。

现场指挥人员应唯一,各级指令下达应清晰,避免多头指挥,特别是业主方人员较多的时候,更应统一思想,所有的决策只能通过现场指挥下达到一线人员。

④记录应确保完整。

操作记录是综合联调实施方案和细则的最终体现,记录表格一方面反映了联调方案和内容,另一方面也是操作步骤和流程的集中体现。好的操作记录表格设计,不仅有利于联调完成后的数据统计和分析,还能让参与人员提前熟悉联调方案,明确职责。

⑤时间安排合理。

对于分多步进行的综合联调科目,应提前进行分步划分和时间预安排,便于各方提前准备。涉及结合部的,还应对结合部的工作提前进行布置,做好安全防护。

(7)实施细则与记录表格

实施细则与记录表格是在综合联调方案内容及步骤的基础上进行的细化和完善,至少应包括以下内容:

①操作流程:结合本次科目要开展的内容,明确每一步联调要开展的工作和具体方法。

②记录表格:在操作流程基础上,参与综合联调的记录人员,记录联调过程中出现的问题和现象。相关的记录应以尽可能反映设备状态为主(必要时提供对比表),避免简单的“合格”、“不合格”记录和评价。记录表格应具体说明相关的填写部门和责任人。对于一线操作人员难以判断的科目,以记录实际状态为主,综合联调总结时由统计人员进行评估。

③其他:记录联调或演练过程中发生的意外或其他事项,或联调记录无法体现的相关故障原因说明。

(8)评估与整改

综合联调评估和整改是发现和暴露问题,加快整改的有效手段。

①评价表格:由联调实施部门收集现场人员的记录表格,并汇总综合联调过程中存在的问题,根据汇总数据情况,形成综合联调评价表,并由相关责任部门签字确认。

②总结报告：综合联调每个科目完成后应尽快组织相关部门召开总结会，由实施部门提交总结报告，对整个科目的准备情况、实施情况及存在的问题进行总结和改进，涉及整改内容规定的完成时间期限。

③缺陷整改追踪：实施部门在记录表格的基础上，汇总存在的问题，在总结会上进行讨论后，落实责任部门进行整改，并定期对整改情况的进展进行跟踪。整改完成后，安排人员进行复测，复测通过后提交各方签字的材料，综合联调科目实现闭环。对到期不能按期完成整改的，形成问题库定期跟踪，对影响安全和运营的缺陷，必须在开通试运营前完成整改。

2. 联调方案的评审

由于目前国内轨道交通行业对于联调的科目设置及测试内容还没有明确标准与实施细则，因此为确保联调方案的完整性、科学性与可行性，综合联调计划和实施细则方案编制完成后，经过内部讨论修改后，成都地铁还组织开展了相应的专家评审。

联调方案的专家评审可分为公司内部专家评审和行业专家评审两种，条件许可情况下可组织行业内专家评审。

方案评审应侧重于以下方面：

①本线要开展的综合联调范围是否体现线路特点，相关重点调试内容满足开通试运营要求；

②整体计划安排是否满足整体工期计划要求；

③关键联调科目内容是否完整；

④相关联调科目安全措施是否满足实施需要等。

专家评审提出改进意见后，综合联调计划和方案编制组应根据专家意见进行完善。完善后的联调计划和方案通过联调指挥部审核后正式发布，作为下阶段综合联调开展的依据。

3. 联调方案的培训

联调方案发布后，综合联调指挥部将组织各参与单位及人员对联调方案进行培训，其目的在于使各调试人员熟悉本专业综合联调的具体内容、步骤、前置条件及安全注意事项，进一步明确联调管理要求，规范调试行为，提高联调效率及参调人员的技术能力，为联调工作提供扎实的技术保障。

培训的具体组织可由各联调实施小组负责，在联调开展前1个月，组织参与本科目的各方人员进行方案及技术交底，对于车站设备联调等参与单位及人数较多的科目，培训时间还应适当提前。方案培训应逐级开展，确保所有人员熟悉掌握，有条件情况下可组织各岗位进行“桌面步骤推演”，确保项目实际开展时相关人员能够迅速到位，推进联调科目顺利进行。

五、编制科学可行的联调实施计划

1. 计划编制的原则

计划在现代项目管理中占有举足轻重的地位，是整个项目管理的龙头，计划工作的好坏将直接影响项目能否顺利实施。由于项目的其他管理工作都是围绕着如何实现项目总进度计划所制定的目标而展开的，因此是否有一个全面、科学、优质的计划安排已成为项目成功的关键。

联调由于科目安排较多，时间跨度较长，常常需要与建设尾工整改、动车调试、空载试运行等穿插安排进行，同时由于部分联调科目之间存在着前后顺承关系，这些都给联调的计划安排制订带来了较多的不确定因素，往往需要联调组织机构要统筹规划各类施工调试工作，灵活合理地安排各项联调计划。成都地铁综合联调指挥部设立了专门的计划管理机构（技术与计划组），对综合联调计划的编制及计划的跟踪、实施、审查与更新进行总体控制，同时联调指挥部分管领导直接参与联调计划的编制过程，并最终对计划审核把关。

联调计划的安排应在建设系统单系统和接口调试的基础上排定，由于工期限制，部分内容可与单系统接口调试和空载试运行安排穿插进行，但应遵循“先单系统接口调试后联调，再投入空载试运行”的原则。空载试运行可根据联调测试情况，系统按功能分阶段进行投入。综合联调实施计划的编制及变更，应充分考虑以下因素。

①为保证影响开通运营的问题能在开通试运营前及时得到整改，综合联调在条件允许的情况下，应尽早开展，以争取整改调整时间，保证新线高水平开通；

②综合联调的整体工期安排：原则上应不少于3个月，对于延伸线路等特殊线路情况，工期应适当延长；

③依据运营接管时间、机电设备系统安装进度及现状功能条件综合考虑，可

按分期、分段、分批、分级等形式制订联调计划；

④以线路和车站两大调试区域为主线，根据科目之间的相关性采取多项目、同一时间平行作业模式，提高时间与空间等资源的利用率；

⑤车站设备联调应在完成各相关系统调试后开展，同时应考虑样板站与后续车站的计划时间差，以便于首个车站联调暴露的通用问题能得到及时整改；

⑥信号系统动车调试进度：制约开通和整体进度的瓶颈往往在于动车调试进度，要充分结合信号动车调试进度和后期空载试运行安排，穿插安排综合联调科目和计划；

⑦为确保联调期间的安全卡控，综合联调应在车站和轨行区完成建设到运营的三权移交之后进行；

⑧及时根据实际联调开展进度对计划进行变更，原则上以不大于 7 天，作为计划的更新周期。

编制的联调计划只有全面、详尽、可行，才能具有很好的指导意义。计划编制过程可以看成是“纸上谈兵”，也可以说是项目的一次模拟演练，详细计划可以让综合联调实施小组尽早地考虑联调实施各方面的情况，在技术、方法、手段、后勤等方面提前运筹帷幄，不至于顾此失彼。同时，一个好的计划，能够最大限度地调动企业内部的各种资源，并且使这些资源通常保持在均衡使用的水平下。在城市开通轨道交通新线任务越来越重，综合联调时间越来越紧张的情况下，计划的作用将更为明显。

联调计划的排定可采用日历表排定的方式进行，具体实施前 1 ~2 周进行动态调整，排定的科目计划表见表 7-3 所示。

综合联调计划表 表 7-3

序号	类别	科目	计划时间					
			站点 1	站点 2	……	……	OCC	车辆基地
1	非行车类设备联调	科目 1	×月×日	×月×日	……	……	×月×日	×月×日
2		科目 2	×月×日	×月×日	……	……	×月×日	×月×日
3		科目 3	×月×日	×月×日	……	……	×月×日	×月×日
4		……	……	……	……	……	……	……
5		……	……	……	……	……	……	……
6		科目 7	×月×日	×月×日	……	……	×月×日	×月×日

续上表

序号	类别	科目	计划时间					
			站点1	站点2	……	……	OCC	车辆基地
7	行车类设备联调	科目8	×月×日(白天,车辆基地轨行区占用)					
8		科目9	×月×日(全天,正线轨行区占用)					
9		……	……					
10		……	……					
11		……	……					
12		科目15	×月×日(夜间,正线轨行区占用)					
13	线网及验证类联调	……	……					
14		……	……					
15		……	……					

2.联调计划的执行与管控

综合联调计划的执行是过程管理理论PDCA(计划、执行、检查、处理)循环动态控制原则中的执行部分。

为保证计划执行的高效,应注意以下两个方面:一是联调负责人重视计划执行,二是联调实施者切实贯彻计划执行。这两个方面相辅相成,缺一不可。综合联调的计划执行过程,应注意在执行前、中、后期的严格管理和控制。

执行前:联调实施小组负责人牵头组织联调参与人员进行方案学习、熟悉计划安排,做好技术交底,将方案要求、操作步骤及安全事项全面灌输到每个参与人员行为意识中,保证综合联调工作高标准起步,高质量推进。

执行中:对于联调科目的实施与进展,联调指挥部领导要亲自进行全方位、全过程的监督与指导,协调解决问题,形成自上而下,自建设到运营,齐心协力、步调一致、协调运作的整体,保证联调实施按计划高效、有序开展。

执行后:系统总结跟踪问题整改。具体科目完成后,由实施小组负责人对开展情况进行总结评估,分析问题原因,提出整改措施及计划,跟踪整改结果,根据问题整改计划及结果及时组织安排进一步的补充测试。

跟进是计划执行的核心,沟通是计划执行的关键。联调过程中,综合联调指挥部、计划编制部门以及各实施小组之间应建立实时、畅通的沟通渠道,保证联调计划的执行情况可以及时反馈到计划编制部门,计划编制部门可以及时检查

计划与实际进度之间的偏差,快速调整计划以适应实际执行情况的变化。各联调小组负责人应及时跟进,保证相关调整信息及指令可快速、准确地达到所有联调参与人员。

对于成都地铁来讲,新线开通任务较重、联调时间也较紧,联调部分科目是采用同一时间平行开展计划安排的,一项计划的滞后或有所调整,可能牵一发而动全身,因此要更为重视计划前、中、后期的执行措施落实到位,各方面的沟通到位,正常及异常情况下的管理措施到位,这样才能实现所有联调科目安全、准时、顺利完成。

六、提前开展关键系统功能清理

由于关键机电系统建设进度不一,为了保证综合联调开展的质量,可分阶段组织开展关键功能情况工作。其目的是检查各阶段关键机电设备的调试和安装进度以及各阶段实现的功能能否满足综合联调和后期运营的需要。

功能情况应分阶段进行,按照联调开始前、空载试运行前和开通试运营前对设计应达到的各项具体功能进行确认,以便有针对性地开展联调及补测工作。以车站设备联调前的综合监控系统功能清理为例,可能局部车站受限于整体工程进度,在联调阶段部分功能尚不具备,要提前做好联调甩项准备并在后续补测中重点安排。

(1)关键系统功能清理范围包括:

①供电系统(含变电所,接触网,杂散电流等);

②信号系统;

③综合监控系统(含 FAS/BAS/TFDS 子系统和门禁);

④通信系统(含 PIS/PA/CCTV/无线/传输/时钟/集中告警等子系统);

⑤自动售检票系统;

⑥站台门系统;

⑦通风空调系统(含冷源);

⑧气体灭火系统;

⑨动力照明系统;

⑩给排水系统;

⑪电/扶梯设备等。

(2)关键系统功能清理流程如下:

①由设计单位对照设计标准和合同技术规格书要求,逐项清理出各关键系统设计所要实现的功能项;

②由运营公司组织专业技术人员对设计单位提供的功能清单进行审核,发现遗漏的及时补上;

③组织各关系系统承包商根据前期清理的功能清单,分综合联调开始前、空载试运行前及开通试运营前三个阶段分别进行核查,形成最终的功能清理报告(由建设单位及监理单位签字确认后)报综合联调指挥部;

④综合联调指挥部组织对清理完成的功能报告进行评估,重点对开通试运营前未实现的功能是否对运营造成影响进行评价,如危及行车和安全,则要求承包商必须在开通试运营前进行有效解决。

通过提前开展功能清理,既熟悉了设备设施设计功能和指标要求,也是提前为移交而开展的准备工作,通过梳理分析,有利于建设和运营消除分歧,加快后续设备设施整体移交。

关键系统功能清理表见表7-4。

关键机电系统功能清理表 表7-4

系统名称	设计功能	联调前是否具备	空载试运行前是否具备	开通试运营前是否具备	功能评估
	由设计单位对照设计招标文件分项填写	承包商填写	承包商填写	承包商填写	公司评估可接受程度
	主要指标或基本要求				
	1.				
	2.				
	3.				
	……				
	系统功能				
	1.				
	2.				
	3.				
	……				

续上表

系统名称	设计功能	联调前是否具备	空载试运行前是否具备	开通试运营前是否具备	功能评估
	由设计单位对照设计招标文件分项填写	承包商填写	承包商填写	承包商填写	公司评估可接受程度
	接口功能				
	一、与××专业的接口功能				
	1.				
	2.				
	二、与××专业的接口功能				
	1.				
	2.				
	……				
设计单位：		建设单位：	施工单位：	运营单位：	

七、严格联调前置条件落实

为确保各联调科目开展的质量，确保联调过程的绝对安全，需要充分利用好各部门各承包商的人力资源，节省综合联调综合成本，需对综合联调开展的时机和开展的各项准备工作进行检查，只有条件具备后，方可组织人员进行现场联调。

1. 总体要求

综合联调实施前，必须按规定的制度和办法进行，按照标准化的作业流程和管控措施，方能保证联调过程的计划兑现和联调实施的质量。总的方面，综合联调应满足以下条件后开展。

①联调实施方案已编制完成，并经联调专家评审会（专家由全国地铁公司行业专家组成，不少于5名）评审通过并发布（在国内没有出台相关联调标准的前提下）。

②原则上应依据地铁公司相关移交接管办法，完成联调范围的“三权”的运

营接管(冷热滑、车辆型式试验除外)。

③相关工程、系统已完成单系统调试和接口调试。

④承建单位已提供联调实施范围内设备的操作维修手册,并已完成运营公司操作及维修人员的相关培训工作。

⑤承包商及设备供应商的临管值守、保驾、抢修人员已到位,熟悉联调方案并能完成设备操作、故障处理、检修及抢修工作,各现场设备状态良好并处于安全操作状态。

⑥参与联调的运营人员均需提前熟悉联调相关制度、组织及实施方案,并经过相应方案培训,车站值班站长、值班员、OCC 调度、系统维保人员等已通过岗位培训并考核合格。

⑦联调现场相关边界条件、安全检查已落实,轨行区处于封闭状态并有专人值守,变电所、风机房等重要设备房有承包商专人值守并制订相关防护措施,消防措施、安保人员等已到位。

⑧联调所需图纸、技术资料、工器具已落实并到位,OCC、车站专用及公务电话安装、调试完成并投入正常使用。

⑨800MHz、400MHz 对讲机准备充分并完成分组,能正常使用。

为确保各联调科目开展的质量达到预期要求,以及确保联调过程的绝对安全,在各具体科目的联调开展前,综合联调指挥部现场负责人须对联调的前置条件进行确认,满足条件的科目方可组织人员进场开展联调工作。除上述总体要求外,各类联调项目尚需满足下列具体条件。

2. 行车设备类联调开展的前置条件

行车设备类联调科目包括冷热滑、车辆型式试验、信号系统等相关行车设备的科目。行车类设备联调开展时还应具备如下条件。

(1)冷热滑前置条件

①轨道道岔、线路已调试到位,具备轨道车运行条件。

②各施工单位人员已清场,相关施工项目已结束,限界检查和整改完成,各种侵限建筑物、物体已清除。

③冷滑区段的接触网工程已全面完工,并已进行检查,检查记录完整,检查质量经评估满足冷滑要求。

(2)热滑前置条件

①接触网冷滑工作完成后出现的缺陷已经整改完毕。

②电客车上的检测设备已经安装完成并能正常使用。

③有线、无线800M通信系统具备投入使用的条件。

④轨行区影响行车的限界问题已经整改完毕。轨行区完成冲洗,无影响行车的限界和异物问题。

⑤至少应保证热滑线路上涉及的道岔能完成人工可靠操作。

⑥轨道线路能满足热滑电车行驶速度要求。

(3)车辆型式试验前置条件

①正线、联络线及车场线路土建工程已完成限界检查及整改。

②正线、联络线及车场线路接触网已完成施工及冷、热滑。

③正线、联络线及车场线路轨道达到设计允许运行速度的要求,正线隧道无严重漏水,不会引起型式试验打滑。

④正线隧道内已完成隧道清洗,满足列车高速、频繁往复运行情况下,扬尘不影响驾驶员正常驾驶瞭望的要求。

⑤内燃机车已完成单体调试,具备救援能力,电客车救援设备已到货并完成调试,救援队具备救援能力。

(4)信号系统相关行车设备联调

①信号系统、轨道、接触网实体工程已全部完成,经评估不存在安全隐患。

②限界检查、热滑完成并验收合格,以及隧道清扫、冲洗完成。

③信号承包商应对照合同功能进入系统进行清理,确认合同要求的功能项在单系统和接口调试中已实现(个别功能未实现的可提前提交联调指挥部议定后甩项)。

④单系统及接口调试,包括系统单体试验、调试、子系统及互联系统间接口调试,以上调试已完成,可投入正常使用。信号承包商需提供单体试验、调试及接口调试记录表、调试通过证明材料,供联调工作组查验。

⑤车站、区间、车辆段线路的线路标志、安全标志、疏散标志、信号标志、停车标等标志标识齐全见。

⑥工程车、车辆临修设备和车辆救援设备准备完备,可投入使用。

⑦控制中心(临时控制中心)已设置并调试完毕,可以承担相关中心功能联调任务,控制中心(临时控制中心)、车站控制室、车辆段(停车场)信号楼行车设

备正常投入使用。

⑧客服设备功能验证前，应提前完成广播词的录入和 PIS 模板的导入，涉及已开通线路或车站的测试，应提前做好张贴告示等工作，避免对乘客造成误导。

⑨现场安保条件已落实，联调前轨行区施工已出清并保持封闭，安保人员已值守到位。

3. 非行车设备类联调前置条件

非行车设备类联调科目包括车站设备、通信设备、区间设备、供电设备（含车辆段、停车场）。车站类设备联调还应具备如下条件。

①联调车站装修施工已基本完成，现场无较大面积、较大粉尘及噪声的施工，无影响调试进行的杂物堆放，车站宜由运营公司完成三权接管，运营公司人员已入驻。

②联调范围内的系统实体工程已完成，并经检查合格。

③承包商应对照合同功能进入系统进行清理，确认合同要求的功能项在单系统和接口调试中已实现（个别功能未实现的可提前提交联调指挥部议定后甩项）。

④单系统及接口调试，包括系统单体试验、调试，子系统及互联系统间接口调试，以上调试已完成，可投入正常使用。承包商需提供单体试验、调试及接口调试记录表，调试通过证明材料经联调指挥部工作组审核通过，不存在弄虚作假行为。

⑤车站联调前，所有车站设备需开启并运行正常。

⑥车站设备联调宜先安排样板车站联调，待主要缺陷暴露和处理完成后方可进行大范围的联调组织。

⑦控制中心（临时控制中心）已设置并调试完毕，可以承担相关中心功能联调任务。

⑧涉及换乘站的联调，应先完成既有线路设备系统的接口改造及调试。

⑨前期施工作业完成并出清，站内及轨行区状况满足联调条件。

⑩供电设备及区间设备联调前，轨行区限界检查、热滑完成并验收合格，隧道清扫、冲洗完成。

4. 线网类联调前置条件

线网类联调包括 AFC 互联互通及清分测试、线间火灾联动及列车转线测试

等科目,线网类科目联调前还应具备的条件包括:

①联调范围内的系统实体工程已全部完成并经检查评估检验合格。

②承包商应对照合同功能进入系统进行清理,确认合同要求的功能项在单系统和接口调试中已实现(个别功能未实现的可提前提交联调指挥部议定后甩项)。

③单系统及接口调试,包括系统单体试验、调试,子系统及互联系统间接口调试,以上调试已完成,可投入正常使用。承包商需提供单体试验、调试及接口调试记录表,调试通过证明材料经联调指挥部工作组审核通过,不存在弄虚作假行为。

④承包商负责编制完成线网联调科目应急预案及措施,确保联调不对运营线路造成影响,预案及措施等报相关设计、监理单位审核,涉及既有线的调试方案由相应运营单位审批同意,并落实相关应急措施。

⑤涉及换乘站的联调,应先完成既有线路设备系统的接口改造及调试。

⑥对联调科目中涉及的已开通线路设备,应提前做好设备封存、张贴告示等工作,避免对乘客正常使用造成影响。

5.能力验证及演练类联调科目前置条件

演练类联调科目包括大小交路套跑演练、接触网供电调整演练、主变电所退出运行供电演练等,应满足以下条件:

①该类科目开展前,相应综合联调科目已完成,重大缺陷已整改完毕,系统功能运行正常。

②演练科目原则上应安排在夜间停运后进行,演练范围需提前清场,无影响演练的施工作业执行。

③原则上,运营公司的各项管理规章已发布,应严格按既有线运营标准组织开展。

6.既有线驳接设备联调前置条件

既有线驳接设备联调包括供电系统、通信系统、综合监控系统、AFC、信号系统,应满足以下条件:

①驳接专项方案须报既有线运营公司审核通过,由运营公司负责核实并签署意见,参与联调的人员完成方案实施培训,明确职责和要求。

②既有线中央设备与延伸线各接口系统车站级、中心级功能调试完毕。

③延伸线网络正常、软件运行正常。既有线软件落实备份措施，具备回退条件。

④承包商参加联调人员须经运营公司培训考核通过，并取得施工负责人证，联调当天按运营公司《既有线施工管理办法》办理请点手续。

⑤信号系统驳接前须取得第三方安全认证。

⑥承包商须安排专业技术人员现场保驾，做好驳接不成功的相关应对准备。

八、明确综合联调前的移交标准

综合联调开始前，本科目涉及的轨行区和车站范围应完成建设单位向运营单位的移交工作。移交标准可按各公司提前制定的三权（调度指挥权、属地管理权和设备操作权）移交标准执行。

“三权移交”标志地铁建设正式由建设转向运营，也是运营全面介入、进驻车站的开始。运营单位完成三权移交后，将全面履行运营管理职责，为下阶段的综合联调和空载试运行打下坚实的基础，同时运营单位对新线的“三权移交”工作也具有一定的前提条件。

(1)轨行区、车站及控制中心

①轨道、车站、控制中心建筑及装修工程完成合同和设计中的全部施工内容，区间长轨贯通，相关专业设备完成单位调试和接口调试且完成实体质量验收，并经工程整改确认不存在对运营安全构成威胁的工程缺陷。重点是控制中心消防系统、全线行车调度系统、全线电力调度系统和机电设备监控系统。

②区间冲洗及清理完成，区间及站内建筑垃圾清理完毕，无大面积施工。

③供水、排污、供电、照明、通风等可投入使用。

④轨行区封闭及限界检查完成，具备热滑条件；线路安全标识完成安装；轨行区安装的线缆、吊装设备设施必须安装牢固无松脱。

⑤车站应具备两个不同方向的出入口，且卷闸门能正常使用，其他进出通道应锁闭。控制中心安全保卫措施完成并具备相应功能。

⑥轨行区及站内各种消防设备设施配备齐全，满足功能使用要求，各系统能正常使用。

⑦无线、有线专用通信系统具备投入使用的条件。

⑧电梯通过监督部门验收并取得检验合格证，满足消防迫降功能。

⑨相关设备资料等已向接管单位移交。

（2）车辆基地

①所有工程及设备完成实体质量验收，并经工程整改确认不存在对运营安全构成威胁的工程缺陷，各项设备设施达到设计功能，满足运营调试和运作条件。重点是车辆段轨道系统设备具备接车条件，试车线具备设计行车速度的行车条件，车辆段信号系统及其控制系统具备相应功能，车辆检修配套设施具备使用条件。

②涉及要求运营能力的所需车辆全部到位，完成相关测试及预验收并具备上线运行条件。

③所有办公与生产场所相关设施具备人员进驻办公条件，特别是段内给排水系统具备相应功能，并与市政给排水系统连接顺畅，段内通信系统具备相应功能，物资仓库与驾驶员公寓具备使用条件。

④车辆基地内各种消防设备设施配备齐全，满足功能使用要求，各系统能正常使用。

⑤无线、有线专用通信系统具备投入使用的条件。

⑥电梯通过监督部门验收并取得检验合格证，满足消防迫降功能。

⑦相关设备资料等已向接管单位移交。

（3）机电系统及设备

所有机电系统设备完成实体质量验收，并经工程整改确认不存在对运营安全构成威胁的工程缺陷，各项设备设施达到设计功能，重点是轨道系统、信号系统（含车载）、接触网、供变电系统、通信系统（含车载）等。

需要补充的一点是，设备操作权的移交并不代表着建设单位工作的结束，运营单位行使设备操作权，主要体现在对设备操作的权利，并不代表对设备的最终功能确认，也不代表着设备资产的最终移交。因此，在三权接管的前提下，运营公司应安排一线人员尽快熟悉设备性能并加强设备实操培训和锻炼。

九、其他说明

成都地铁已经建立了标准化综合联调作业指导书，内容针对已有新线综合联调标准的开展流程，大大提高了新线筹备和综合联调的效率。在综合联调不断总结和提升的基础上,也进行了很多有益的尝试,取得了较好的效果。

一是通过综合联调开展对运营一线人员的培训评价。在综合联调的组织过程中,不仅强调以运营一线人员操作为主,更是安排一线操作部门骨干到联调现场开展对一线人员实际操作的评价工作。通过人员对设备的实际操作水平,反向检查运营筹备培训工作的开展质量。

二是建立了综合联调的评价机制。为避免过多尾工甩项或者单系统和接口调试质量不高,成都地铁建立了综合联调评价机制,对前期建设单位的单系统调试形成了倒逼,最终确保了综合联调的整体质量。

三是通过综合联调总结,编制了质量通病手册。通过将联调和移交消缺结合起来,定期召开消缺整改会,确保了故障和缺陷的处置效率,成都地铁新线开通实现了缺陷整改率100%(开通前一个月之前的缺陷记录);通过缺陷整改与隐患治理衔接,相关记录通过设备管理系统进行登记和分析,实现了设备 RAMS 指标的跟踪,有利于重点设备的隐患管理。另外,通过联调和移交期间的缺陷整改和分析,编制完成了综合质量通病手册,通过下发建设单位提前落实,使得后续新线建设质量得到明显改善。

四是突出联调向运营的衔接,增加了线网综合联调的科目比重。随着线网化的深入,成都地铁在单线标准化联调的基础上加大了线网类综合联调科目的测试内容和比重,强化了线网运营管理的理念,有利于运营开通的平稳过渡。

第三节　成都地铁综合联调的数据分析与总结提高

成都地铁通过多次综合联调工作的开展,摸索积累了一定经验,整体组织筹划和实施都以运营一线人员为主,摆脱了依赖承包商开展综合联调的局面,形成了一套完全自主的综合联调标准和体系,取得了一定的成效。自 2 号线一期工程开始的多次联调均取得了较好的结果,成都地铁综合联调指挥部也开展了相应的总结工作,不仅对好的方式方法进行固化完善,更重要的是对存在问题进行研究分析,从而在后续线路中加以改进或规避,不断提升综合联调组织与实施水平。

1. 成都地铁综合联调数据分析

综合联调是地铁开通试运行前的一次重要测试环节，其中联调的各项数据是联调开展质量的直观反映。对联调各类数据进行比较与分析，通过按故障等级、站点、专业、设计/施工、硬件/软件等的分类统计和交叉分析，为重大问题、突出问题和多发问题的整改指明方向，为后续新线综合联调工作提供参考。

(1)综合联调统计数据的分项

综合联调的数据统计首先要解决的问题是统计的分项，通俗地说就是需要统计哪些方面的数据。分项的合理性与全面性对于联调数据分析，乃至于联调整体成效评估来说都是至关重要的，成都地铁综合联调统计数据项目见表 7-5。

成都地铁综合联调数据分析内容表　　表 7-5

统 计 项 目	说　　明
联调科目	对联调科目设置情况进行分析
联调用时及参与人数	对联调科目用时及人员安排等进行对比分析
测试情况分析	对具体测试情况进行统计分析，包括测试一次性通过率、甩项率等
联调不合格项分析	分类对联调问题进行统计分析，查明问题主要原因
整改情况分析	对整改用时及效果进行分析

(2)联调项目分析

通过与前续线路联调及方案专家评审阶段的科目设置进行对比，对联调科目设置进行分析，以确定科目设置的合理性，测试功能是否覆盖齐全，是否存在合并、优化空间。

表 7-6 为成都地铁 5 次自主开展联调的科目设置对照情况。

从表 7-6 可以看出，联调科目设置是一个从少到全、从全到简的过程，所谓简，不是指测试流程与内容的简化，而是指在确保调试内容全覆盖的情况下，对性质相近、流程类似、开展时间接近的科目进行优化合并，以提高调试的效率与整体时间占用。

(3)联调用时及参与人数统计分析

对具体联调科目开展的用时及参与人数进行统计，通过对比，确定联调组织的顺畅性、人员对联调的熟悉度等，是联调开展效果的重要评判依据，也可为后续联调计划排定提供参考。

成都地铁各线路综合联调科目设置情况对比表 表7-6

序号	线　路	科目设置数量	说　　明
1	2号线一期	15	
2	2号线西延线	17	将行车设备联调按系统模式进行拆分,同时针对验收线路设置客服设备功能验证测试
3	2号线东延线	32	科目数量有较大幅度增加,主要为将延伸线路关键系统接驳纳入联调范畴,同时增加了2号线全线贯通后的列车运行能力验证,大小交路混跑演练等相关科目
4	1号线南延线	26	对科目的精简进行了初步探索,将供电及行车验证的多项科目分别进行合并,以提高联调效率
5	4号线一期	25	科目精简初见成效,在补充了4号线新系统新功能测试以及线网相关科目的基础上,科目数量仍控制在较为合理的范围内

图7-12为成都地铁联调用时统计图,平均用时130天,其中2号线东延线用时最长,达到了207天,4号线一期工程用时最短,为96天。联调用时分析反映出成都地铁联调组织的两个特点:

①联调的计划组织随联调实施经验的不断积累而更为科学,4号线一期工程最为明显,4号线一期工程全长22km,车站16座,但是经过联调指挥部的精心组织,通过对单系统\接口调试、动车调试以及综合联调进行合理工序搭接,同时采取了“2+1”的形式来组织动车调试与综合联调(即动车调试48h,综合联调24h的方式,可以节省大量的轨道时间),整个4号线一期工程综合联调仅仅占用了3个月时间,联调整体效率极高,联调计划的合理安排功不可没。

②相同条件下,延伸线联调用时较全新线路应有所增加。这主要是由延伸线路联调要确保系统无扰接入以及调试时间的限制条件更多等因素决定的。

如果说联调整体用时是计划合理性的反应,那么单科联调用时则可以直观反映出联调开展效率等因素。由于车站设备联调的单科测试项目最多,用时也最长,具有较强的代表性,图7-13为成都地铁车站设备联调的平均用时统计图,可以直观地看出,从2号线一期到4号线一期,随着联调开展次数的增加,联调科目开展的平均用时基本是呈现逐渐下降的趋势,1号线南延线由于为首条BT线路(Build-Transfer,建设—转移,下同),因此在测试项目中选点更多,但并不影响总体趋势，4 号线联调中，车站联调用时降低至 6h 左右，反映出在测试项目与组织效率上都达到了较高水平。

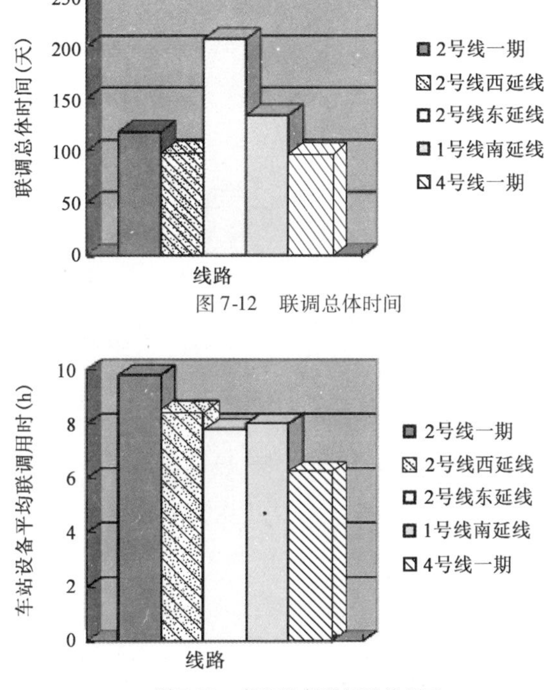

图 7-12　联调总体时间

图 7-13　车站设备联调平均用时

(4)测试情况分析

测试情况分析是联调最重要分析项。对具体测试情况进行统计分析，包括测试一次性通过率、甩项率等，是联调开展效果的直观评价，也是对联调各项前置条件，包括单系统及接口调试情况的再次验证。成都地铁综合联调测试统计情况见表 7-6。

成都地铁综合联调数据统计表　　表 7-6

线　　路	测试总项数	不合格项数	甩　项　数	一次性合格率
2 号线一期	13 926	788	279	94.23%
2 号线西延线	5 500	119	8	97.9%
2 号线东延线	8 523	130	10	98.5%
1 号线南延线	9 605	247	107	97.4%
4 号线一期	30 117	305	425	98.97%

从表 7-6 可以看出,成都地铁综合联调一次性通过率始终保持在一个相对较高的稳定水平,并且随着联调经验积累,联调整体通过率逐步上升,如图 7-14 所示,1 号线南延线由于是首条 BT 线路,BT 承建单位及承包商对联调的认识与准备不足,导致一次性通过率稍微下降,但总体上仍处于可控范围之内,而 4 号线一期工程,无论在联调测试项目,还是在测试效果上都达到了峰值,也从侧面反映出联调前各项单系统及接口调试把关较严。

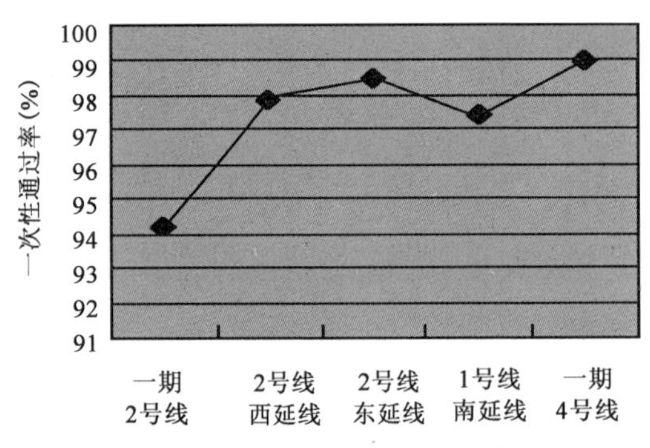

图 7-14　成都地铁综合联调通过率曲线图

(5)联调不合格项数据分析

按照设计问题、施工问题、系统功能完善、单系统及接口调试问题等方面对不通过项进行分类统计,可直观展现联调过程中存在的主要问题,由此有针对性地采取控制措施进行纠偏。

截至 4 号线一期工程,成都地铁综合联调过程中共计发现各类问题 1 589 项,综合联调指挥部组织进行了问题分析,旨在找出本次联调中的重点问题与共性问题,以便安排进行整改,具体统计情况详如图 7-15 所示。可以看出,单系统及接口调试问题是联调中最主要的问题,约占所有不通过项的 60% 左右,因此,严把单系统及接口调试质量关与真实性,是迅速提高联调通过率的最有效方法。现场施工问题(如接线松动、设备安装不到位等)以及设计问题也是影响联调效果的主要原因。

(6)整改情况分析

对整改用时及整改情况进行分析,可以直观展现联调后续整改安排及成效,据此进行有针对性的部署及对承包商的奖惩考核提供依据。图 7-16 为成都地铁综合联调整改时间统计情况。

从图 7-16 中可见，10 天以内完成整改的问题占到了总问题项的 70% 以上，总体来看，整改的周期和整改效率处于一个可控的状态。但值得关注的是整改周期在 30 天以上的问题仍占比 16%，说明部分问题项整改周期过长，原因主要有两个方面：一是承包商整改力度不够，整改进度较慢，需加大承包商的管理与考核力度；二是施工管理流程较复杂，问题项整改由于与其他施工、调试工作安排冲突，未能及时开展整改工作，造成部分问题项整改周期偏长，需要提高施工计划管理水平，更好地协调施工、运营、调试工作。

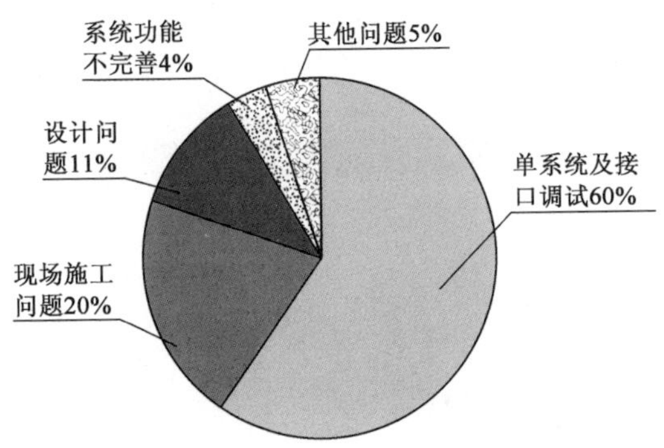

图 7-15 成都地铁联调缺陷分析图

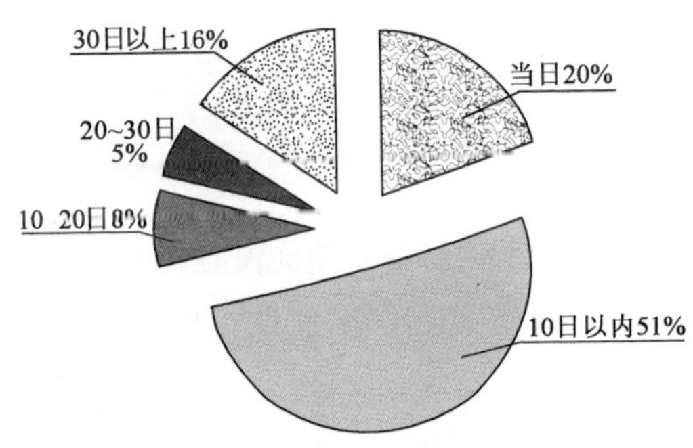

图 7-16 成都地铁联调缺陷整改用时分析图

2. 成都地铁综合联调的总结提高

问题分析与总结是提高项目管理绩效的简单易行、立竿见影的有效措施，对于综合联调的组织实践也是如此。综合联调本身就是对设备系统、人员培训、编制规章等开展的全面检查、验证与核对，也是发现问题、积累问题的过程，从成都地铁联调实践来看，在联调过程中存在部分容易出现的共性问题，需要引起重视，加以改进。

(1)系统接口设计工作需要引起足够重视

联调中暴露出的设计问题，特别是接口设计问题存在整改时间长、整改实施困难等特点，应在设计联络以及前期工厂测试阶段充分考虑到各种可能和细节，减少不必要的后期接口整改。

例如：成都地铁2号线西延线联调过程中发现，自动售检票系统标志与导向标志状态不一致，经现场核查发现前期点表设计有缺陷，重新调整点表导致自动售检票系统与综合监控系统接口调试重做，造成较大时间延误，如图7-17所示。

图7-17 自动售检票系统与导向联动效果图

一般接口问题主要体现在以下方面：

①部分系统前期功能设计不明确，设计联络深度不够，影响后期实施和整改进度，涉及系统功能和运营需求的内容在实施前没有确定，特别是涉及系统平台修改等重大变化的内容，不仅后期增补困难、整改工期长，而且可能带来不可预料的结果，从而影响整个综合联调的开展效果。

②部分系统由于变更与初步设计存在不一致现象，变更的过程运营单位没有全面参与，对变更后的技术方案、性能参数等不清楚。

③系统设备品牌、型号种类繁多，若新线工程采用了大量前期线路未使用的品牌型号则更应特别注意，不能将老方案“生拉硬套”到新设备上，以免出现技术方案不可行等问题。

④线网条件下系统的接口标准不统一。虽然最终功能都得以实现，但加大了线网系统间互联互通及与上级系统ACC、COCC等的系统接口的难度，不利于

线网标准化工作的实施,也加大了设备维保的难度。

在地铁线网逐步或已经成形的情况下,新线与既有线之间的接口互联将成倍增加,多条线路之间的设计匹配问题将更为凸显,因此建议在条件具备的情况下,综合联调指挥部可以设立专门的设计管理小组,对联调中的设计问题进行把关。

(2)部分系统承包商投入程度与安全意识有待加强

综合联调是地铁公司牵头开展的系统全功能性测试工作,但不可忽视的是,各机电系统承包商,特别是车站及行车联调的核心系统承包商(综合监控及信号系统),对于联调能否顺利开展也有着相当重要的作用。系统承包商对联调的重视程度以及人员投入程度都制约着联调计划能否顺利兑现。总体来看,承包商的重视度是与业主单位的管理力度成正比,在2号线一期联调过程中曾多次出现承包商人员不到位,现场整改不力导致不合格项较多,从而影响联调效果的情况出现,成都地铁综合联调指挥部多次约见相关企业负责人并且加大了考核惩处力度,情况得以大幅好转,所以,城市轨道交通企业在联调初始阶段就要加强要求,树立权威,使联调可以从一个较高的平台起步。

其他常见的承包商重视程度不足的问题包括:

①对联调计划及方案宣贯不到位,造成联调参与人员对整个联调过程不熟悉,影响调试效率。

②前置条件检查敷衍、走过场,联调前对自身设备状态确认不彻底,导致联调功能项失败。

③人员或资源投入不足,在联调安排紧张,需要多车站并行开展的情况下,不能安排足够的保障人员参与联调,影响联调计划兑现。

④无故缺席联调准备及总结会,对问题整改漠视处理,导致整改时间过长,无法及时形成整改闭环。

承包单位在联调过程中经常暴露出的另外一个问题就是对联调期间的安全重视程度不足,宣讲教育不到位,特别是车站或区间装修单位,认为自身与联调关系不大,往往容易忽视综合联调指挥部的各项安全管理规定。成都地铁对于综合联调期间涉及安全的违章违纪行为绝不手软,抓住一起、重处一起。从2号线一期工程至今,共计考核惩处17家承包单位在内的各类安全违章行为49次。

联调期间的一些常见的安全违章行为包括:

①人员擅入轨行区。由于轨行区封闭不到位或破坏封闭强行进入轨行区，人身安全隐患极大，是必须杜绝的首要安全违章行为。一方面需要承包单位加大教育宣传与培训考试，必要情况下业主单位可对培训记录进行抽检，另一方面运营单位要切实履行区间及车站的属地管理职责，加大调试期间的巡视力度，一经发现违章苗头予以立即制止。

②施工完成后未进行清场，特别是轨行区施工完成后对施工区域遗留材料及限界情况未进行检查确认。2014 年 5 月 5 日，成都地铁 2 号线东延线联调期间发生轨行区范围内施工完毕后材料未清场完毕，造成列车驾驶室裙板被划伤的情况。同年 8 月 21 日，同样是 2 号线东延线联调期间发生站台门下方防踏空胶条固定螺栓侵限导致 4 列车划伤，造成空载试运行中断 32 列，如图 7-18 所示。

图 7-18　成都地铁东延线站台门防踏空胶条安装侵限图

2015 年 10 月，4 号线一期工程联调期间也发生过运用库内登顶平台施工后未进行限界检查，造成车辆划伤的情况。联调指挥部均对此进行了相应的考核。

①未请点施工、超范围施工或强行施工。由于综合联调期间，车站及区间的属地管理权均已移交运营单位，施工单位需要遵照运营单位的管理要求办理施工请点，对此施工单位存在不适应、不情愿甚至抗拒的情况。成都地铁综合联调期间违规动火作业、私自作业、一处请点多处作业甚至破坏封闭设施的情况均有发生。

②车辆及信号动车调试期间的列车冒进信号或不遵从行调指挥的情况。承包单位或联调指挥部调试负责人风险意识不强，认为调试期间可以不按照信号或行调指挥随意动车，不仅存在较大的安全隐患，而且容易滋长相关人员无视安全要求的错误习惯。

(3)部分系统单系统和接口调试不到位，造成综合联调过程中问题突出

一般来讲，按照调试的对象及目的不同，可以将城市轨道交通的系统联调工作分为、单机、单系统，接口调试及综合联调三个阶段。

单机、单系统调试是各系统完成设备安装后由施工单位组织进行的，以系统就地功能调试及测试为主的，使相关设备及系统可以进行正常运转的调试工作。

接口调试是在单机、单系统调试完成基础上开展的两个或两个系统以上的，以接口间通信协议一致性及互通性检测为主的调试工作。

综合联调是在单机、单系统及接口调试完成的基础上，从满足运营开通使用的角度，完整、细致地测试城市轨道交通内部各系统正常及故障等情况下的接口功能和系统性能，以检验轨道交通内各系统按设计要求协同运作的能力。综合联调与单机、单系统及接口调试相比，其主要区别在于其关注与运营及安全相关的综合功能，特别是非正常、特殊以及应急工况下的系统功能测试。

可以看出，单系统及接口调试的完整进行是综合联调开展的前提与基础，在成都地铁综合联调期间所暴露的问题中，因为单系统或接口调试未完成而导致的问题大约占到了问题总量的60%左右。因此，严把单系统及接口调试质量关，对于联调高效、高质完成具有非常重要的现实意义。综合联调过程中容易出现以下单系统及接口调试不到位的情况。

①承包单位为抓工期、抢进度，单系统及接口调试未进行全点位调试，或因设备终端未安装到位，采用点表模拟测试代替实际设备调试。

②对于接口调试，采用一站代全线的方式进行，忽略了不同站点之间的差异性。

③对于较为复杂的接口调试，例如车站自动到站广播功能涉及信号、综合监控及通信三方接口，在调试时因无人牵头导致调试进度迟缓。

④部分承包商现场施工质量有待提高，线缆错接、漏接等情况对后续调试效率及准确率也带来较大影响。

⑤在联调抽测阶段发现部分承包单位对单系统及接口调试弄虚作假，捏造数据，应付联调前置条件检查，例如1号线南延线联调过程中就发现站台门承包单位在设备安装未完成情况下就提交了单系统调试报告，联调指挥部对此行为进行了从重处罚。

对机电设备的单系统及接口调试阶段进行严格把关，可以提高联调开展效率并大幅提高联调质量，成都地铁在2号线西延线阶段将车辆及信号系统的单系统及接口调试纳入了综合联调范畴进行管理，取得了较好成效，建议在条件具备的情况下可考虑综合联调工作进一步向车站系统，特别是综合监控系统的单系统和接口调试阶段延伸，以利于做好联调基础工作。

(4)科目设置和时间安排上是一个不断优化完善的过程

由于国内综合联调对于调试科目及内容暂没有标准规定，因此科目设置可根据城市线网、新建线路及系统具体特点进行制定，只要做到测试内容全面、完整，满足试运营基本条件规定的内容即可。

随着联调经验的不断积累，科目设置应是一个从加法到减法的过程，联调经验不足的情况下，科目设置应尽量齐全，成都地铁联调科目在2号线东延线阶段达到峰值，为32项，随着不断总结与提炼，对科目进行精简合并，联调科目应逐步降低至一个合理水平。从成都地铁经验来看，一条新建线路综合联调科目应保持在20项左右较为科学，延伸线等特殊性质的线路可适当有所增加。需要说明的是，联调科目的精简并不是简单的删除该科目，而是对测试内容相似、计划安排基本一致的科目进行优化合并，是联调科目的减少而不是测试功能的减少。

相对于联调科目设置，联调的计划安排更能体现联调管理者的统筹能力与全局意识。相同的联调科目，花费多少时间安排固然重要，而在何时安排，各科目开展的先后如何，看上去无伤大雅，实则是一个城市轨道交通企业综合联调水平的直观体现。

以成都地铁2号线东延线综合联调为例，由于当时东延线已于2号线一期进行全线贯通空载，2013年8月31日，2号线东延线供电框架保护动作事件，对既有线正常运营造成了较大影响。2号线东延线综合联调本身安排了供电能力满负荷测试，但由于该测试安排在东延线供电系统与一期工程供电系统贯通后进行，前期对东延线供电系统本身没有开展专门的满负荷的能力验证，在2号线全线贯通运行后，东延线区段内负荷增大，同时由于设备缺陷，引起保护动作失电,对贯通后的运营组织带来影响。由此可见,不合理的计划安排不仅对于综合联调本身的顺利开展带来阻碍,还有可能带来更为深远和严重的影响,计划的合理安排依赖于城市轨道交通企业丰富的联调经验积累,绝非一朝一夕可以达到,本书前面的章节对于联调计划编制的基本原则已进行了较为详细的说明,这里就不再赘述。

(5)测试内容应做到更细、更全、更动态

成都地铁综合联调测试功能项在多次联调过程中基本是一个不断增加的过程,这反映出成都地铁联调逐步从粗放式向精细化转变,但仍需要从以下三个方面进行不断优化与完善。

①更细致:综合联调测试项要更为细致,虽然联调不能做到单系统和接口调试一样的点对点全覆盖测试,但是对于每一项具体功能都应有所抽查。另一方面,成都地铁以及国内诸多城市后续地铁建设均采用投融资方式进行,单系统及接口调试均由投融资单位牵头组织,因此联调更需要把好关。

②更全面:应对照《城市轨道交通试运营基本条件》(GB/T 30013—2013),对其中要求的以及与运营有直接关系的系统的各项功能要全面覆盖,同时对于延伸线路的系统接驳、同台换乘站的无线系统抗干扰测试、线网情况下的列车转线运作、车载视频上传等特殊线路、新技术等都要进行全面考虑。

③更动态:综合联调是一个周期跨度较长的系统性工作,受现场施工及系统调试影响很大,其调试方案及内容也不应该一成不变,而是根据线路及现场实际情况进行灵活的动态调整,例如在样板站或首批次车站设备联调中发现部分系统通过率较低,其单系统调试存在弄虚作假行为,在后续联调中就应该加大该系统抽测频次,甚至在时间许可情况下进行全点位验证。

(6)调试问题应反馈指导新线设计及施工

综合联调开展的目的不仅在于既有设备功能的测试与验证,还包括将联调中反映及暴露出来的各类技术问题加以分析,用以反馈指导后续新线的设计与施工。例如成都地铁2号线东延线综合联调期间暴露出了轨回流不畅的问题,经研究分析为回流电缆过细引起,不仅对2号线东延线本身进行了整改,对后续线路的设计及招标也进行了新的要求。又比如在2号线东延线及1号线南延线联调期间,数次暴露出供电系统保护值设定不当,造成保护开关误动等情况,联调指挥部不仅在东延线及南延线,也对既有线路的保护值设定情况进行了再次核算,同时在新线设计中加强了要求与审核。因此,联调发现问题并不可怕,相反,正确地对待问题、研究问题,对于城市轨道交通的设计优化、工艺改进都有很好的促进与完善作用,通过不断的反馈与优化,还可以逐步形成一套企业自身的新线系统建设标准化要求。

(7)人员及规章的评价及检验还需进一步加强

综合联调的实战培训是城市轨道交通人员培训体系中的一个重要组成部分,成都地铁综合联调也旨在从设计标准、系统能力、人员技能、规章完善等多方面对联调效果进行一个综合性评判,而不只是简单地以系统及设备动作正确与否作为评判的唯一标准。通过综合联调,成都地铁建立了联调人员考评机制,并且对车站(含换乘站)的火灾情况下的应急组织流程等进行了细化与完善,在1号线南延线与4号线一期的试运营基本条件评审测试中获得了评审专家的一致认可,但在具体实施过程中也容易出现以下常见问题。

①联调对人员培训及规章检验缺乏完善可行的评价标准,容易变成联调现场负责人凭主观感受进行评价。

②综合联调要求各项具体操作均应由现场一线人员完成,例如车站值班员、调度员以及电客车驾驶员等,但实际上由于一线人员对系统或设备不熟悉,出于提高联调效率等目的,现场操作常常由系统维保部门的专业技术人员完成。

③联调暴露出各项专业技术培训开展时间较晚,常常在联调开展前无法进行全面的、系统性的培训,往往是在联调基本结束后才开始补充开展。

④联调过程暴露出规章文本对于新系统、新设备的差异化操作,特别是紧急情况下的应急操作常常有所忽略,需要加以补充完善。

第四节　成都地铁综合联调的后续思考

2015年,成都市政府提出了加快地铁成网建设的总体规划,计划在2020年前,陆续开通3、7、10、5、6、18号线等全新地铁线路以及4号线二期、1号线三期等多条延伸线路,城市地铁运营线路将达380km,确保每年有两条或两条以上线路投入载客试运营。成都地铁将面临前所未有的建设及开通筹备压力,而这同时也是今后较长一段时间内国内轨道交通行业面临的总体趋势。综合联调由于时间跨度长、涉及系统多、技术要求高、协调难度大、同时又没有固定的开展与评判标准,无疑将会成为面临工期压力最大的阶段。成都地铁通过已开展的多次联调的经验的积累,对综合联调的发展方向也做了一定的思考,希望通过本书抛砖引玉,对国内轨道交通行业综合联调在进一步完善内容、提高标准、加快效率方面提供一些借鉴。

1. 线网化局面下的综合联调思考

随着城市轨道交通线网化建设的不断加快,综合联调也势必从单一新线联调向线网化局面下的联调进行转变,综合联调面临的困难不断增加,随之而来的是对综合联调的要求将不断提高。

(1)线网局面下对专业人员的需求显著加大,对联调人员培养提出了新要求

截至2015年底,我国各城市轨道交通运营专业人员在15万左右,全国运营里程约3 000km,保守估计至2020年底,全国城市轨道交通运营总里程将达到6 000km左右,人员总体需求大约在35万以上,不仅人员缺口很大,同时对既有线路的技术力量也会有一个较大“摊薄”。目前国内较为缺乏专业的运营科研机构和人才培养基地,通过国内地铁先行城市,如北京、上海、广州等进行人员培养的方式也越来越困难。地铁运营涉及行车、车务、车辆、工务、通信、信号、供电等不同专业工种,涉及的生产及服务类岗位种类就达40种以上。以调度员、驾驶员等关键岗位的人员培养为例,成都地铁要求社会招聘提前15个月到岗,校园招聘提前2年到岗,其中包括了理论培训和实际跟岗培训时间,但真正有经验能应付各种现场复杂环境的调度人员的培养时间往往需要数年甚至更长时间。

在这种大背景下,综合联调对人员素质与技能的培养及检验容易变成空中楼阁,需要加强与固化以下要求,方能将要求落到实处。

①联调培训需更有广度。目前联调培训基本局限于方案及实施细则,应急操作、故障处置等涉及较少,要加大联调阶段培训范畴,将各专业、各工种、各岗位的联调职责内容均纳入其中。

②联调培训需更有深度。不能使培训变为“鼠标操作”的培训,培训要讲其然,更要讲其所以然,要制订专门的联调培训大纲或教材。

③联调培训需与正常的岗前培训、专业技能培训有所搭接。不管是联调培训还是其他性质的专业培训,其基本目的都是一致的,那就是使受训人员掌握与

具备能够独立从事岗位的基本技能与业务素质要求。可以将联调培训纳入员工的整体培训体系进行统一考虑，分阶段、分内容开展，提高效率，避免漏项。

(2)线网化局面下设备种类多、品牌繁杂，给联调标准化带来一定考验

地铁本身就是专业系统众多，在多线同步建设，快速实现线网运营的情况下，更是会带来设备种类及品牌繁多的情况，以成都地铁4号线为例，相应的设备备件达到了6 000余种，总数更是达到了9万余件。不同系统及品牌带来了人机界面及操作方式的不一，维护检修的周期与规程的不一，给运营人员的日常操作、使用及维保都带来了不便，同时还造成设备操作和维保培训工作量巨大，要针对性进行编制和修订的运营规章制度增多、要配套完善的操作和维修手册增多。

需要特别注意的是，设备与系统的多样化与差异化带来的紧急情况下应急处置方式与流程的不一致。在运营人员熟悉了既有线设备及系统的故障及应急处理方式的情况下，容易出现按照固有模式去操作处置新系统、新设备的情况，使得故障恢复及应急处置时间变长，降低了抢修效率，特别极端情况下甚至还会出现故障扩大化的问题。以成都地铁4号线为例，4号线信号系统采用了与1、2号线不同的系统厂商，在ATO进站停车、ATP自动不停车转ATO、ATB无人自动折返等方面都与1、2号线有所差别，因此在联调及空载试运行初期，运营调度、驾驶员及维保人员均出现按照原有线路习惯进行操作的情况。对此情况，综合联调应从几个方面予以应对。

①需要做好不同设备测试的差异化分析，在联调方案中予以体现，而不能每条线路都是依葫芦画瓢，对已有的方案进行照搬照抄，要充分针对新系统、新设备的特点与功能进行方案编制并对此进行重点的测试与验证，如成都地铁4号线综合联调中就专门设置了“车辆火灾信息及车载视频上传”的联调科目，对前期线路中不曾实现的新功能进行测试。

②综合联调还应主动向前期扩延，指导城市轨道交通企业做好线网资源共享研究，以实现线网接口标准的统一。包括但不限于线网通信资源规划(电话资源、无线频段资源、网络IP、通信通道及光纤预留等)、线网培训中心及物资总库规划、线网编播中心/门禁授权中心、线网间互联互通，标准化系统接口和人机界面等工作的研究和推广等。

③通过综合联调，实现线网运营维护成本的降低。规范车辆及机电设备选

型通用技术要求,新建线路设备招标尽量做到制式统一或型号统一,优先考虑线网已成熟应用的设备,降低备品备件种类和综合维保成本。

(3)线网化局面下的联调组织及测试内容重心需有所转移

线网运营与单线或双线运营最大的不同在于互通性,城市轨道交通线网形成后,骨干线路高峰期运营间隔一般来说都将缩短到3min内,单点或单线的影响将借由线网不断放大,不能及时采取正确的应对及处置手段的话将很容易形成波及全网络的重大事件。此外,线网化运营还存在多线之间运力匹配难度大、换乘站客流组织及应急处置难度大、多线运营组织方式差异大等特点与困难,对此在综合联调阶段都应该予以充分的研究与考虑。

①线网成形或初步成形后的综合联调要与单线或双线情况下的联调组织方式有所不同。单线或双线情况下,综合联调指挥部应直接指挥各科目的开展,线网成形后,综合联调指挥部应侧重牵头线网相关科目的开展,对具体线路层级的功能测试科目应授权下放下级部门或组织完成并予以监督及考核。

②线网化情况下的综合联调测试与验证的重点应在于多线路之间的匹配与联动。包括但不限于:

新开通线路与高峰期线网运能的匹配、运营交路设置、线网运营组织的衔接、开通水平及早晚服务时间。

新开通线路与线网系统,如ACC、COCC等的衔接与兼容接入,人机界面标准化。

新开通线路与既有线路换乘站的无缝衔接,换乘站间信息的互联互通、客流组织及车站运作衔接。

2.长大线路及延伸线路下的综合联调

一般来说,我们将全线长度超过50km的地铁线路称为长大线路。由于线路过长,常常会给运营组织带来诸多不确定的问题与影响。

①增大调度指挥的难度和风险。由于行车调度的重要性,成都地铁目前超过40km的线路均在2名行车调度员标准配置的基础上另外增配1名行车调度员以保证调度工作的正常开展。若线路继续加长,则需要配置的行车调度员数量也将进一步增加,这将增大调度指挥的难度及风险。

②增大运行调整的难度,准点率难以保障。运营中出现意外情况很容易造成列车晚点的情况,线路过长容易使延误造成累加,同时不容易调整。

③增大故障情况下运营组织的难度。长大线路点多线长，将增大行车组织的难度，特别是降级运行的组织将会非常复杂。线路局部故障对全线行车组织的影响将会扩大，如果故障影响到主城区范围内的列车运营，更加会对整个城市线网的运营组织带来巨大的影响。

④增大应急处置难度。当列车出现故障需进行救援时，线路过长会造成救援车到达时间延迟，救援耗时加长，同时也影响备用车的及时到位。

⑤长大线路全周转时间长，单边 50km 的线路一般来说全周转时间已经接近 4h，造成列车驾驶员值乘时间过长，容易造成驾驶员驾驶疲劳，存在安全隐患。同时单边运营时间也在 2h 左右，地铁车辆座席较少，郊区大交路列车行车间隔较长，乘客服务质量降低。

⑥夜间维保时间过短，维保工作难以开展。长大线路如需匹配线网列车运营时刻，特别是保证市区客流密集车站的早晚收发车时刻与线网的匹配，则会造成早上发车时间很早（通常不会晚于早间 5:30），晚上列车回段时间很晚的情况（通常晚于凌晨 00:30），这样留给车辆、工务、轨道、机电系统检修的时间将会极少，不利于维保工作的组织和开展，会对地铁运行安全造成影响。

从国外城市轨道交通线网规划来看，各大城市的轨道线网长度平均在 30km 左右，运营时间控制在 1h 以内，超过 50km 的长大线路不多。但是，由于我国正处于城市规划不断变化与发展的阶段，中心城区不断向外围扩张，中心城区轨道线路也随之不断向两边外围区延伸，造成目前国内出现越来越多的规划超过 50km，甚至达到 70km 的长大线路与超长线路，也使得线路建设往往不能一步到位，需要不断开通延伸线路。以成都地铁为例，目前成都地铁共进行了 6 次新线开通，其中有 3 次都为延伸线路，包括 1 号线南延线、2 号线东延线及 2 号线西延线，并且在 2018 年 1 号线三期还将继续往南延伸，其余的包括 4 号线、3 号线等新建线路也将往两端进行延伸。对于这些长大线路及延伸线路的综合联调，应该有不一样的特点把握。

①长大线路及延伸线路的综合联调一般需要更长的时间周期。长大线路由于线路长、车站多，且一般来说前后车站的工期差距大，综合联调需与单系统调试、接口调试和站级调试穿插进行，整体综合联调的周期长。而延伸线路由于需要考虑关键系统，如供电、信号、通信等的无扰接入既有运营线路的时机，同时调试条件相比全新线路更为苛刻，白天既有线路需要保持正常运营，部分动车调试

和联调科目只能安排在夜间运营线路停运后进行，因此整体用时需要更长时间。

②长大线路一般有多种运行交路、多场段收发列车、多主所供电设计，需要针对性地开展行车功能验证测试。部分特殊线路（如机场线）可能还涉及高速、快慢车/越行车、特殊票价等，也需要在联调过程中加以验证。

③长大线路需要重点研究相应的运营组织匹配问题，如多场段收发列车、长大线路的调度岗位设置与分工、单边运行时间过长的驾驶员换乘、区域应急点的选择与设置等，在联调中加以落实。

④延伸线需要同步考虑既有线路设备设施、导向标志的更新，特别是与乘客服务相关系统的整体更新与验证，只有通过联调才能得以检验。以成都地铁2号线西延线为例，2号线西延线开通后，2号线将存在大小交路混跑的可能性，小交路列车在一期工程终点站——茶店子站折返，大交路列车在西延伸段终点站——犀浦站折返，在大小交路范围内的车站广播和PIS应自动识别列车目的，并给乘客以正确的信息显示和广播提示，对此，综合联调指挥部设置了2号线大小交路情况下的乘客服务系统功能验证科目。在前期单系统、接口调试及全功能测试中，各项接口测试功能均正常，但通过大小交路功能联调则发现，大交路情况下的PIS到站信息显示和到站自动广播功能均存在问题。经分析，原因为一期工程综合监控和广播系统收到信号系统提供的目的地信号后，未加解析，直接按终点站茶店子站进行显示和广播，二期工程开通后，大交路终点站发生变化，程序无法做出相应识别，问题得以显现。由此问题可见，在科目及联调内容设计方面，延伸线联调不仅需要考虑新线本身，还应将既有线纳入进行统一的整体考虑。

3. 综合联调行业标准出台建议

对于城市轨道交通来说，综合联调是连接建设阶段及运营阶段的重要环节，具有承前启后的关键作用，直接关系到新线工程按期开通试运营的最终目标，虽然说目前国内轨道交通行业对于出台综合联调行业标准已有了基本的共识，但同时由于国内各个城市轨道交通线路建设及发展进程不一，每条轨道交通线路的设备系统也都千差万别，因此目前国内还没有一个完整统一的综合联调行业标准，可以用来统领与指导综合联调从筹划到准备、从实施到总结的全过程，基本还是处于各地根据自身实际自主开展综合联调的较为初级的阶段，主要体现在以下几个方面：

①联调开展的方式及实施主体无标准。不同城市、不同地铁公司对综合联调的理解不同,综合联调开展的深度和实施的效果就不同。

②联调的科目设置及方案编制无标准。综合联调内容及深度等受技术方案编制单位和组织单位的专业能力影响较大,没有统一标准。成都地铁采用邀请行业专家进行方案评审的方式来确保方案的完善性、科学性及可执行性。

③联调的测试规范及效果判断无标准。没有标准的测试方法及固定的检测设备,对于联调成效的评判也没有统一的界定。各单位联调报告也无标准统一的编制要求,造成联调报告内容不一、质量差距较大。

对于综合联调来说,"百花齐放"不如"标准归一",要想从根本上判定一次综合联调的组织与实践是否成功,是否满足现行《城市轨道交通开通试运营基本条件》(GB/T 30013—2013)的要求,就必须要有一项专门的行业标准对其进行规范与要求。成都地铁结合自身联调经验,形成了适合于成都地铁本身的《综合联调作业标准化手册》,取得了较好的效果。同时,交通运输部科学研究院也开展了综合联调行业标准的调研与前期意见征集工作,相关标准正在编制过程中。国家行业标准的尽快出台与落实,将进一步提高综合联调开展的规范性,使得整个联调工作与开通试运营评审一样,有具体的依据与标准,便于对照标准进行调试科目设置及组织实施,使综合联调真正成为轨道交通建设全过程中关键的一环。

第八章 结论与展望

CHAPTER 8

第一节　结　　论

本书以城市轨道交通综合联调为主线，前半部分概述了我国城市轨道交通的快速发展形势，分析了城市轨道交通综合联调的特征，指出了实施综合联调的目的。以日本、德国、法国、中国的高速铁路系统和新加坡、东京、首尔的城市轨道交通系统为例，探索了国内外轨道交通系统开展综合联调对我国城市轨道交通系统的经验与启示，并系统分析了综合联调对运营人员、运营组织等满足国家标准《城市轨道交通试运营基本条件》(GB/T 30013—2013)要求的促进作用。

本书后半部分介绍了城市轨道交通综合联调的组织策划与实施流程，系统提出了综合联调的科目与内容，指出了综合联调的重难点及注意事项，阐述了综合联调的评估与总结要点。以成都地铁为典型案例，介绍了综合联调的组织及实施思路，总结了综合联调的经验，并对其中存在的问题提出了解决方案。

本书的主要结论如下：

(1)综合联调是城市轨道交通从工程建设向运营过渡的关键环节，是开展试运行、运营综合演练的基础，是城市轨道交通工程能否载客运营的关键一环。

综合联调是采用试验或者检测等方式，对城市轨道交通两个及以上多专业系统间的工作状态、功能和系统间接口功能匹配关系进行综合测试。开展综合联调的主要目的包括验证设备系统全功能目标的实现、接口参数最优、在正常和非正常情况下的运行状态、是否达到设计要求的各项性能指标、整体运行的稳定性和可靠度，以及培养设备操作和维修人员技能、检验规章制度体系的完整性和可操作性等。

(2)对于轨道交通的综合联调，通过制订详细的技术方案、政府主管部门进行监督检查以及运营单位主导或者参与等手段，均可取得良好效果。

日本、德国、法国及我国高速铁路系统综合联调，通过制定包括综合联调内容、项目、评价指标和参数以及方法和装备要求等在内的详细技术方案，为开展综合联调奠定了良好基础。以上这些高速铁路系统以及东京、首尔等城市轨道交通系统的综合联调过程，都有政府主管部门进行监督检查，有利于提升综合联调的工作质量。新加坡、东京等城市轨道交通系统由运营单位主导或参与综合联调工作，对检查、确定和熟悉系统设备功能具有重要作用。

(3)现有国家标准对城市轨道交通主要运营设备提出了明确的功能和测试要求，综合联调对于运营人员、运营组织等满足现有国家标准具有促进作用。

现有国家标准《城市轨道交通试运营基本条件》(GB/T 30013—2013)从源头严把安全关口，对车辆、信号、通信、供电、综合监控、自动售检票以及其他关键机电设备提出了明确的功能、测试要求，规定了试运行期间最后 20 天的故障率指标。通过运营人员提前介入、全面参与综合联调工作、由实际运营人员进行系统及设备操作，有助于关键岗位从业人员知识和技能满足国家标准要求。同时，国家标准对运营单位的机构设置、规章制度、行车方案、客运组织、应急预案和应急演练等提出了明确要求，综合联调作为覆盖所有系统、所有生产岗位的综合测试平台，对运营组织满足上述要求能够起到有效的促进和验证作用。

(4)综合联调的策划和组织应统筹工程建设进度和运营筹备进行综合考虑，在完成单系统及接口调试工作的基础上，重点设置行车设备类联调、车站设备类联调、线网联动和互通类联调以及系统能力验证等四类科目。

综合联调的筹划和组织，应根据各地综合联调实施经验，结合工程建设进度和运营筹备进度来考虑，其准备工作宜在综合联调开始前 5 个月启动。综合联调的实施流程主要包括成立组织机构、编制和发布规章制度、制订总体工作计划和任务分工等。综合联调开始前，应完成单系统及接口的调试工作，避免单系统或接口功能未实现而对综合联调的具体实施造成较大影响。综合联调重点设置行车设备类联调、车站设备类联调、线网联动和互通类联调以及系统能力验证等

四类科目，其内容和科目的设置应重点考虑线路特点及与线网之间的关系、动车调试及接口调试进度、不同设备的差异和稳定性以及开通标准及工期匹配等。

（5）综合联调完成后，通过对实施情况进行分析和总结，暴露运营筹备过程中设备与人员的磨合问题，找出影响运营安全的隐患点，对于提高城市轨道交通运营安全水平至关重要。

综合联调总结应将存在的问题和缺陷布置给责任单位限期整改，整改完成后安排运营单位进行复查，实现所有问题的闭环管理，并对综合联调质量进行评估。综合联调结束后，对整体未通过的联调科目，应另行安排时间重新进行科目联调重测，依据相关办法对责任单位进行考核；对未通过的单项测试，由建设单位组织责任承包商进行整改，整改通过后，由运营单位人员现场进行补测确认，补测合格后进行销项处理。对于综合联调过程中因设备引起的故障，应按照缓急程度逐项制订整改措施和时间计划，对于因人员操作失误引起的故障，应通过功能补测或强化培训解决，并将上述缺陷纳入闭环管理。

第二节　展　　望

本书系统介绍了城市轨道交通综合联调的组织和实践经验，国内不少城市已经像成都一样，在多次综合联调过程中积累了大量的经验。然而，国内城市轨道交通快速的发展形势，仍然给综合联调工作带来了巨大的压力和挑战，主要表现在以下方面：

①长大线路与分段开通的线路给综合联调以及运营组织造成诸多不确定的问题与影响，长大线路提高了调度指挥和应急处置的难度和风险，分段开通线路的未开通部分的综合调试增加了对已开通部分运营组织的影响。

②网络化运营进度的不断加快，要求综合联调从单线联调向网络化联调转变，对专业人员需求、设备选型、资源共享、互通性等提出了挑战。

③国内城市轨道交通综合联调标准尚未统一，国内各城市对综合联调开展的方式及实施主体、科目设置及方案编制、测试效果及方案编制等差异较大，深度和效果参差不齐。

“无地铁，不都市”。19 世纪中期，第一条地铁线路在伦敦启航，到如今放眼全球,巴黎、纽约、东京、马德里、北京、上海……地铁因其快捷、准点、安全、运量大的独特优势,已成为大都市公共交通的第一选择,可以说地铁因城市扩张而诞生,城市因地铁发展而更加繁荣,在一定程度上,有能力建设地铁本身便代表了一个城市的整体实力,而如何来布局地铁的发展蓝图,让地铁系统在未来实现可持续发展,则充分展示了城市建设者的智慧与远见。

我国城市轨道交通行业起步较晚且发展不均,一直到20世纪90年代才逐步进入稳步、有序和快速发展阶段,近10年来,由于国家政策的正确引导和相关城市对规划建设轨道交通的积极努力,从发展速度、规模和现代化水平方面都有了长足发展,应该说轨道交通正值处于发展的黄金阶段。但同时,我们也要看到,一个行业的快速发展往往伴随着盲目扩张、快干硬上、随意无序等负面产物,这样的例子比比皆是,从煤炭到钢铁,快速发展无序性带来的后果也逐步显露,我们需要在城市轨道交通行业发展中避免重蹈覆辙。

中国城市轨道交通建设的大发展才刚刚开始,而运营高峰还没有到来。城市轨道交通是一个系统工程,具有很长的生命周期,不光前期的勘探、规划、设计、建设和运营,还包括后期更重要的运营管理。客观上说,从规划到设计,从建设到运营,我国城市轨道交通的管理与国外先进水平还有较大差距,这主要体现在标准与制度的建立上。近年来,在设计及建设阶段,国家修编了《地铁设计规范》(GB 50157—2013)以及一系列的安装施工作业指南,在运营筹备方面,也新制定并颁布了新的国家标准——《城市轨道交通试运营基本条件》(GB/T 30013—2013)作为筹备工作的开展指南及评价标准,轨道交通行业的标准体系正在逐步建立过程中,而综合联调作为轨道交通建设全过程中的关键一环,其标准化工作受建设时限、企业的整体管理理念以及关键机电系统不同等多方面的影响有所滞后,目前仍呈现出不同城市不同方式的"百花齐放"格局,对于综合联调规范、有序发展带来了一定影响。据测算,一条城市轨道交通线路的运营费用是建设成本的2~6倍,我们亟须通过标准化的综合联调,确保设备设施达到最佳功能状态,实现人员和设备的有效融合达到降低运营组织成本的最终目标。

随着现代轨道交通的发展,线路更加科学、隧道更加安全、车厢更加舒适、动力更为绿色、速度更加快捷,运营管理也必将朝着管理更加科学,标准更加具体,流程更加规范方向发展,这是一个漫长而艰辛的发展过程,也是每个城市轨道交

通参与者所要面对的行业趋势与历史使命。我们谨希望通过本书,加强国内轨道交通行业专家同仁的交流与学术探讨,互通有无,互相促进,为综合联调实施标准的尽早出台贡献些许微薄之力,为城市轨道交通行业的发展添砖加瓦。

参 考 文 献

[1] 中华人民共和国国家标准. GB 50157—2013 地铁设计规范[S]. 北京:中国标准出版社,2013.

[2] 中华人民共和国国家标准. GB 50490—2009 城市轨道交通技术规范[S]. 北京:中国标准出版社,2009.

[3] 沈卫平. 成都地铁 2 号线综合联调策划与实践[J]. 都市快轨交通,2013(2).

[4] 祁国俊. 西安地铁新线开通运营工作策划与实践[J]. 都市快轨交通,2011(1).

[5] 陈辉,章扬. 成都地铁综合监控系统大联调的实施与思考[J]. 都市快轨交通,2011(1).

[6] 刘懿,陈辉. 成都地铁 2 号线西延线车站设备综合联调常见问题分析[J]. 城市轨道交通研究,2014(12).

[7] 糟明敏. 地铁信号系统的综合联调[J]. 城市轨道交通研究,2013(4).

[8] 张兴宝,董其,徐向华,等. 综合大联调期间车辆专业的联调及演练[J]. 城市轨道交通研究,2013(6).

[9] 张可,张汉松. 城市轨道交通综合联调实施过程中常见问题及应对措施[J]. 中国科技纵横,2014(12).

[10] 李海,李漾,刘盛豪. 铁隧道火灾联动功能联调方法探讨[J]. 城市轨道交通研究,2010(7).

[11] 康熊. 高速铁路综合联调技术[J]. 中国铁路,2010(12).

[12] 李平亮. 西安地铁综合联调时间优化研究[J]. 科技风,2015(14).

[13] 孙岩华. 高速铁路联调联试项目有效控制方法的探讨[D]. 成都:西南交通大学,2013.

[14] 赵欢. 浅析地铁延长线路综合联调组织[J]. 城市建设理论研究:电子版,2014(8).

[15] 何霖. 城市轨道交通运营筹备与组织[M]. 中国劳动社会保障出版社,2013.

[16] 中铁电气化局集团有限公司,成都地铁有限责任公司. 城市轨道交通工程设备安装调试作业指南[M]. 北京:建筑工业出版社,2015.

[17] 陈源,姚建伟.城市轨道交通综合联调的现场组织与管理[J].现代城市轨道交通,2014(1):110-113.

[18] 王艳华.初探城市轨道交通信号系统的综合联调[J].城市建设理论研究:电子版,2013(28).

[19] 肖彦君.城市轨道交通联调联试关键技术研究及应用[D].中国铁道科学研究院,2014.

[20] 张兴宝,董其,徐向华,等.综合大联调期间车辆专业的联调及演练[J].城市轨道交通研究,2013,16(6):26-28.

[21] 蒋先进,赵鑫,蒋淮申.城市轨道交通联调探讨[J].铁路通信信号工程技术, 2014,11(6):55-58.

[22] 王澜.城市轨道交通联调联试技术与工程应用[M].中国铁道出版社,2013.

[23] 肖彦君,田茂.城市轨道交通联调联试效果评价方法[J].中国铁道科学,2014,35(4):124-128.

[24] 李素莹.首条城市轨道交通线路开通试运营筹备规划研究[J].城市轨道交通研究,2012,15(8):29-32.

[25] 张亚社.地铁综合监控与屏蔽门联调实施与思考[J].城市建设理论研究:电子版, 2013(5).

[26] 葛鑫,蔡金,徐俊杰,等.城市轨道交通综合监控系统联动功能的设计与实现[J]. 城市轨道交通研究,2012,15(9):122-124.

[27] 杨远舟,贾文峥,毛保华,等.我国城市轨道交通试运营评估现状及对策建议[C]//2011 年中国城市规划年会, 2011.

[28] 毛保华,姜帆,刘迁,等.城市轨道交通[M].北京:科学出版社, 2001.

[29] 毛保华,李夏苗,王明生.城市轨道交通系统运营管理[M].北京:人民交通出版社, 2006.

[30] 毛保华.城市轨道交通系统规划与设计[M].北京:人民交通出版社,2011.

[31] 毛保华.轨道交通系统网络化运营组织理论与关键技术[M].北京:科学出版社,2011.